Ché **Ahn**

PLANO-MESTRE *para a* TRANSFORMAÇÃO

TRAZENDO REFORMA E AVIVAMENTO PARA AS NAÇÕES

12 CHAVES PARA A TRANSFORMAÇÃO DO MUNDO

PREFÁCIO POR

LOU ENGLE E DUTCH SHEETS

EDITORA CHAVE MESTRA®

EDITORA
CHAVE MESTRA®

Av. Marcos Penteado de Ulhoa Rodrigues,
1119 – Tamboré, Alphaville – SP,
Ed. Office Shopping Tamboré –
Andar 21 – Sala Chave Mestra
CEP: 06460-040
@editorachavemestra
editora@editorachavemestra.com.br
www.editorachavemestra.com.br

Título original em inglês:

Blueprints for Transformation:
Bringing Revival and Reformation to the Nations

Título da edição em português:

Plano-mestre para a transformação:
trazendo reforma e avivamento para as nações

DIREÇÃO EDITORIAL
Raquel Medeiros

COORDENAÇÃO EDITORIAL
Bartira Costa Neves

EDITORIA JR
Larissa Robbi Ribeiro

ASSISTÊNCIA EDITORIAL
Eloiza Andrade
Flávio Alfonso Jr.

TRADUÇÃO
Noela Xavier

REVISÃO
Caio Pereira

DIAGRAMAÇÃO E PROJETO GRÁFICO
Weslei Eugênio

***BRANDING* DE CAPA**
Izzo Medeiros

Dados Internacionais de Catalogação na Publicação (CIP)

Ahn, Ché

A286 Plano-Mestre para a transformação: trazendo reforma e avivamento para as nações / Ché Ahn. Tradução de Noela Xavier. Barueri, SP: Chave Mestra Editora, 2025. 384 p.: 16 x 23 cm

ISBN 978-65-5496-086-1

1. Vida cristã. 2. Espiritualidade. 3. Fé. 4. Desenvolvimento espiritual. 5. Avivamento cristão. 6. Transformação. I. Título.

CDD 158.1

Dedico este livro à minha esposa e melhor
amiga, Sue Ahn, que teve o maior impacto na
minha vida, depois de Jesus Cristo.
Eu amo você de todo o meu coração.
Obrigado por me amar ao longo desses 45 anos.
Também dedico este livro aos meus dez netos.
Que vocês tragam avivamento e
reforma para a geração de vocês.

ENDOSSOS

Dr. Ché Ahn escreveu uma obra que considero conter chaves vitais para ver tanto indivíduos quanto nações transformados. Ele escreve tanto a partir de sua experiência pessoal quanto dos resultados de centenas de milhares de pessoas clamando por uma nação. É uma leitura fascinante e uma mensagem oportuna para esta hora.

— Cindy Jacobs
Generals International

Dediquei minha vida à busca por avivamento. E uma das grandes alegrias nessa jornada é ter corrido ao lado de amigos de aliança e parceiros ministeriais como Ché e Sue Ahn por mais de 20 anos. Eles me fascinam. Ché carrega a mensagem deste livro desde que o conheço. Seus brilhantes *insights* da Palavra de Deus e sua paixão por honrar o Senhor em todas as coisas tornam a transformação viável e alcançável. Em *Plano-mestre para a transformação*, ele nos oferece estratégias práticas, porém profundas, para ver a realidade do céu invadindo a terra. Minha oração é que você e eu vivamos de tal forma que o reino de Deus seja verdadeiramente demonstrado em e através de nossas vidas. Recomendo demais este livro!

— Bill Johnson
Líder sênior da Bethel Church, Redding, CA
Autor de *Open Heavens* e *When Heaven Invades Earth*

Sempre foi uma honra ter Ché e Sue como nossos amigos de longa data. Tivemos o privilégio não apenas de sermos abençoados por eles e sua família em décadas-chave, mas, às vezes, de sermos convidados a contribuir com eles para as incríveis histórias que você pode ler aqui, com revelações frescas de nosso incomparável Criador e Mestre... Todos temos a chance de transmitir aos outros os dons que Ele investe em nossa vida, para agradá-Lo naquilo que podemos fazer em um curto espaço de tempo, antes de partirmos, subirmos e seguirmos para sempre. Aqui está o novo e gracioso presente de Ché para o restante da Noiva ainda aqui, para ver Aquele pelo qual todos ansiamos.

— Winkie, Fae e Will Pratney
GMA, Nova Zelândia

Durante 50 anos de ministério e ao completar 75 recentemente, percebi que, quando Abraão completou 75 anos, Deus o chamou e lhe disse: "Abençoarei aqueles que te abençoarem" (Gn 12:3). Ché me abençoou repetidamente durante quase 50 anos de amizade, então estou devolvendo a bênção com o lançamento deste livro novo fenomenal. Você também será incrivelmente abençoado ao lê-lo neste momento decisivo da história da América. Precisamos de um download do céu, então aperte o cinto e aproveite a aventura!

— Larry Tomczak
Comentador cultural, autor *best-seller*

Vou direto ao ponto: nossa nação está em apuros. Na verdade, as nações do mundo estão, figurativamente, em chamas. Precisamos de respostas, e precisamos delas agora. Precisamos de transformação, e rápido. Ché Ahn é um homem de oração, visão e ação. Ele não se intimida com o mal. Ele vê os problemas terrenos e fornece soluções baseadas nas escrituras. Ele "corre para o rugido", em vez de fugir dele. Ele acredita que o Espírito do Deus Vivo pode transformar uma pessoa, uma família, uma comunidade, um estado, uma nação e um mundo. Ele ressoa com os fogos do avivamento. Mas, mais do que isso, ele entende as bases da reforma. Alguns entendem uma; poucos compreendem as dimensões de ambas. Este livro o ajudará a abandonar a falsa noção de apenas "ir à igreja" e a abraçar "ser a igreja".

— Jim Garlow
Fundador e CEO da Well Versed

Tenho sido amigo, intercessor e, às vezes, uma voz profética na vida e no ministério do Dr. Ché Ahn por muitos anos. Quando a revelação é concedida, Ché deseja se aliar ao Espírito Santo para ver a visão se concretizar. Ché é comprometido com a Palavra e a vontade de Deus, segundo os caminhos de Deus. Esses três componentes são exibidos em tudo o que ele faz. Este livro sobre transformação é composto segundo essa planta baixa.

— James W. Goll
God Encounters Ministries
Autor, consultor, artista

Por quase três décadas de amizade, Ché e sua esposa, Sue, têm sido uma tremenda bênção em nossa vida pessoal e no ministério. Vimos os dois enfrentarem muitas tempestades e permanecerem calorosos, incrivelmente generosos e completamente devotos ao evangelho, apesar dos desafios da vida. Se você tem fome de ver o reino de Deus crescer, deixe as palavras de Ché fortalecê-lo enquanto você vai fazer a colheita que já está aguardando. A hora é agora!

— Heidi G. Baker, Ph.D.
Cofundadora e presidente do Conselho Iris Global

Plano-mestre para a transformação, de Ché Ahn, é um livro notavelmente oportuno. Ele captura a essência do que muitos profetas dizem que o Senhor está fazendo neste momento — levando-nos do avivamento pessoal à reforma social. Isso não é apenas teoria. É um mapa prático para aqueles chamados a carregar o fogo do Espírito Santo nas sete montanhas da cultura. Se você leva a sério subir para o próximo nível do seu chamado, este livro é leitura indispensável. Ché desvenda 12 mudanças essenciais que posicionarão você para reformular radicalmente não apenas sua vida, mas seu mundo. O céu tem um plano para a transformação global, e Ché Ahn o decodificou!

— Dr. Lance W. Wallnau
CEO do Lance Learning Group

Por muitos anos, a igreja contemplou a ideia de mudar o mundo, mas palavras pomposas nunca se transformaram em ação. Então algo aconteceu na Califórnia. Dr. Ché Ahn processou o estado por fechar as igrejas e venceu. Isso espelha o que Paulo fez em Atos 16. Por causa disso — além de sua unção no sobrenatural —, o Dr. Ché Ahn tem o direito de nos falar sobre mudar o mundo. E ele faz isso de forma convincente. Quem somos? Por que estamos aqui? Que mudanças em nosso pensamento precisamos fazer? Um milagre global está ao nosso alcance? *Plano-mestre para a transformação* não apenas responde a essas perguntas — está carregado com o Espírito Santo para nos levar à vitória certa.

— Mario Murillo
Mario Murillo Ministries

Tem sido uma alegria e uma honra colaborar com o Dr. Ché Ahn por mais de 25 anos. Seu último livro, *Plano-mestre para a transformação*, levará você numa jornada envolvente. Usando 12 lentes claras, o foco do que significa viver para Jesus neste mundo se amplia do micro ao macro. Isso não é teoria. Ché vive o que escreve. A restauração pessoal e a plenitude são o começo, mas não o fim da nossa vida em Cristo! Estamos aqui para tornar o mundo um lugar melhor.

— Dr. Charles Stock
Líder sênior do Life Center Ministries

Fiquei tão feliz ao ler a história de um traficante de drogas que se tornou um transformador do mundo e ao ler sobre as 12 coisas que levam ao caminho mais eficiente para a transformação. Este livro de testemunhos aquecerá seu coração e estimulará você a entrar em ação, juntando-se às fileiras daqueles transformadores de mundo que Deus levantou.

— Doris Wagner
Autora de *God's Apostle: My Adventures in Life with C. Peter Wagner*

Nas últimas duas décadas servindo à WLI (Wagner University) e ao Harvest International Ministry, muita coisa mudou para mim. Primeiro, Dr. Peter Wagner mudou meu paradigma. Segundo, eu mesmo me tornei um transformador de paradigmas por meio do Apóstolo Ché Ahn. Eu costumava permanecer dentro das quatro paredes da igreja, mas me tornei um transformador do mundo exterior. Através dos ensinamentos e ministrações de pioneiros como Ché Ahn, que é capaz de ler os sinais dos tempos, a igreja tradicional coreana está gradualmente sendo transformada. Recomendo muito este livro, que é leitura indispensável para as igrejas lerem os sinais dos tempos e entrarem na próxima estação de transformação.

— Dr. Jung-shik Hong
HIM Korea

Eu conheci o Pastor Ché Ahn e passei a admirar sua postura humilde, porém destemida, em defesa da verdade, durante a pandemia de covid-19... Nós nos unimos a ele em permanecer firmes por Cristo e contra as trevas que tentam invadir nossa nação e o mundo. Concordo totalmente que já estamos vivendo um Terceiro Grande Avivamento nesta nação e ao redor do mundo, mas isso só acontecerá se começar primeiro em nós. Que o ministério do Pastor Ché Ahn desperte essa semente de avivamento em você e, então, leve-a ao seu mundo.

— Andrew Wommack
Andrew Wommack Ministries

Em *Plano-mestre para a transfor*mação, o Dr. Ché Ahn nos guia como um mestre pela rica história de avivamento e reforma, revelando como o movimento atual do Espírito Santo está moldando o mundo hoje. Ao explorar as 12 mudanças essenciais para a transformação pessoal e global, você descobrirá como Deus está capacitando você a cumprir seu chamado divino de trazer o céu à terra. Este livro é uma leitura indispensável para todo aquele que crê e que deseja ser um avivalista e um reformador nesta geração.

— Tammy Hotsenpiller
Copastora, Influence Church
Autora de *Fasting for Miracles, Fasting for a Change* e *Fasting with God*

Plano-mestre para a transformação é um guia poderoso e oportuno para qualquer pessoa que sente o chamado para fazer a diferença neste mundo. O Dr. Ché Ahn combina sabedoria bíblica com *insights* práticos, fornecendo um caminho claro para impacto pessoal e global. Este livro é leitura obrigatória para aqueles que estão prontos para entrar em seu propósito dado por Deus e se tornar agentes de mudança em sua comunidade e além.

— Phil Hotsenpiller
Pastor sênior da Influence Church
Autor de *One Nation Without Law* e *Midnight in America*

O livro do Pastor Ché Ahn é um chamado poderoso para a transformação pessoal e social enraizada na verdade bíblica. Cada capítulo desafia os que creem a se mover do conhecimento para a ação, abraçando seu papel como transformadores do mundo. Seus *insights* são oportunos e essenciais para qualquer pessoa apaixonada por viver o evangelho em todas as esferas da vida.

— Samuel Rodriguez
Pastor líder da New Season
Presidente/CEO do NHCLC
Autor de *Your Mess, God's Miracle!*
Produtor executivo dos filmes *Breakthrough* e *Flamin' Hot*

Neste livro, Ché Ahn revelou o que acredito serem os valores fundamentais que, como igreja, temos negligenciado em nossa perspectiva e metodologia para cumprir a oração de Cristo de trazer o céu à terra! Cada capítulo revela ideologias distorcidas que têm impedido nossa busca, como igreja, pela transformação autêntica. Acredito que, ao ler suas palavras, você experimentará uma dramática mudança de paradigma na maneira como vê as Escrituras e compreende a verdade.

A relevância de Ché Ahn é incomparável, pois ele integra exemplos e eventos atuais ao conteúdo histórico.

— Philip L. Liberatore
CPA, solucionador de problemas com o IRS e ministro ordenado

Como um dos generais de Deus nesta era de reforma da igreja, Ché Ahn define claramente as mudanças de paradigma necessárias para trazer o poder transformador do reino ao nosso mundo. *Plano-mestre para a transformação* vai desafiar, inspirar e iluminar você para se tornar um criador de história em sua geração. É uma leitura obrigatória para todo líder e crente que deseja estar na vanguarda de tudo o que Deus está fazendo.

— Tom e Jane Hamon
Apóstolos, Vision Church at Christian International, Santa Rosa Beach, FL
Autores de *7 Anointings for Kingdom Transformation* e *The Apostolic Mantle*

O Pastor Ché é um dos meus pais espirituais e um exemplo brilhante de liderança humilde, fortalecida pela fé e corajosa. Em *Plano-mestre para a transformação*, ele mostra que tudo o que é necessário para mudar o mundo é você, alinhado com o coração de Deus, capacitado pelo Espírito Santo e vivendo as 12 graças bíblicas fundamentais. Deus deseja trazer não apenas avivamento, mas reforma para este mundo... Entrelaçado com testemunhos incríveis que edificam a fé, este livro o equipará para um relacionamento mais próximo com Jesus e o preparará para exercer um papel essencial em uma aventura divina com Deus — uma transformação global!

— Dra. Leanna Cinquanta
Fundadora e presidente da We Ignite Nations (WIN)
Autora de *Treasures in Dark Places* e *Your Secret Calling*

Uma planta baixa é uma coisa. Um edifício é outra. Um construtor é outra coisa ainda. O Pastor Ché Ahn conseguiu de novo. Em *Plano-mestre para a transformação*, Ché forneceu uma planta baixa, construiu o edifício e demonstrou seus dons como construtor de atmosferas transformadoras. Você pode ser um avivalista e um reformador. Você foi feito para este momento da história humana, e "Papa Ché" lhe forneceu tudo de que precisa para liderar a transformação da sua vida e do mundo ao seu redor para a glória do Único. Compre este livro, leia este livro, viva este livro. Seja parte de uma transformação de proporções divinas em sua vida e legado!

— Dr. John Jackson
Presidente da Jessup University
Autor de *Grace Ambassador* e outros nove livros sobre liderança e transformação

Neste livro incrível, Papa Ché Ahn nos lembra do chamado divino em nossa vida através das Escrituras e de testemunhos poderosos. *Plano-mestre para a transformação* oferece esperança e encorajamento para os crentes que desejam entrar no propósito que Deus lhes deu. Os *insights* de Papa Ché nos ajudam a entender como podemos fazer parte de algo maior — avivando e reformando nosso mundo com o poder do Espírito Santo. Este livro é um guia para viver a Grande Comissão de forma real e impactante.

— Shannon Grove
Senadora do Estado da Califórnia

Com *insight* bíblico sólido, experiências pessoais transformadoras e um coração alinhado ao Pai, *Plano-mestre para a transformação* revela as camadas do seu coração como uma cebola, abrindo revelações simples, porém desafiadoras, sobre o que Deus está fazendo no mundo para um tempo como este. Conhecendo o Pastor Ché Ahn há mais de três décadas, posso atestar que este livro nasceu de sua vida de obediência contínua e progressiva. Será que estamos vivendo em uma estação em que *chronos* e *kairós* convergem para cumprir o melhor tempo de Deus e usar Seu remanescente, a igreja, para trazer transformação global? Leia este livro com oração, e o Espírito Santo revelará o que você nunca viu antes. Mais, Senhor!

— Dr. Paul Tan
Apóstolo da City Blessing Church

O Dr. Ché Ahn é um verdadeiro praticante de avivamento e reforma... Sua liderança e influência impactaram nações de forma mensurável e inspiraram líderes a ter ousadia para defender a justiça. Este livro é um guia prático para você se tornar um reformador avivado na sua esfera de influência pessoal. Se Deus tocou sua vida (avivamento), a única forma de você entrar em seu propósito e destino — e, também, experimentar um avivamento sustentado — é entrando em seu chamado e trazendo o poder, a presença e as soluções proféticas do Espírito Santo para o lugar que o Céu lhe designou. É assim que você se torna um reformador que muda o mundo ao seu redor — e estas páginas acenderão seu coração para você se tornar esse agente de mudança onde for chamado!

— Larry Sparks, MDiv.
Editor da Destiny Image
LM do Sparks Ministries

Autor de *Pentecostal Fire*

Plano-mestre para a transformação é um livro poderoso e oportuno que desafia os crentes a reconhecer seu papel central em cumprir a Grande Comissão. Ché Ahn expõe brilhantemente como mudar nossa mentalidade e ser capacitados pelo Espírito Santo é a chave para liberar o poder transformador de Deus em nosso mundo. À medida que o avivamento começa dentro de nós, a reforma deve seguir, trazendo mudanças duradouras à nossa sociedade. Este livro vai incendiar seu coração com uma nova visão de como Deus pode usar você para transformar o mundo ao seu redor. Prepare-se para um encontro emocionante com o Deus da glória enquanto mergulha nestas páginas!

— Brian Simmons
Passion & Fire Ministries

A maior coisa que amo e admiro em Ché Ahn é que ele não tem medo de correr riscos pelo evangelho. Na cultura de hoje, polarizada, irada e distraída, os riscos são altos, e precisamos de mais líderes dispostos a ultrapassar limites e fazer a diferença. Agora, com seu novo livro, *Plano-mestre para a transformação*, ele nos oferece uma verdadeira Masterclass sobre como fazer exatamente isso. Usando experiências da vida e do ministério dele, você descobrirá como é a transformação real e como enfrentar o futuro com confiança.

— Phil Cooke, Ph.D.
Cineasta e consultor de mídia
autor de *Maximize Your Influence*

Plano-mestre para a transformação não é apenas um livro; é um poderoso chamado à ação para que os crentes abracem a autoridade dada por Deus e tragam o reino dos céus à terra. Seja você um crente experiente ou novo em sua caminhada espiritual com o Senhor, as mudanças pessoais descritas nestas páginas servirão como catalisadores poderosos para ajudá-lo a navegar, influenciar e impactar o caos dentro da sociedade e da cultura com a verdade eterna do evangelho e a autoridade da guerra espiritual vitoriosa. Amigos, este livro equipará vocês para serem agentes de transformação do reino em cidades, regiões e nações.

— *Rebecca Greenwood*
Cofundadora da Christian Harvest International
Strategic Prayer Apostolic Network

Devemos clamar por avivamento, mas lutar por reforma. Não lutamos com porretes e punhos, mas com amor, justiça e retidão, como Ché Ahn enfatiza fortemente em seu novo livro. É uma leitura obrigatória para todos que desejam não apenas realizar "trabalhos missionários", mas discipular e transformar culturas, comunidades, cidades e nações para o reino de Deus. Usando os princípios que Ché apresenta em seu livro, testemunhei pessoalmente, nos últimos 20 anos, uma transformação do reino acontecendo na nação de Cuba. Quando entendemos algo, isso nos muda. Mas quando algo nos possui, isso nos transforma! Não apenas leia este projeto incrível, mas deixe que ele leia você, e assim o transforme!

— Dr. Leanne Goff
Coach de transformação
Presidente do Leanne Goff Ministries
Autora de *Missionary & Millionaire: Transforming*

Cultures as Priests and Kings

Este livro revela 12 princípios profundos essenciais para a jornada do avivamento à reforma. Estas não são meras palavras numa página, mas verdades divinas incorporadas na vida do Dr. Ché Ahn. Ao se engajar com suas páginas, você será atraído para uma poderosa experiência de avivamento e transformação pessoal. Recomendo este livro de todo o coração — abrace-o, leia-o e deixe-o mudar sua vida.

— Bispo Gregory Toussaint
Fundador e Pastor Sênior do Tabernacle of Glory

Finalmente, um livro com potencial para liberar uma nova geração chamada a retomar suas nações para Deus. Em *Plano-mestre para a transformação*, Ché Ahn faz um excelente trabalho ao integrar avivamento e reforma. O que diferencia este livro de outros é que ele é tanto teologicamente sólido quanto extremamente prático. Isso torna as transições que Ché descreve fáceis de entender e aplicar. É um divisor de águas. Plano-mestre para a transformação é para todos que desejam ser usados por Deus para ver a igreja avivada, a colheita chegar e a justiça ser restaurada em todas as áreas da sociedade.

— Dick e Arleen Westerhof
Pastores colíderes da God's Embassy Amsterdam
Cofundadores da Rede Apostólica By Design

Plano-mestre para a transformação foi publicado num momento muito oportuno, enquanto a igreja de Deus está focada em cumprir a Grande Comissão do Senhor

Jesus antes de Sua segunda vinda. Todo pastor e indivíduo que anseia por transformação global deve ler este livro. Com uma linguagem clara e de fácil leitura, Dr. Ché Ahn descreve 12 aspectos de transformação pessoal e social que devem ocorrer tanto dentro de indivíduos quanto na igreja.

— Dr. Niko Njotorahardjo
Fundador e presidente da Gereja Bethel International

O Dr. Ché acredita que somos chamados para ser avivalistas e reformadores para um tempo como este — entrando em um Terceiro Grande Avivamento na história da igreja... Para trazer a transformação da sociedade, a reforma precisa acontecer. Como faremos isso? Esses 12 paradigmas que o Dr. Ché nos explica são vitais para cada crente porque Deus sempre usou um remanescente de pessoas santas para trazer o gesto de Deus que transformou seu mundo. Este livro é uma leitura indispensável para todos — pastores, líderes, membros da igreja. É hora de despertar o Corpo de Cristo para se levantar em sua vocação e realmente ser sal e luz para o mundo depravado, em parceria com o Espírito Santo para trazer a reforma de que o mundo necessita e glorificar a Deus.

— Bispo Augusto “Chito” Sanchez Jr. e Pastora Rachel Sanchez
Diretores do Transformation and Revival Ministry
Fundadores da Jesus Loves the Little Children Foundation, Inc.
Supervisores das Igrejas River of God

Este é um livro poderoso sobre transformação pessoal e cultural. O Pastor Ché inicia cada capítulo com uma fascinante história pessoal de intervenção divina de Deus, que resultou em uma mudança significativa em seu pensamento e crescimento espiritual. A transformação global começa com a transformação pessoal, e a transformação pessoal ocorre em relacionamento com Jesus. A partir dessas 12 mudanças em sua vida, Deus trabalhou milagrosamente através do Pastor Ché para transformar um jovem que antes era viciado em drogas e sem esperança em um dos servos mais corajosos e ungidos de Deus, cuja influência toca todos os cantos da Terra. O coração servo do Pastor Ché e seu amor pelo Senhor estão evidentes nas páginas deste livro. Preste atenção na mensagem profunda tecida ao longo de *Plano-mestre para a transformação*, e você também será transformado e equipado para transformar o mundo ao seu redor.

— Mathew D. Staver, Esq., B.C.S.*
Fundador e presidente do Liberty Counsel

Em *Plano-mestre para a transformação*, o Dr. Ché Ahn (Papa Ché) fornece um plano que demonstra a fé ativa que cada crente em Jesus Cristo deve manifestar diariamente. Este livro responde à pergunta que muitos líderes da igreja e crentes se fazem: o que eu posso fazer para fazer a diferença? Agora, qualquer pessoa que busque autenticamente transformar a si mesma e até o mundo de acordo com o mandato bíblico, depois de ler *Plano-mestre para a transformação*, não mais terá desculpas. Assimilar *Plano-mestre para a transformação* não é apenas uma experiência que muda vidas, mas também pode ser uma experiência transformadora para o mundo nas mãos de crentes que abraçam o poder e a autoridade dados a nós por Jesus Cristo.

— Marc T. Little, Esq.
Apresentador do programa *The Marc Little Show*

Pastor, advogado, comentarista político

O novo livro do Dr. Ché Ahn, *Plano-mestre para a transformação*, é revigorante, inspirador e, acima de tudo, extremamente oportuno, porque o autor é tanto o pastor de uma igreja influente quanto um apóstolo com impacto mundial. Ele derramou sua vasta experiência neste livro, não apenas para desafiar, mas também para equipar a igreja a cumprir a Grande Comissão. Uma leitura indispensável!

— Dr. Ed Silvoso
Fundador e presidente da Transform Our World
Autor de *Ekklesia* e *Anointed for Romance*

Meu querido amigo Ché Ahn é um homem poderoso de Deus, com um chamado apostólico tão forte que está alinhado com os pensamentos do céu. Neste livro profundo e transformador, essencial para esta nova era em que entramos, ele o ajudará a renovar sua mente enquanto você passa de realidades de inferioridade para realidades superiores, às quais você é chamado a viver como filho ou filha de Deus. Ele o ajudará a plantar as poderosas verdades das Escrituras em seu mundo até que você se torne mais e mais como Jesus. Prepare-se para ser totalmente transformado!

— Jean-Luc Trachsel
Presidente da Associação Internacional de Ministérios de Cura (IAHM)
Fundador e presidente de Europe Shall Be Saved
Copresidente da Global Evangelist Alliance
Membro do Conselho da Empowered21

AGRADECIMENTOS

Quero agradecer a seis avivalistas e reformadores que impactaram profundamente a minha vida e ajudaram a moldar este livro.

- O saudoso C. Peter Wagner, meu amigo, mentor, apóstolo e pai espiritual.
- Lou Engle, profeta e amigo, por sua incansável vida de oração pelo avivamento e pela reforma ao redor do mundo.
- Cindy Jacobs, minha irmã, que me deu palavras proféticas mais significativas do que qualquer outra pessoa, impactando minha vida e meu ministério.
- Bill Johnson, um amigo de aliança, que se tornou meu pastor e meu apóstolo quando Peter Wagner e Jack Hayford foram para casa estar com Jesus.
- Winkie Pratney, que me deu minha teologia e meu amor pelo avivamento.
- Larry Tomczak, meu primeiro pastor, mentor e amigo.

Agradecimentos adicionais:

Quero agradecer aos membros, pastores e presbíteros da Harvest Rock Church por me liberarem para um sabático de três meses para escrever este livro e por serem a melhor igreja.

Agradeço à pastora Rebecca Lee, minha assistente pessoal, que me ajudou a redimir meu tempo para cumprir tudo o que Deus me chamou para fazer.

Agradeço a Mark Miller, um filho espiritual e meu editor.

E agradeço a todos os líderes que endossaram este livro. Vocês são meus heróis!

PREFÁCIO DE Lou Engle

Ché Ahn e eu, no momento desta escrita, acabávamos de nos reunir com 370.000 Esters e Mordecais no Shopping Washington, D.C. Mall, em 12 de outubro de 2024 (o Dia da Expiação), para jejuar e orar pelos Estados Unidos. Existem indícios profundos de que a história mudou nesse dia. Derek Prince, em seu livro clássico *Moldando a história por meio da oração e do jejum*, escreve que, nos últimos dias de crise das nações, assembleias solenes coletivas serão a prescrição santa para evitar crises e levar as nações de volta a Deus. Os livros de Joel e Ester falam sobre o poder e a eficácia desse tipo de oração e jejum.

O livro de Ester é particularmente interessante. Enquanto o resultado prometido por Joel era a restauração da terra de Israel e um avivamento mundial, o resultado de Ester foi a ascensão e a queda de rainhas e reis, o desmantelamento e a remoção de ideologias falsas e infraestruturas malignas, e a completa reversão da política pública persa em relação aos judeus. Isso é *reforma*! Um muda milhões de corações; o outro muda a cultura.

Tenho a convicção de que o antigo espírito demoníaco de ódio aos judeus, o mesmo espírito que possuía o maligno Hamã, foi quebrado pelo Jejum de Ester. No entanto, o decreto de destruição ainda teria sido cumprido se Ester não tivesse se exposto publicamente, arriscado sua vida e se apresentado diante do rei. O ponto é o seguinte: você pode orar quanto quiser, mas se não votar, você perde. Se não se posicionar publicamente contra o transgenerismo nas escolas, você perde seus filhos. Se ficar em silêncio, você perde suas liberdades e se vê diante do totalitarismo e da perseguição. É por isso que este livro urgente e oportuno do meu amigo e apóstolo Ché Ahn é tão necessário. Ele chega para um tempo como este.

Ché e eu fomos radicalmente salvos no Movimento chamado de Jesus Movement dos anos 1970. Parecia que, em todo lugar a que olhávamos, todos estavam sendo salvos. Tristemente, uma teologia do que eu chamo de *Beam me up, Scotty* ["Teletransportem-me, Scotty"] dos tempos de Star Trek se espalhou, paralelamente ao avivamento. Todo mundo estava esperando ser arrebatado para o céu a qualquer momento, para escapar da Tribulação. O diabo estava, na nossa visão, "vivo e bem na Terra", em vez de estarmos focados em "quão grande é o nosso Deus". Todos pensávamos que éramos a geração final, então por que reformar a terra? De qualquer forma, tudo ia queimar... Estávamos em uma viagem para o céu, quando deveríamos ter cantado aquela música dos anos 1970, *These Boots Are Made for Walking* ["Essas botas são feitas para andar"]. Deveríamos estar pisando na terra com ideias transformacionais do reino, reformando suas instituições em colônias do reino em que poderíamos clamar por liberdade e forjar justiça. Em vez disso, cantávamos canções de amor do avivamento, que eram necessárias e gloriosas, mas abandonamos a praça pública. Enquanto dormíamos, o inimigo semeava sementes de destruição ideológica, colocava disseminadores de pensamentos venenosos em posições de influência e, assim, criava centros de poder através dos quais o diabo poderia controlar a terra.

Agora, estamos colhendo o furacão do nosso apaziguamento e passividade ao dizer "não se envolvam com política"! Declarações como essas de pastores e pregadores "politicamente corretos" são mais covardes do que corretas. Precisamos de profetas que possam convocar a consciência da América, como Martin Luther King Jr. falou. E quanto à acusação de sermos supostos "nacionalistas cristãos"? Não entendo isso. Não sou um nacionalista — estou lutando pelos meus netos!

Discipulamos indivíduos em vez de discipular nações, como Jesus nos ordenou (Mt 28:19). Agora, nossos filhos estão sendo discipulados por *drag queens* e aliciadores transgêneros. Agora, o governo do Grande Irmão busca se tornar o governo do Grande Pai. Agora, mais crianças estão sendo mortas do que antes de Roe ter sido revogado, com a pílula do aborto e candidatos que promovem o aborto até o momento do nascimento como a principal intenção de campanha. Precisamos de reforma! De fato, vejo surgir um novo movimento de avivamento pelos direitos civis chamado Don't Mess With Our Kids ["Não mexam com nossos filhos"]. Ao longo deste livro, você pode ouvir o rugido crescente e sentir o tremor, juntamente com ideias relevantes para causar tal reversão.

Ché Ahn, meu pastor por 40 anos, não está falando de teoria. Durante as manifestações de Los Angeles em 1992, ele uniu pastores para promover a reconciliação em um ambiente intenso de tensões raciais. Pasadena foi transformada pelo trabalho e orações da Harvest Rock Church (HRC) e de muitos outros. Uma seita mundial, cuja sede ficava em Pasadena, foi desmantelada e tornou-se uma igreja evangélica; a HRC a comprou e agora se reúne em seu auditório de renome mundial. O avivamento começou em 1994, e dezenas de milhares de pessoas ao redor do mundo foram transformadas em reuniões longas por vários anos.

Mas o que talvez eu mais ame são a coragem e a liderança de Ché ao se recusar a se curvar ao autoritarismo arrogante do governador Gavin Newsom durante os dias da covid-19. Enquanto as igrejas se fecharam, Ché, como um antigo Mordecai, recusou-se a se curvar às ameaças do governador e da cidade de prisão e multas destrutivas. No final, a Suprema Corte dos EUA apoiou o Pastor Ché, e Gavin Newsom teve que pagar todas as custas judiciais e legais no acordo de US$ 1,35 milhão. Desde então, vi um fogo e uma fé queimando na alma de Ché, declarando: "Se Deus é por nós, quem será contra nós?" (Rm 8:31 ARC).

Deus nos ordena a sujeitar a terra e trazê-la à submissão (Gn 1:28). Neste livro, com 12 lentes visionárias e práticas para o governo, vejo a pedra de Daniel sendo lançada da funda de Davi — a pedra cortada sem mãos humanas que atinge e despedaça o monte dos reinos rebeldes do homem, e essa pedra se torna um monte extremamente grande que enche a terra (Dn 2:34-35). Essa pedra de impacto não está reservada apenas para o tempo do eschaton. O impacto da reforma é agora. Querido Apóstolo Ché, obrigado por lançar esta pedra da revelação da reforma, pois sobre esta rocha Cristo edificará Sua Ekklesia, e as portas do inferno não prevalecerão contra ela (Mt 16:18).

PREFÁCIO DE
Dutch Sheets

Sempre foi o plano de Deus que nós, humanos, fôssemos Seus agentes de mudança na terra. Inicialmente, a mudança sempre foi de algo bom para algo melhor. O "mau" não existia. No começo, o grande Criador liberou Seu gênio criativo por seis dias, terminando cada dia afirmando que o produto final era "bom". E o bem que Ele fez tinha surpresas incríveis escondidas nele.

Deus escondeu na criação da terra o potencial para que os humanos liberassem criatividade adicional. Nos elementos invisíveis do planeta, juntamente com suas leis de matemática, física e ciência, estavam escondidos aviões, arranha-céus, telefones, roupas, computadores, fogo e mais um milhão de descobertas. O Criador obviamente havia determinado que Ele criaria criadores! (Eu sei, mas às vezes a redundância parece tornar o ponto mais poderoso!)

Claro, nós, humanos, não criamos objetos do nada. Só Deus pode criar matéria. Nós *transformamos* a criação através da implementação de Suas leis científicas. O site dictionary.com diz que "transformar" significa "mudar de forma, aparência ou estrutura — *metamorfose*; mudar de condição, natureza ou caráter — *converter*; mudar para outra substância — *transmutar*".

Eu sempre dou risada ao imaginar algumas das conversas que Deus e Seu novo aluno devem ter tido. "Adão, um dia você vai metamorfosear alumínio em um tubo, converter os recursos da terra em borracha, pinos, parafusos, tecido e instrumentação, e transmutar tudo isso em um avião."

"E o que eu farei com esse 'avião'?", Adão provavelmente teria perguntado, com um rosto sem expressão. As conversas que eles devem ter tido! Não há dúvida — Deus criou os humanos para ser transformadores. "Desenvolver o planeta" era Seu plano para nós.

A intenção original de Deus também era que Adão e sua descendência revelassem Sua imagem e semelhança, e eles receberam a responsabilidade de governar todo o planeta. Através deles, Deus pretendia estabelecer um posto avançado do Seu reino celestial aqui na terra. Para Adão, "o céu na terra" não era apenas uma expressão desejosa; era uma realidade.

Então, o inferno veio à terra.

Quando Adão pecou, a transformação e o desenvolvimento da terra seguiram para trás. O mundo foi mergulhado no caos. Nosso corpo começou a envelhecer e apodrecer, algumas das belas plantas da terra se transformaram em arbustos espinhosos, os animais começaram a lutar e os alimentos estragaram. O pior de tudo é que a natureza pecaminosa da raça humana nos tornou capazes de ações horríveis. Gênesis 6:5 (KJV) nos diz: "E viu o Senhor que a maldade do homem era grande na terra, e que toda imaginação dos pensamentos de seu coração era somente o mal contínuo". O Criador teve que enviar o grande dilúvio para deter o declínio.

Agora, os agentes de mudança de Deus precisavam ser mudados; Seus transformadores precisavam ser transformados. Então, para o choque de todos, exceto Ele, Deus transformou Seu Filho em um deles e restaurou a humanidade à Sua imagem: "Mas todos nós, com rosto descoberto, contemplando, como por espelho, a glória do Senhor, somos transformados na mesma imagem, de glória em glória, como pelo Espírito do Senhor" (2 Cr 3:18).

Então, o grande Criador nos recomissionou:

> **Portanto, ide, fazei discípulos de todas as nações, batizando-os em nome do Pai, e do Filho, e do Espírito Santo; ensinando-os a guardar todas as coisas que eu vos tenho ordenado; e eis que eu estou convosco todos os dias, até a consumação do século.**
>
> (Mt 28:19-20)

> **Os filhos de Deus, Sua família redimida na Terra, começariam a transformação global, novamente qualificados para expandir Seu reino por todo o mundo. "Na terra, como é no céu" agora poderia continuar.**
>
> (Mt 6:10)

Plano-mestre para a transformação: trazendo reforma e avivamento para as nações é mais do que apenas um título. É uma declaração profética, um anúncio de que o plano de

Deus foi restaurado e agora está indo para um novo nível. A transformação não será limitada apenas a uma congregação ou comunidade, mas agora se tornará global!

Poucas pessoas poderiam ter escrito esta obra-prima; era necessário ter grande revelação. Ché deixa claro que teve que experienciar pessoalmente a transformação do Espírito Santo em 12 áreas do seu pensamento antes que pudesse entender completamente e participar a nível global. As 12 mudanças de paradigma que ele revela são críticas para nós também. Ché apresenta as verdades bíblicas de forma linda e estratégica, fazendo com que elas se tornem ainda mais claras através de seus testemunhos pessoais.

A maior expansão do reino de Deus na terra começou. *Plano-mestre para a transformação* é um dos seus livros-texto! Sem dúvida, este é um dos livros mais importantes do nosso tempo.

A maior expansão do reino de Deus na terra começou.

SUMÁRIO

Prefácio de Lou Engle 26

Prefácio de Dutch Sheets 32

Introdução
Um projeto divino 40

CAPÍTULO 1
Do avivamento à reforma 48

CAPÍTULO 2
Do narcisismo ao amor por Deus e pelos outros 84

CAPÍTULO 3
Do orgulho à humildade 108
Ensaio: Como desenvolver a humildade 120

CAPÍTULO 4
Da pequena fé à fé de Deus 124

CAPÍTULO 5
Do conhecimento à sabedoria 144

CAPÍTULO 6
Do evangelho da salvação ao evangelho do reino 166

CAPÍTULO 7
Da ignorância a uma cosmovisão bíblica 186

CAPÍTULO 8
De ganhar almas a discipular nações 208

CAPÍTULO 9
Da petição à guerra espiritual 220

CAPÍTULO 10
De ir à igreja a ser a igreja 248

CAPÍTULO 11
Da proclamação ao evangelismo com poder 266

CAPÍTULO 12
Da pobreza à prosperidade 292

Ensaio: Como a Reforma Protestante quebrou o espírito da pobreza 318

Conclusão A transformação pessoal leva à transformação social 322

Apêndices

Apêndice A: Abordando as maiores injustiças do nosso tempo 344

Apêndice B: Movimentos reformadores contemporâneos 352

Apêndice C: Give Him 15 por Dutch Sheets 356

Apêndice D: Comece sua nova vida com Cristo 364

Sobre o autor 370

INTRODUÇÃO
Um projeto divino

Você nasceu para ser um avivalista e reformador. De todas as épocas da história humana, você está vivo hoje — neste tempo e estação específicos — por um propósito que só você pode cumprir. Deus planejou sua vida com um projeto divino em mente: transformar seu mundo.

"Como eu deveria transformar o mundo?", você pode estar se perguntando. A resposta é simples. Se você é um seguidor de Jesus Cristo nascido de novo, Ele é a resposta para todos os problemas mais profundos e sombrios do mundo. Pois Seu Espírito agora vive dentro de você, e você o carrega com você aonde quer que vá. Você é Seu embaixador, Seu agente de mudança. Cristo em vós, a "esperança da glória" (Cl 1:27) que a própria criação anseia "com ardente expectativa" para ser revelada (Rm 8:19).

Quer você perceba ou não, você é a chave para ver a Grande Comissão cumprida. Pouco antes de Sua ascensão ao céu, Cristo deu a Seus discípulos este mandato:

Toda autoridade me foi dada no céu e na terra. Portanto, ide e fazei discípulos de todas as nações, batizando-os em nome do Pai, do Filho e do Espírito Santo, ensinando-os a guardar todas as coisas que vos tenho ordenado; e eis que estou convosco todos os dias, até a consumação do século.

(Mt 28:18-20 NVI)

Em Sua soberania e infinita sabedoria, Deus nos escolheu para sermos os filhos e filhas que cumprirão Sua comissão, mas Ele não nos deixou para cumprir isso sozinhos. Ele nos deu, a cada um de nós, o poder (Atos 1:8) e a autoridade (Lc 10:19) para fazermos nossa parte na transformação do mundo. É por isso que isso pode ser chamado de a Grande *Co-missão*.

Ministrei em 94 países nos últimos 45 anos, e, aonde quer que eu vá, meu desejo é ver o Corpo de Cristo se apaixonar mais profundamente por Jesus. Uma igreja passiva e sem poder não cumprirá a Grande Comissão de forma eficaz. Cristãos nominais não trarão avivamento e reforma históricos à sociedade.

Deus está à procura de seguidores de Jesus apaixonados e entregues — Seus amantes rendidos — cuja vida foi transformada de dentro para fora. O Pai está buscando filhos e filhas cujos testemunhos de transformação acenderão essa mesma transformação na vida de muitos outros.

A beleza da transformação é que ela é transferível. Quando estamos cheios do poder transformador do Espírito Santo, tornamo-nos superdifusores de transformação sobrenatural. E como veremos neste livro, vidas transformadas levam à transformação da sociedade.

MINHA HISTÓRIA DE REDENÇÃO

Em 25 de maio de 2023, celebrei 50 anos como seguidor de Jesus Cristo. Quando o Senhor me salvou em 1973, eu era traficante de drogas e viciado, com cabelos longos, vivendo em rebelião aberta contra Deus. Para a vergonha dos meus pais coreanos, eu havia abandonado o ensino médio, e apesar de ser filho de um pastor batista do sul, eu não tinha escrúpulos em dormir com as garotas com quem saía. Eu estava à deriva na vida, sem esperança e sem sentido, e sem dúvida estaria morto se o Senhor não tivesse me salvado em Sua misericórdia.

Para você ter uma ideia de como Deus transformou radicalmente a minha vida desde aquele dia, em 1973, Sue e eu acabamos de comemorar nosso 45º aniversário de casamento! Nossos quatro filhos — Gabe, Grace, Joy e Mary — todos amam o Senhor, e temos os dez netos mais fofos do mundo! Juntos, Sue e eu somos os líderes seniores da Harvest Rock Church, em Pasadena, que começou como um grupo de oração na nossa casa em abril de 1994. Também tenho o privilégio de servir como chanceler internacional da Wagner University e presidente da Harvest International Ministry (HIM), uma rede global com uma presença que honra a Cristo em mais de 70 países.

Embora eu tenha sido um adolescente que abandonou a escola e cujo cérebro estava gravemente danificado pelo uso de drogas, graças à restauração de Deus, consegui obter dois diplomas de pós-graduação, incluindo o doutorado em Ministério pela Fuller Theological Seminary. Embora eu me sinta abençoado por ter estudado com professores e mentores do calibre do Dr. C. Peter Wagner, acredito que o meu progresso acadêmico realmente veio da disciplina de memorizar as Escrituras, o que aprendi a fazer no início do meu caminhar com Cristo. E embora meu vocabulário adolescente fosse limitado a uma palavra de três letras que eu podia dizer de trás para frente — "uau" —, este é o meu 16º livro!

Eu compartilho tudo isso não para me vangloriar, mas para glorificar a Deus e dar esperança a você. Se Ele pôde redimir a minha vida a tal ponto, Ele pode fazer isso por qualquer pessoa! Por causa da Sua graça maravilhosa e do Seu poder imenso, essa transformação está disponível para qualquer um que crê, desde indivíduos a famílias, comunidades a nações.

TRANSFORMAÇÃO: UM CORAÇÃO MUDADO E UMA MENTE MUDADA

Quando Jesus apareceu em público para Seu ministério, as primeiras palavras que Ele disse foram: "Arrependam-se, pois o reino dos céus está próximo" (Mt 3:2). A palavra grega para arrependimento, *metanoeo*, significa ter "uma mudança de ideia, de coração" (TDNT)[1] e "uma mudança de mentalidade" (DNTT).[2] Hoje, chamaríamos isso de uma mudança de paradigma.

Essas duas mudanças — um coração mudado e uma mente mudada — são essenciais para reformar indivíduos e sociedades. É necessário um coração mudado para realmente

1 Gerhard Kittel e Gerhard Friedrich, *Theological Dictionary of the New Testament*, Vol. IV. Eerdmans, 1967, p. 626.

2 Colin Brown, *Dictionary of New Testament Theology*. Zondervan, 1986, p. 357.

amar a Deus e ao próximo como a si mesmo, que Jesus disse serem os dois maiores mandamentos (veja Mt 22:37-40). E é necessário ter uma mente transformada para transformar a sociedade. Como diz Romanos 12:2, somos transformados pela renovação da mente.

Outra coisa de que precisamos para transformar a sociedade é uma cosmovisão biblicamente precisa. A cosmovisão é nossa realidade percebida, e todos têm uma. Como escreve Charles Kraft em *Christianity and Culture* ["Cristianismo e cultura"]:

> Cosmovisão é a principal influência sobre como percebemos a REALIDADE. Em termos de suas suposições, valores e compromissos de cosmovisão, uma sociedade estrutura coisas como o que seu povo deve acreditar, como deve visualizar a realidade e como e o que se deve analisar. As pessoas interpretam e reagem com base nisso reflexivamente, sem pensar.[3]

Para obter uma cosmovisão bíblica, precisamos "de todo o conselho de Deus" (At 20:27 NVI). Se escolhermos apenas aquilo de que gostamos ou o que achamos fácil na Bíblia, nossa cosmovisão nunca se alinhará totalmente com a de Deus.

Escrevi este livro para capacitar você a fazer a sua parte na transformação do mundo. Compartilharei algumas das mudanças de paradigma que transformam a vida nas áreas de coração, mente e cosmovisão transformados. Confio que elas servirão como modelos para você, independentemente da sua história, situação atual ou do que Deus o chamou para fazer.

---

3 Charles H. Kraft, *Christianity and Culture*. Orbis Books, 1979, p. 20. (Caixas altas do original.)

Especificamente, vamos examinar 12 aspectos da transformação pessoal e social. Em cada capítulo, respaldo as Escrituras com testemunhos da vida real de como Deus está envolvido sobrenaturalmente conosco enquanto "buscamos primeiro Seu reino e Sua justiça".

(Mt 6:33)

Um dos capítulos finais da Bíblia nos diz que "o testemunho de Jesus é o espírito da profecia" (Ap 19:10). Nunca devemos nos desculpar por compartilhar os testemunhos que Deus nos deu, pois um testemunho, por sua natureza, traz encorajamento a quem o ouve. Da mesma forma, a profecia é um dom espiritual destinado a edificar, exortar e fortalecer os irmãos (1 Cr 14:3). Quaisquer testemunhos que tenhamos são apenas pela graça e bondade de Deus, e devemos dar a Ele toda a glória e honra.

Eu oro para que meus testemunhos pessoais o encorajem e fortaleçam sua fé. Novamente, se Deus pôde fazer isso por mim, Ele pode fazer o mesmo por você — onde quer que esteja, em qualquer cidade ou nação ao redor do mundo!

Vamos começar nossa jornada juntos com esta oração:

Pai Celestial, obrigado por eu ter nascido para um tempo como este. Eu creio que Tu me chamaste para ser um avivalista e um reformador. Transforma-me de dentro para fora. Torna-me mais parecido com Jesus, para que eu pense como Jesus, aja como Jesus e faça as obras de Jesus. Enche-me com Teu Espírito Santo. Empodera-me e guia-me profeticamente para transformar meu mundo para Tua glória, pelo nome poderoso de Jesus!

1

CAPÍTULO

De avivamento à reforma

A JUSTIÇA E A EQUIDADE SÃO O FUNDAMENTO DO TEU TRONO; A MISERICÓRDIA E A VERDADE VÃO DIANTE DE TEU ROSTO.

(SL 89:14 NVI)

VENHA O TEU REINO. SEJA FEITA A TUA VONTADE, ASSIM NA TERRA COMO NO CÉU.

(MT 6:10)

Nas primeiras horas de uma manhã de domingo, em maio de 1995, minha esposa abriu as portas do escuro e vazio Auditório Mott, sem saber o que estava prestes a testemunhar. Com Sue estavam nossas filhas pequenas, Grace, Joy e Mary, e sua amiga Christine. Quando as portas se abriram, as cinco exclamaram em uníssono ao testemunhar imediatamente uma visão incomparável da glória manifesta do céu. Ficaram paralisadas, tentando absorver tudo.

Através da névoa branca que preenchia o edifício, elas viram milhares de pombas translúcidas descansando nas cadeiras e forrando as vigas. Cores brilhantes do céu, antes desconhecidas, inundaram seus olhos. O chão inteiro estava coberto por um tapete de grama luminosa adornada com flores celestiais em tons brilhantes que brilhavam como joias. O refrão de uma música magnífica preenchia a sala, e elas ficaram maravilhadas ao perceber que eram as flores cantando. Dava para ver centenas de majestosos anjos de todos os tamanhos e etnias por todo o vasto auditório, muitos com mais de 9 metros de altura.

A Igreja Harvest Rock, que começou na nossa casa no dia 4 de abril de 1994, tinha apenas um ano na época. Havíamos buscado com zelo uma visitação do Senhor durante aquele primeiro ano e demos um grande passo de fé ao alugar o Auditório Mott, no norte de Pasadena, para nossos cultos. Com um aluguel de $ 35 mil por mês, o custo era elevado, mas estávamos dispostos a pagar o preço pelo avivamento. Estávamos realizando encontros especiais no Mott quase todas as noites durante mais de um mês, e a nossa congregação estava vivenciando encontros maravilhosos com o Espírito Santo.

Mais cedo, naquela noite de sábado, depois que todos em casa já estavam na cama e a minha esposa estava adormecendo, eu não estava conseguindo dormir. Joy e sua amiga Christine estavam acampadas na sala de estar, que ficava bem ao lado do nosso quarto, e podíamos ouvir suas risadas, que continuaram por um bom tempo. Depois de me revirar um pouco mais, finalmente pedi a Sue se ela podia ajudar as meninas a se aquietar. Sue, sonolenta, concordou e saiu da cama.

Ao entrar na sala de estar, ela percebeu que ambas as meninas haviam sido dominadas pelo dom do riso santo. Tremendo sob o poder do Espírito Santo, Christine gritou para Sue: "Mott, Mott, temos que ir para o Mott!". Joy imediatamente concordou: "Sim, mãe, temos que ir para o Mott!".

Era quase uma da manhã, mas Sue sentiu fortemente que Deus estava se movendo sobre as crianças, então decidiu levá-las até o Auditório Mott. Ela colocou as duas meninas, junto com Grace e Mary, na van da família e dirigiu até o grande e antigo edifício.

Enquanto elas estavam maravilhadas com as visões gloriosas ao seu redor, uma das meninas exclamou: "Precisamos chamar o pastor Lou!". Lou Engle, um dos nossos pastores da Harvest Rock, morava bem em frente ao Mott. Ele e a esposa, Therese, haviam escolhido aquele local para que Lou pudesse ir a pé até as reuniões de oração matinais que ele liderava diariamente.

Sue e as meninas deram meia-volta e cruzaram a rua, acordaram Lou com uma batida à porta e o incentivaram a ir ver a cena cheia de glória. Ele correu com elas de volta, e ao entrar no auditório, teve uma sensação de peso no ar, mas não conseguiu ver nada. No entanto, Sue e as meninas continuaram a contemplar a visão que as surpreendera anteriormente.

Como as crianças estavam descrevendo coisas tão espetaculares, incluindo anjos gigantes, Lou decidiu separar Joy e Christine e entrevistar cada uma delas sozinha. Ele tinha um gravador de fita microcassete à mão para verificar cada detalhe que elas compartilhassem sem que uma ouvisse o que a outra dizia. Depois de questioná-las detalhadamente, Lou ficou surpreso ao perceber que tanto Joy quanto Christine continuaram a descrever as incríveis visões e sons da mesma maneira. Ele ficou convencido de que as adolescentes estavam testemunhando uma verdadeira visitação da glória de Deus.

Outra parte inesperada desse encontro foi que as meninas tiveram uma visão do lendário treinador de futebol Vince Lombardi enquanto começavam a profetizar: "O Mott é pequeno demais. Estádios serão lotados". As meninas estavam totalmente convencidas de que precisaríamos nos mudar para um estádio. O que elas não sabiam era que o primeiro Super Bowl havia sido realizado no Coliseu de Los Angeles em 1967, e Vince Lombardi era o treinador do Green Bay Packers, que venceu o primeiro campeonato. Nenhum de nós poderia prever, em maio de 1995, que Lou e eu estaríamos juntos no Coliseu de LA em 9 de abril de 2016, enquanto o evento de oração chamado The Call "Azusa Now" ocorreria em cumprimento dessa palavra profética.

Soube do que havia acontecido no Mott quando estava a caminho da igreja algumas horas depois. Quando pisei no auditório, também senti uma presença maior de Deus no edifício, embora não visse nada. No entanto, a reunião naquela noite, que foi conduzida como de costume, foi claramente diferente. Marcou o início de um período de visitações angelicais e glória manifesta nos nossos cultos.

Nos seis meses seguintes, as meninas — junto com outras crianças da igreja — continuaram a ver anjos durante as nossas reuniões. Era como se o céu tivesse descido sobre nós. Cura extraordinária aconteceu. Pessoas sentiram o aroma do céu, e até mesmo pó dourado apareceu em manifestações espontâneas da glória de Deus. Eu amava cada testemunho que presenciávamos. Através dessas experiências, cheguei à seguinte conclusão: Isso é glória de Deus — o céu vindo à terra.

A ORAÇÃO DE REFORMA: CÉU NA TERRA

Após esses encontros sobrenaturais, senti-me levado pelo Espírito Santo a estudar o tema bíblico do céu na terra. Nessa temporada, descobri uma verdade extremamente importante que sempre esteve na Oração do Discípulo (comumente chamada de "Pai-nosso").

Em Mateus 6:10, Jesus instrui Seus discípulos a decretar estas palavras em oração: "Venha o Teu reino, seja feita a Tua vontade, assim na terra como no céu". Esta é uma oração de avivamento! Nos últimos 2 mil anos, a igreja tem orado para que o reino dos céus — o governo e o domínio de Deus — seja estabelecido e manifesto na terra. Em essência, temos orado por Avivamento com um A maiúsculo. Mas essa também é uma oração pela reforma. Não é apenas por nós, individualmente, ou pelas nossas famílias; é uma oração pelas nossas nações.

Cindy Jacobs oferece um comentário perspicaz sobre essa passagem em seu livro *The Reformation Manifesto*:

> Depois de estudar Mateus 6:9-13, percebi que essa era uma oração intercessória para aquele que é chamado não apenas para fazer discípulos de indivíduos, mas de nações... Se parte dessa oração é para o aqui e agora, para que trabalhemos para ver Deus como Senhor, não apenas para os assuntos da nossa família, mas de nossas cidades e nações — então o restante da oração deve ser entendido da mesma forma. Não é apenas para os indivíduos; é também uma oração de intercessão pelas nações.[4]

Quanto mais me aprofundei na realidade de ver o céu na terra, o versículo que realmente me impactou foi o Salmo 89:14 (NKJV), no qual o salmista declara: "A retidão e a justiça são os alicerces do Teu trono; graça e verdade Te precedem". Esse versículo servirá como uma introdução para as seções abaixo e os temas recorrentes ao longo deste livro.

Ao orar a Oração do Discípulo e meditar no Salmo 89:14, aprendi que estamos, na verdade, orando para que a justiça de Deus, o direito de Deus, o amor de Deus e a verdade de Deus invadam nossa vida e permeiem a sociedade. O céu na terra é pedir a Deus que invada a terra. Sim, com salvação sobrenatural, curas e libertação — o componente de avivamento do Seu reino —, mas também com Seus atributos de justiça, direito, graça e verdade, que trazem reforma à terra, assim como é no céu. Pois é isso que o céu parece.

---

4 Cindy Jacobs, *The Reformation Manifesto: Your Part in God's Plan to Change Nations Today*. Bethany House, 2009, p. 66.

AVIVAMENTO E REFORMA: UM TERCEIRO GRANDE DESPERTAMENTO

Desde os eventos de 2020, tenho compartilhado que estamos vivendo um tempo extraordinário de tremor global e maior glória. Desde o início dos *lockdowns* da covid-19 até a inflação disparada, as intenções progressistas extremas da esquerda e os conflitos globais em ascensão por toda parte, todas as nações do globo passaram por um tempo sem precedentes de tremor. Esta antiga profecia bíblica está sendo cumprida diante dos nossos olhos:

> **"Eu farei tremer todas as nações; e elas virão com a riqueza de todas as nações, e eu encherei esta casa de glória", diz o Senhor dos exércitos. "A prata é Minha e o ouro é Meu", declara o Senhor dos exércitos. "A glória desta última casa será maior do que a da primeira", diz o Senhor dos exércitos, "e neste lugar darei paz", declara o Senhor dos exércitos.**
>
> (Ag 2:7-9)

Em meu livro anterior, *Turning Our Nation Back to God Through Historic Revival*, compartilho que Deus está usando a escuridão que estamos testemunhando hoje como pano de fundo para que a grande luz do avivamento e da reforma irrompa. Nos meus mais de 50 anos caminhando com Jesus, nunca vi um contraste tão nítido entre a escuridão que cobre as nações e a maior glória de Deus sendo revelada, como Isaías profetizou séculos atrás.

Levanta-te, resplandece, porque a tua luz chegou, e a glória do Senhor brilhou sobre ti. Pois, eis que a escuridão cobrirá a terra, e a grossa escuridão os povos; mas sobre ti o Senhor surgirá, e a Sua glória se manifestará sobre ti. As nações caminharão para a tua luz, e os reis para o resplendor do teu nascer.

(Is 60:1-3)

Acredito de todo o coração que estamos entrando em um Terceiro Grande Despertamento, que abrangerá tanto a escuridão ficando mais escura quanto a luz se tornando mais brilhante. Eu defino um Grande Despertamento como um avivamento nacional e uma reforma da sociedade. Nesse caso, o avivamento e a reforma se espalharão pelo mundo para outras nações.

É interessante notar que o Primeiro Grande Despertamento de 1738 e o Segundo Grande Despertamento de 1801 ocorreram contra o pano de fundo escuro de duas das guerras mais significativas.

América: a Guerra Revolucionária (1775-1783) e a Guerra Civil (1861-1865). Não estou profetizando outro conflito global, como a Segunda Guerra Mundial (1939-1945), mas a verdade é que sinais de guerra estão em todo lugar. Enquanto escrevo isso, a Rússia e a Ucrânia estão em guerra, e Israel está em guerra com o Hamas, o Hezbollah e o Irã. Além disso, uma guerra civil ameaça destruir países como o Reino Unido e a Irlanda. No entanto, uma razão pela qual sou tão otimista sobre o mover de Deus é que um avivamento global está em andamento *agora mesmo*!

Recentemente, tive o privilégio de pregar em dois campi da Gereja Bethel Indonesia (GBI). Sob a liderança competente do pastor sênior Niko Njotorahardjo, a GBI tem 1.200 campi e uma adesão combinada de 300 mil membros. Embora os números por si só não signifiquem avivamento, este é um corpo de crentes cheios do Espírito, fervorosos, que estão fazendo a diferença em sua sociedade.

A Indonésia tem, atualmente, 35% de crentes nascidos de novo.[5] Para colocar isso em contexto, apesar de ser a maior nação muçulmana do mundo, a Indonésia tem algumas das maiores igrejas do mundo! O mover do Espírito Santo está verdadeiramente mudando a maré nessa ilha. Outros lugares que estão experimentando um avivamento genuíno vão do Brasil e da América Latina à Nigéria, Índia, China e à igreja underground em todo o Oriente Médio. Meus amigos Rolland e Heidi Baker estão transformando Moçambique, outra nação muçulmana, por meio dos Ministérios Íris.

O World Christian Database (WCD), uma das fontes mais autorizadas sobre estatísticas religiosas, oferece materiais de referência valiosos sobre todas as partes do mundo. Seus números sobre a China são particularmente impressionantes. De acordo com o WCD, a população cristã do país explodiu de menos de 1 milhão em 1970 para cerca de 120 milhões hoje. Isso representa mais de 9% de toda a população do país, que deve crescer para 220 milhões até 2050.[6]

---

5 David Barrett, *World Christian Encyclopedia*. Oxford University Press, 2001; Ché Ahn, *Turning Our Nation Back to God Through Historic Revival*. Wagner Publication, 2022, p. 175-176.

6 Philip Jenkins, Who's counting China? Phenomenal growth in the number of Christians, *The Christian Century*. 10 de agosto de 2010. Disponível em: https://www.christiancentury.org/article/2010-08/who-s-counting-china. Acesso em: 5 mar. 2025.

Se esses números estiverem mesmo próximos da realidade, a história do cristianismo na China provavelmente será a maior colheita na história da igreja — e isso é apenas uma nação. Dezenas de milhares de almas estão nascendo de novo todos os dias, principalmente no sul global. Do ponto de vista macroglobal, acredito que estamos perto do fim dos últimos dias, e Deus está em movimento como nunca antes!

Junto com a colheita de almas, o Terceiro Grande Despertamento está trazendo justiça e retidão para diferentes áreas da sociedade. Já estamos vendo nações sendo transformadas economicamente, um sinal claro de reforma. Certifique-se de ler o ensaio "Como a Reforma Protestante quebrou o espírito da pobreza", mais adiante neste livro, para mais sobre esse tópico.

FUNDAMENTOS DO REINO

Se queremos ver avivamento e reforma, devemos focar em trazer o reino dos céus à terra. A maneira de trazer reforma é trazendo a retidão de Deus (*tzedeq*), justiça (*mishpat*), misericórdia ou bondade (*chesed*) e verdade (*emeth*) para as nações. Essas quatro palavras, no Salmo 89:14 — os valores de retidão, justiça, verdade e misericórdia —, são repetidas várias vezes. A palavra "retidão", incluindo suas respectivas palavras hebraicas e gregas e seus derivados, aparece 277 vezes na Bíblia. A palavra "justiça" é usada 135 vezes. A palavra "*chesed*" aparece 197 vezes, e seu equivalente grego, "*agape*", aparece 112 vezes. A verdade é mencionada 235 vezes na Bíblia.

O trono é um símbolo da realeza e representa o governo e o reinado de Deus. Ao longo das Escrituras, as expressões "reino dos céus" e "reino de Deus" são usadas de forma intercambiável. Assim, entender a retidão e a justiça é fundamental para saber como o reino dos céus e o reino de Deus são. E a natureza e o caráter de Deus incluem todos os quatro: Deus é absolutamente justo, reto, misericordioso e verdadeiro.

Precisamos perceber as implicações maiores de Mateus 6:10 quando oramos estas palavras: "Venha o Teu reino; seja feita a Tua vontade, assim na terra como no céu". Jesus nos ensinou a orar para que Seu reino venha à terra, e Seu reino incorpora retidão e justiça. Portanto, Deus quer que a retidão e a justiça estejam na terra assim como estão no céu. O trono do céu é construído sobre Deus e esses princípios, e assim deve ser a nossa sociedade. Para mim, essa é a aparência de um Grande Despertamento.

Como vemos em versículos como o Salmo 33:5, Deus ama absolutamente a retidão e a justiça. "Fazer justiça e retidão é mais aceitável ao Senhor do que sacrifício" (Pv 21:3 NVI), e foi isso que o profeta Amós escreveu sobre o desejo de Deus para a sociedade: "Odeiem o mal, amem o bem e estabeleçam a justiça na porta... Que a *justiça* corra como águas e a *retidão* como um riacho perene" (Am 5:15-24 NVI).

No famoso trecho que abre Gênesis 12, Deus chama Abraão para sair da casa de seu pai e de sua terra, dizendo: "Farei de você uma grande nação... E em você todas as famílias da terra serão abençoadas" (vv. 2-3). Deus escolheu Abraão para ser o pai de uma nação que deveria modelar a retidão e a justiça para as outras nações, e lhe fez este grande elogio:

Pois Eu o escolhi, para que ele ordene a seus filhos e à sua casa depois dele que guardem o caminho do Senhor, para fazer justiça e retidão, para que o Senhor faça a Abraão o que lhe tem falado.

(Gn 18:19 NVI)

Não é de admirar que ele se tornou conhecido como "o amigo de Deus" (Tg 2:23)! O Senhor o chama até de "Meu amigo" (Is 41:8).

Observe como o Senhor se revelou a Abraão como o Deus da retidão (Dn 9:14) e o Deus da justiça (Dt 32:4) e o instruiu a ensinar retidão e justiça à sua casa. Esses são os caminhos de Deus. Mesmo que Abraão não tivesse a Bíblia para ensiná-lo essas verdades, ele tinha um *relacionamento* com o Deus da Bíblia e recebeu uma revelação dEle. Foi assim que ele pôde liderar outros a fazer o que é justo e reto e como se tornou uma grande nação, um protótipo para outras nações. E como Provérbios 14:34 diz famosamente: "A justiça exalta a nação".

Pelo contrário, como o resto desse versículo alerta, uma nação é desonrada e derrubada se a retidão e a justiça não permeiam sua sociedade.

Um escritor e palestrante judeu conservador chamado Dennis Prager, que dedicou sua vida a produzir um comentário sobre a Torá (os primeiros cinco livros da Bíblia) a partir do hebraico original, diz:

> O Próprio Deus explica aqui o que exatamente é "o caminho do Senhor": fazer o que é justo e correto. Pela primeira vez, a Torá declara explicitamente o propósito de Deus para Abraão e seus descendentes:

fazer o que é justo e correto e, implicitamente, ensinar isso ao mundo.[7]

RETIDÃO

O versículo-chave, Salmo 89:14, começa com uma referência à justiça de Deus: "A retidão e a justiça são o fundamento do Seu trono".

A retidão é fundamental para o reino de Deus porque Deus é justo. Ele é santo e não há pecado nEle. A retidão pode ser definida como obediência à vontade de Deus. Significa fazer o que é certo. Embora Deus exija retidão de nós, de acordo com 2 Coríntios 5:21 e Romanos 14:17, Ele também nos dá Sua retidão como um presente!

Jesus, o único que já andou em perfeita obediência a Deus Pai, é Ele mesmo a nossa justiça (1 Cr 1:30). Agora, assentado à destra do Pai, Ele é a fonte de toda a justiça. E como Ele disse a Seus discípulos: "Eu sou a videira, vocês são os ramos... porque sem Mim, nada podem fazer" (Jo 15:5).

Uma visão bem equilibrada da retidão é tanto posicional quanto prática. Posicionalmente, no momento em que você nasce de novo, você está em posição correta diante de Deus. Praticamente, Deus agora nos dá a graça de colocar Sua verdade em prática e fazer o que é certo. Assim, podemos entender mais claramente as palavras do apóstolo Paulo:

---

7 Dennis Prager, *The Rational Bible*: Genesis. Regnery Faith, 2019, p. 215.

Portanto, meus amados, assim como sempre obedeceram, não apenas na minha presença, mas agora muito mais na minha ausência, trabalhem na sua salvação com temor e tremor, pois é Deus quem está operando em vocês, tanto para querer quanto para realizar, segundo a Sua boa vontade.

(Fp 2:12-13, NVI)

A chave para viver na retidão é confiar no Espírito Santo. Ele está trabalhando em nós e deseja nos ver praticando a retidão ainda mais do que nós mesmos. Em João 16:8, Jesus diz que o Espírito Santo fará três coisas: 1) convencerá o mundo do pecado, isto é, nos levará à salvação; 2) convencerá o mundo da retidão, isto é, nos levará a um avivamento pessoal; e 3) convencerá o mundo do juízo, isto é, trará a reforma da sociedade.

Precisamos de um avivamento da retidão para ser restaurado à igreja e à sociedade. Quando teve um encontro com Deus e foi chamado para acabar com o comércio de escravos em sua nação, o reformador inglês William Wilberforce (1759-1833) também foi chamado para trazer um avivamento da retidão. Ele o chamou de restauração dos "bons modos" ou da moralidade: "Deus Todo-Poderoso colocou diante de mim dois grandes objetivos, a supressão do comércio de escravos e a reforma dos bons modos [moralidade ou retidão]".[8]

Reformadores cristãos como Wilberforce nos mostram que trazer o céu à terra é trazer a justiça de Deus à terra, como é no céu (Mt 6:10).

8 William Wilberforce, Module 412: William Willberforce. *Christian History Institute*. Disponível em: https://christianhistoryinstitute.org/uploaded/50b649ccc5e960.06979983.pdf. Acesso em 5 mar. 2025.

TRÊS CARACTERÍSTICAS DO AVIVAMENTO HISTÓRICO

Antes de olharmos mais de perto para a reforma, precisamos estar alinhados quanto ao entendimento do avivamento histórico. Hoje, Deus quer que Seu povo experimente um novo derramamento de Seu Espírito. Ele quer que sejamos espiritualmente renovados e revigorados para que possamos administrar a colheita de almas e a transformação da sociedade que seguirá.

> **Arrependam-se, pois, e se convertam, para que os seus pecados sejam apagados, a fim de que venham os tempos de refrigério da parte do Senhor, e que Ele envie a Cristo, que lhes foi anunciado antes, o qual o céu deve reter até os tempos de restauração de todas as coisas, de que Deus falou pela boca de todos os Seus santos profetas desde os tempos antigos.**
>
> (At 3:19-21, NVI)

Em Atos 3:19, a palavra grega para "refrigério" (*anapsuxis*) significa literalmente um alívio ou recuperação do fôlego, e é usada aqui para se referir ao avivamento. [9] Assim, devemos reconhecer no contexto que o arrependimento é uma condição indispensável para o avivamento (veja At 2:38; Jl 2:12-28). Com isso em mente, vamos olhar as três características centrais do avivamento histórico com base nas Escrituras e na história da igreja.

9 Blue Letter Bible, "Lexicon: Strong's G403 - anapsyxis". Acesso em: 23/07/2024, https://www.blueletterbible.org/lexicon/g403/nasb20/tr/0-1/.

1. A igreja é reavivada

A primeira característica do avivamento histórico é que a igreja é reavivada pelo Espírito de Deus. Ao longo da história da igreja, todo avivamento começou quando um indivíduo ou um grupo de pessoas experimentou uma nova consagração ao Senhor, ficou cheio do poder do Espírito Santo, e a igreja se tornou santa e justa. Durante o derramamento do avivamento, a igreja também recebeu uma enorme revelação do amor de Deus Pai.

Um dos avivamentos mais poderosos, historicamente conhecido como o Primeiro Grande Despertar, começou em 24 de maio de 1738. John Wesley escreveu em seu diário:

> Mr. Hall, Hinching, Ingham, [George] Whitefield, Hutching e meu irmão Charles estavam presentes em nosso banquete de amor em Fetter Lane com cerca de 60 de nossos irmãos. Por volta das 3 da manhã, enquanto continuávamos instantaneamente em oração, o poder de Deus veio poderosamente sobre nós, de modo que muitos gritaram de alegria exultante e muitos *foram ao chão*. Assim que nos recuperamos um pouco da reverência e do espanto diante da presença de Sua Majestade, começamos a cantar com uma só voz: "Louvamos-Te, ó Deus, e Te reconhecemos como Senhor".[10]

Quando atingiu Toronto em 20 de janeiro de 1994, o avivamento foi caracterizado pelo poder de Deus caindo poderosamente sobre as pessoas, com muitas caindo e ficando no chão por um tempo significativo, até horas. Quando cheguei lá com Lou Engle em outubro de 1994, entrei no Regal Constellation Hotel Ballroom andando,

10 John Wesley, *The Works of John Wesley*, Vol. 1. Hendrickson Publishers, 1984, p. 170. (Ênfase nossa.)

e saí rastejando, incapaz de me levantar. Mas senti que havia "nascido de novo" *novamente*. Eu fui pessoalmente reavivado enquanto experimentava o amor do Pai e me apaixonava mais por Jesus. O avivamento sempre começa com a igreja.

Toronto não estava apenas experimentando o poder e a alegria do Espírito Santo. Houve um profundo arrependimento que ocorreu. Em meu primeiro livro, *Into the Fire*,[11] escrevo sobre meu arrependimento e perdão em relação ao meu pai e outros líderes pelos quais eu tinha um rancor no movimento anterior, e compartilho o meu profundo arrependimento por magoar minha esposa ao fechá-la das minhas emoções e da depressão durante os anos 1980. Estou firmemente convencido de que o arrependimento deve começar na casa de Deus, com o povo de Deus. 1 Pedro 4:17 diz: "Porque é tempo de começar o julgamento pela casa de Deus; e se começar conosco, qual será o fim daqueles que não obedecem ao evangelho de Deus?". Tudo se levanta e cai com a igreja. Um exemplo clássico disso é o Avivamento de Pyongyang de 1907, que foi desencadeado quando líderes da igreja entraram em uma temporada intensiva de jejum, oração e arrependimento público. O Avivamento de Pyongyang foi chamado de "avivamento do arrependimento". Todos os avivamentos genuínos trazem uma restauração da justiça e da santidade.

Em 2 Crônicas 7:14 (NVI), o Senhor promete: "Se o Meu povo, que se chama pelo Meu nome, se humilhar, orar e buscar a Minha face, e se afastar dos seus maus caminhos, então Eu ouvirei dos céus, perdoarei os seus pecados e

11 Ché Ahn, *Into the Fire: How You Can Enter Renewal and Catch God's Holy Fire*. Regal Books, 1998.

sararei a sua terra". Note que Deus diz: "Se o Meu povo se humilhar e orar...". Ele não se refere aos perdidos no mundo. Ele não menciona um partido político ou oficiais do governo corruptos. Ele diz que começa com Seu povo. Deus diz que o avivamento começa *com você e comigo*.

2. Almas são salvas

Quando a igreja é reavivada e experimenta a glória de Deus, a próxima fase de qualquer verdadeiro avivamento é quando a colheita chega. É necessário que nós, como cristãos, sejamos avivados em nossa caminhada espiritual com o Senhor, mas também devemos preparar nossas redes para trazer uma grande colheita de almas. Para ver nossa nação retornar a Deus através de um avivamento histórico, precisamos lutar não apenas pelo povo de Deus, mas pelos perdidos.

Esse mesmo padrão é mostrado desde o nascimento da igreja. No dia de Pentecostes, quando o Espírito foi derramado, Pedro se levantou para pregar às multidões, e 3 mil pessoas foram salvas em um dia (At 2:41). Entre os que foram batizados no Pentecostes estavam judeus representando 15 ou mais grupos linguísticos e até 70 nações na diáspora judaica.[12] O avivamento começou em Jerusalém, mas Deus queria que se espalhasse até os confins da terra.

O Avivamento Galês de 1904 é um exemplo de como a colheita chega de forma tremenda durante um verdadeiro avivamento histórico. Enquanto a igreja no País de Gales

12 C. Peter Wagner, *The Book of Acts: A Commentary*. Chosen Books, 2017, p. 64-65.

começava a ser avivada pelo Espírito Santo, 20 mil pessoas foram salvas em apenas 5 semanas. Nos primeiros 6 meses do avivamento, 100 mil pessoas se entregaram a Cristo, de uma população total de cerca de 2 milhões do País de Gales. A imprensa estava cobrindo o avivamento com tantos detalhes que muitas pessoas se tornaram seguidoras de Jesus simplesmente ao ler sobre o mover de Deus em seu jornal diário![13]

3. A sociedade é transformada

Em qualquer avivamento histórico, primeiro a igreja é reavivada, e, em segundo lugar, uma colheita de almas chega. O terceiro componente necessário de um avivamento histórico é que a sociedade é transformada, e uma das principais formas é através da restauração da justiça bíblica. Quando a transformação de uma nação acontece, sabcmos que o avivamento realmente chegou. Isso ocorreu no Primeiro Grande Despertamento, quando a escravidão, possivelmente a maior injustiça daquela época, foi abolida em todas as nações da Comunidade Britânica. No Segundo Grande Despertamento, vemos essa justiça sendo demonstrada quando a escravidão chegou ao fim na América como resultado desse mover de Deus com Charles Finney, Jeremiah Lanphier e outros.

A triste verdade é que durante o movimento Jesus People, indo para a Bênção de Toronto e seu pós-avivamento,

13 G. Campbell Morgan, "The Revival: Its Power and Source", em *The Welsh Revival: A Narrative of Facts* de W.T. Stead. The Pilgrim Press, 1905, p. 83.

não vimos muita reforma na sociedade. Lembro-me de celebrar o décimo aniversário da Bênção de Toronto em 2004, quando Sue e eu saímos para um jantar tardio com John e Carol Arnott após um dos cultos. O único restaurante aberto ficava num bar. Durante a refeição, John disse algo muito significativo e verdadeiro: "Impactamos milhões de pessoas ao redor do mundo, mas não transformamos nem um pouco de Toronto".

Infelizmente, não tivemos ensino ou revelação para reformar a sociedade durante o movimento Jesus People e muito pouco durante a Bênção de Toronto. De fato, algumas das piores decisões da Suprema Corte aconteceram durante esse mesmo período. Roe v. Wade foi aprovado em 1973, legalizando o aborto. Depois, em 2015, a decisão de Obergefell v. Hodges legalizou o casamento entre pessoas do mesmo sexo depois que a Bênção de Toronto e o Avivamento de Brownsville chegaram ao fim. Isso é parte da razão pela qual estou escrevendo este livro. Acredito que veremos uma nova onda de almas sendo salvas — ainda maior do que o movimento Jesus People e os avivamentos de Toronto e Brownsville —, mas isso precisa ser para a transformação da sociedade!

Jesus disse: "[Eu vim] para buscar e salvar o que estava perdido" (Lc 19:10). Acredito que Ele estava se referindo a "o que estava perdido" no jardim — a união e a comunhão perfeitas com Deus e o paraíso na terra. Jesus veio para destruir as obras do diabo e restaurar tudo o que foi perdido no jardim (1 Jo 3:8).

REFORMA

A reforma — o terceiro componente do avivamento histórico — desempenha um papel fundamental na vinda do reino de Deus à terra. Ela é o que produz a transformação social. Adoro essa definição de Cindy Jacobs:

> Eu definiria reforma como uma emenda para reparar o que está corrompido, para edificar as instituições do nosso governo e sociedade de acordo com sua ordem e organização estabelecidas por Deus. Significa institucionalizar a vontade de Deus em como fazemos nossos negócios diários, lidamos com os pobres, administramos a justiça, fazemos nossas leis, ensinamos nossos filhos e, de maneira geral, vivemos nossa vida.[14]

Essa definição chama todos os crentes em Jesus para serem reformadores. Somos chamados para fazer tudo o que está errado ao nosso redor ser corrigido.

A reforma é trazer os valores e a justiça bíblicos para a sociedade e suas instituições. Por extensão, os reformadores são aqueles que fazem mudanças e melhorias nas práticas sociais, políticas ou econômicas. Se estamos buscando a cultura do céu para nosso tempo e época, devemos nos unir ao desejo de Deus de reformar a sociedade para Sua glória. A justiça bíblica na sociedade é um sinal significativo de que a reforma está acontecendo.

---

14 Cindy Jacobs, *The Reformation Manifesto: Your Part in God's Plan to Change Nations Today*. Bethany House, 2009, p. 18.

1. A justiça pura de Deus

A justiça é o segundo componente-chave da díade do reino: "A justiça e a retidão são a base do Seu trono" (Sl 89:14a). Assim como a retidão, a justiça também reflete um aspecto crucial da natureza de Deus, e Ele é revelado a nós como um juiz justo no segundo capítulo da Bíblia:

> E o Senhor Deus ordenou ao homem, dizendo: "De toda árvore do jardim comerás livremente, mas da árvore do conhecimento do bem e do mal não comerás, pois no dia em que dela comerdes, certamente morrerás" (Gn 2:16-17 NVI).

Ao estabelecer a lei e punir aqueles que a quebram, Deus está agindo em Sua capacidade de Juiz. Sem entender Sua justiça, não podemos apreciar o amor e a misericórdia de Deus ou entender por que Jesus teve que tomar o nosso lugar na cruz para que Deus pudesse estender misericórdia e perdão a nós.

"Há muita fala bonita e edificante sobre o amor de Deus por nós e o nosso amor por Ele", escreve Dennis Prager. "Mas quando Moisés descreve Deus, primeiro ele O descreve como juiz. Este é um presente da Torá para a humanidade: o Criador julga todas as nações e cada indivíduo".[15]

A maioria das pessoas que veem Deus como um juiz pensa que isso implica que Ele é cruel, mas nada poderia ser mais distante da verdade! A justiça de Deus traz segurança e proteção para o nosso mundo. Como todos concordarão, quanto mais rígidas as leis de trânsito, mais seguro é dirigir.

15 Dennis Prager, *The Rational Bible: Deuteronomy*. Regnery Faith, 2022, p. 189.

Jesus não é apenas justo; Ele é nossa justiça. O Antigo Testamento ensina que Deus é pura justiça, sem nenhum qualificativo antes da palavra. Por exemplo, "justiça social" não está na Bíblia. É redundante, até, adicionar o adjetivo "bíblica". No entanto, temos diluído tanto a verdade, incluindo questões como aborto, casamento entre pessoas do mesmo sexo, transgenerismo e questões LGBTQ+, que parece necessário adicionar tal qualificativo às vezes. Mas a fundação do trono do céu não é um problema terreno. É justiça de Deus.

"Justiça, e somente justiça, seguirás", diz Deuteronômio 16:20 (NVI), "para que vivas e herdes a terra que o Senhor, teu Deus, te dá". Sempre que a Bíblia repete uma palavra duas vezes, está fazendo uma ênfase muito importante. Também é raro na Torá repetir um substantivo, mas aqui o substantivo "justiça" é realmente usado duas vezes. O versículo original diz: "Justiça, justiça, seguirás". Por quê? Porque Deus é justiça *pura*.

Como nos lembra Mateus 12:18 (NVI), Ele cumpriu esta profecia: "Eis o Meu Servo, a quem escolhi; o Meu Amado, em quem a Minha alma se compraz; porei o Meu Espírito sobre Ele, e Ele proclamará justiça para os gentios" (ver Is 42:1). Assim, Jesus foi cheio do Espírito Santo para a tarefa central de proclamar a justiça e a verdade de Deus às nações.

Em Sua mensagem de abertura, de Isaías 60:1-2, Jesus declara:

> **O Espírito do Senhor está sobre Mim, porque Me ungiu para evangelizar os pobres; enviou-Me para curar os quebrantados de coração, para proclamar liberdade aos cativos e a recuperação da vista aos cegos, para pôr em liberdade os oprimidos; para proclamar o ano aceitável do Senhor.**
>
> (Lc 4:18-19 NVI)

Em todos os aspectos, essa mensagem resume o avivamento e a reforma.

Por exemplo, a boa nova para os pobres é que Jesus veio para erradicar a pobreza sistêmica. "Proclamar o ano aceitável do Senhor" trata de um Jubileu perpétuo, que se refere novamente ao favor e a bênçãos econômicas. Não há pobreza no céu, por isso oramos para que a vontade de Deus seja feita "na terra assim como é no céu".

A compreensão mais básica de justiça está relacionada à verdade bíblica e às leis justas, e essas leis vêm de Deus. Em Mateus 23:23 (TPT), Jesus diz:

> Grande tristeza aguarda vocês, estudiosos religiosos e fariseus — fraudes e fingidores! Pois vocês estão obcecados com questões periféricas, como insistir em pagar dízimos meticulosos sobre as menores ervas que crescem nos seus jardins. Essas questões são boas, mas vocês ignoram o dever mais importante de todos: andar no amor de Deus, demonstrar misericórdia aos outros e viver com integridade [ou "verdade"] (...)

Aqui, Jesus faz alusão à Torá — as leis que Deus deu ao Seu povo através de Moisés —, como revelado em Gênesis, Êxodo, Levítico, Números e Deuteronômio. Esses mandamentos são caracterizados por justiça e verdade. Como diz Neemias 9:13 (NVI): "Tu desceste também sobre o Monte Sinai, e falaste com eles desde os céus, e lhes deste *justos* juízos e leis *verdadeiras*, bons estatutos e mandamentos".

Tudo o que Deus decretou é santo, justo e bom (Rm 7:12). A lei por si só não pode nos salvar — só Jesus pode fazer isso (Gl 2:20-21; Ef 2:4-10) —, mas não se pode ter uma verdadeira reforma sem justiça e verdade.

Deus se importa tanto com a nossa sociedade que Ele quer que levemos a justiça bíblica pura para o nosso mundo. Devemos ser ativistas para o Seu reino, "pois não são os ouvintes da lei que são justos diante de Deus, mas os que a praticam serão justificados" (Rm 2:13 NVI). Aqueles que andam em obediência à Palavra de Deus serão defensores de Sua justiça e retidão, não apenas em sua vida individual, mas também em suas esferas de influência.

2. Exemplos de reforma através de leis justas

O primeiro exemplo de reforma piedosa é o Ato para a Abolição do Comércio de Escravos de 1807. Esse ato foi aprovado no Parlamento Britânico devido à determinação de William Wilberforce e sua rede apostólica, o Grupo Clapham. Wilberforce e seus colegas lutaram durante 11 anos para mobilizar apoio suficiente para aprovar uma legislação que abolisse a escravidão na Inglaterra. Os membros da rede de Wilberforce, também conhecida como o Círculo Clapham, eram todos ardentes seguidores de Jesus e tinham fortes convicções de que a sociedade deveria refletir a justiça de Deus para aqueles que eram aprisionados pelo comércio de escravos.

O catalisador do movimento abolicionista na Inglaterra foi o Primeiro Grande Despertamento, de 1738, liderado por pregadores como George Whitefield e John Wesley, que era um abolicionista fervoroso. Não tanto o caso de Whitefield, mas muitos que se converteram a Cristo no Grande Despertamento se tornaram abolicionistas, como John Newton e William Wilberforce. O impulso desse movimento de Deus se fundiu com a explosão do Segundo

Grande Despertamento, de 1801, que precedeu o Ato de Abolição do Comércio de Escravos por seis anos. Três décadas depois, em 1833, a escravidão foi finalmente tornada ilegal em todo o Império Britânico com a aprovação do Ato de Abolição da Escravidão.

O segundo exemplo ressoa profundamente com o primeiro, pois está ligado ao caminho da América para abolir a escravidão. Foram principalmente os evangélicos, incluindo o grande pregador do avivamento Charles Finney e o movimento metodista, que ajudaram a liderar o movimento abolicionista nos Estados Unidos, denunciando os males da escravidão e defendendo a reforma. Após o surto do Segundo Grande Despertamento, o Avivamento da Oração, de 1857, foi o principal avivamento que atingiu a América do Norte nesse período, trazendo uma grande colheita de almas para o reino. A maioria desses convertidos era abolicionista.

Não muito tempo depois, a questão da escravidão chegou ao ponto crítico, quando os primeiros tiros da Guerra Civil foram disparados na primavera de 1861. Após quatro anos excruciantes, a guerra terminou com a rendição do Sul Confederado, em 9 de abril de 1865. Embora tenha custado um alto preço — mais de meio milhão de vidas perdidas na batalha —, a transformação social que ocorreu após a Guerra Civil abriu uma nova página na história dos Estados Unidos. O caminho foi aberto para a aprovação da 13ª Emenda, em dezembro de 1865, que aboliu completamente a escravidão na nossa nação. Nos cinco anos seguintes, a 14ª e 15ª Emendas à Constituição foram ratificadas para declarar os direitos civis para cada indivíduo nascido nos Estados Unidos — incluindo ex-escravos — e afirmando o direito ao voto para homens de todas as raças.

Quanto a hoje, acredito que o Terceiro Grande Despertamento começou — trazendo tanto o avivamento quanto a reforma em seu rastro. Um dos sinais que apontam para essa épica temporada de transformação foi o caso Dobbs v. Jackson Women's Health Organization ["Organização da Saúde da Mulher"], a decisão histórica de seis a três da Suprema Corte dos EUA, em 24 de junho de 2022. Nesse julgamento, o tribunal decidiu que a Constituição dos Estados Unidos não confere o direito ao aborto. Isso reverteu a maldição do caso Roe v. Wade, pelo qual 63 milhões de vidas inocentes foram tiradas pelo aborto, esse assassino silencioso, desde 1973.[16] Não podemos subestimar a importância do caso Dobbs v. Jackson à luz das vidas que serão poupadas nas próximas gerações de norte-americanos.

Dennis Prager, em seu maravilhoso comentário sobre o Deuteronômio, escreve:

> Na visão da Torá, a civilização repousa na justiça. Sem justiça, sem civilização... E a justiça repousa na verdade. Portanto, o propósito do tribunal é, primeiro, estabelecer o que é verdade. O réu cometeu o crime de que é acusado? A compaixão nunca pode exercer um papel na determinação da verdade. A verdade é objetiva, e porque a justiça está enraizada na verdade, na melhor de nossas capacidades, a justiça também deve ser objetiva. Somente depois que a verdade for estabelecida e um veredicto justo for proferido o juiz poderá exercer

16 The State of Abortion in the United States. *National Right to Life Committee*. 5 de maio de 2022. Disponível em: http://www.nrlc.org/uploads/communications/stateofabortion2022.pdf. Acesso em: 5 mar. 2025.

> compaixão na atribuição de punição. Antes disso, a justiça (isto é, a verdade) deve ser buscada.[17]

Ele conclui: "Indivíduos podem ser guiados pela compaixão em seus negócios pessoais, mas a sociedade deve ser guiada pela justiça'.[18]

COMO TRAZER AVIVAMENTO E REFORMA

Sabemos que Deus deseja que tragam o céu à terra por meio do avivamento e da reforma, mas o que isso envolve? Nosso versículo fundamental, Salmo 89:14, dá-nos três conceitos-chave a esse respeito: 1) trata-se do rosto de Deus; 2) trata-se de misericórdia; e 3) trata-se de verdade.

1. O rosto de Deus (Sua presença)

Em seu livro *Face to Face with God*, Bill Johnson diz: "A busca pelo rosto de Deus tem duas dimensões centrais — a busca por Sua presença e a busca por Seu favor".[19]

O céu invade a terra através da presença e da ação do Espírito Santo. Acredito que o salmista está falando sobre a presença manifesta de Deus, o Espírito de Deus, ou o Espírito Santo. Como sempre digo na Igreja Harvest Rock, a presença de Deus não é a cobertura do bolo — ela é o bolo!

17 Dennis Prager, *The Rational Bible*: Deuteronomy. Regnery Faith, 2022, p. 271-272.
18 *Ibidem*.
19 Bill Johnson, *Face to Face with God*. Charisma House, 2007, p. 18.

Priorizamos tanto a Palavra de Deus quanto a presença de Deus em nossa família da igreja, e Ele nunca deixa de nos surpreender enquanto continuamos a experimentar vislumbres do céu na terra.

"O reino de Deus não é comida nem bebida, mas justiça, paz e alegria no Espírito Santo" (Rm 14:17). O Espírito Santo é central para ver o reino de Deus avançar. Não podemos fazer isso com a nossa própria força. "'Não por força nem por poder, mas pelo Meu Espírito', diz o Senhor dos Exércitos" (Zc 4:6 NASB, 1995). Não veremos avivamento e reforma sem a presença e o poder do Espírito Santo.

2. Misericórdia (Amor)

A palavra misericórdia, no Salmo 89:14, é o termo hebraico "chesed", que algumas versões traduzem como "bondade" ou "amor fiel". Ela é mais bem definida como a misericórdia e a compaixão de Deus pelas pessoas. É realmente de um coração de compaixão e misericórdia que Deus, o Pai, deu Seu único Filho para a redenção do mundo. Como o versículo mais famoso da Bíblia diz: "Porque Deus amou o mundo de tal maneira que *deu*..." (Jo 3:16).

"*Chesed*" encapsula o tipo de compaixão profunda com que Deus deseja que caminhemos em direção aos outros. Acredito que Jesus apropriou uma palavra rara do grego, "*agape*", para expressar o que foi comunicado através de "*chesed*" no Antigo Testamento, e assim, uso "amor" de forma intercambiável com misericórdia.

Nunca devemos esquecer que o amor é um verbo, e verbos são palavras de ação! A Bíblia deixa claro que devemos amar em ação e em verdade.

Por isso sabemos o que é o amor, porque Ele deu Sua vida por nós. E devemos dar nossa vida pelos irmãos. Mas quem tem os bens deste mundo e vê seu irmão em necessidade e fecha seu coração para ele, como pode o amor de Deus permanecer nele? Meus filhinhos, não amemos de palavra nem de língua, mas de fato e em verdade (1 Jo 3:16-18 NVT).

Defino amor como "a escolha altruísta pelo maior bem para o maior número de pessoas". Essa definição especifica "o maior número de pessoas" porque precisamos ter um foco para realizar uma verdadeira reforma. O mundo está repleto de necessidades diversas, e devemos ser estratégicos em nossos esforços. Para trazer uma mudança positiva e tangível, devemos nos perguntar: "Quais são as maiores injustiças que afetam o maior número de pessoas? O que podemos fazer para fazer a diferença?". Veja o Apêndice A para mais discussões sobre esse tópico.

3. Verdade

A verdade bíblica é indispensável para a reforma e o avivamento. Para ser um povo de justiça e retidão, precisamos de uma verdade absoluta. Justiça e retidão devem ser baseadas na realidade de que Deus existe, que Ele é um Deus moral e que Ele nos deu Seus mandamentos e padrões de justiça e retidão baseados na verdade absoluta. A verdade é baseada em Seus mandamentos e em Sua Palavra escrita, a Bíblia, a fonte final da verdade. Como tal, ela é a base de uma sociedade bem-sucedida.

O avivamento ocorre quando a verdade de Jesus Cristo penetra no coração humano. Isso, por sua vez, aviva a igreja, que então atrai os perdidos. Da mesma forma, há uma progressão natural da verdade para a reforma, e é assim que isto acontece.

- A verdade muda os *valores* de uma pessoa.
- Os valores levam a uma mudança na cultura.
- A cultura muda *instituições* como a família, o governo, a educação e a mídia.
- Uma cultura transformada baseada na verdade levará à *justiça* e a *leis* justas.
- A justiça restaurada e a verdade na sociedade reformarão uma *nação*.
- Nações transformadas levarão à *transformação global*!

4. A mudança cultural começa pela restauração da verdade

No livro marcante *After the Ball*, dois ativistas gays de Harvard, Marshall Kirk e Hunter Madsen, estabeleceram as bases de como o mundo pode usar a linguagem para moldar a cultura. Ao escrever um livro como esse em 1989, Kirk e Madsen delinearam seu objetivo de mudar o vocabulário em torno da homossexualidade.[20] Em vez de chamar essas pessoas de "homossexuais", eles deliberadamente optaram

20 Marshall Kirk e Hunter Madsen, *After the Ball: How America Will Conquer Its Fear and Hatred of Gays in the '90s*. Doubleday, 1989, p. 163, 189-190.

pelo termo "gay" porque queriam dar a impressão de que estavam felizes com sua sexualidade, em vez de ser depressivos, como era a percepção da comunidade não gay.

A mudança cultural começou para eles ao redefinir palavras e usar eufemismos no lugar de verdades conhecidas. Em vez de aborto, é "direitos reprodutivos das mulheres". Em vez do clube gay e lésbico nas escolas secundárias, agora é o clube Just Be You [Apenas seja você].

A morte e a vida estão no poder da língua,
e os que a amam comerão do seu fruto.
(Pv 18:21 ESV)

É interessante notar que a primeira noite da Convenção Nacional Democrata de 2024 em Chicago estava ocorrendo enquanto eu escrevia esta parte do livro, e praticamente todos os democratas que falaram na convenção usaram um eufemismo em vez de aborto, por exemplo "liberdade reprodutiva".[21] Jesus disse que os filhos deste século são mais sábios do que os filhos do reino (veja Lc 16:8).

A reforma começa quando restauramos a verdade bíblica na arena pública, por exemplo, que o aborto é o assassinato de um bebê inocente. Pode não ser politicamente correto, mas é a verdade. Deus abomina as mãos que derramam sangue inocente (Pv 6:16).

Eu também acredito que a restauração da verdade na sociedade começa com os pastores pregando a verdade em

21 Ben Johnson, The 6 Most Notable Moments from Day 1 of the DNC. *The Washington Stand,* 20 de agosto de 2024. Disponível em: https://washingtonstand.com/commentary/the-6-most-notable-moments-of-the-dnc-day-1. Acesso em: 5 mar. 2025.

amor nos púlpitos. Algo que falta enormemente nos Estados Unidos são os líderes da igreja proclamando a verdade — aqueles que deveriam conhecer a verdade de maneira mais íntima.[22] Todo pastor e toda igreja deveriam pregar o conselho completo de Deus toda semana. Não podemos nos esquivar de falar a verdade em amor, especialmente sobre os valores pró-vida e pró-família, que estão no coração de Deus. Acredito que Deus escolheu a tolice da pregação para transformar o mundo. Quando a verdade e os valores bíblicos são abraçados, eles levam a uma cultura do reino que influencia todas as instituições. Isso inclui promover a justiça e a retidão, não apenas no governo, mas em cada área da cultura. Por exemplo, esses valores são refletidos quando eliminamos o assédio sexual, a corrupção e a linguagem vulgar no local de trabalho, seja nos negócios, na educação ou em qualquer outro ambiente profissional.

Uma cultura enraizada na verdade bíblica garante que a transformação da sociedade possa ser sustentada e mantida a longo prazo. Isso é o que distingue um Grande Despertamento de um mero avivamento. O avivamento impacta a igreja, mas um Grande Despertamento inclui a reforma da sociedade. A verdadeira reforma impactará todos os aspectos da vida, e acredito que esse é o coração de Deus para esta geração. Estamos orando por uma transformação social duradoura, em que leis justas e piedosas prevaleçam e os valores culturais se alinhem aos princípios bíblicos.

---

22 Recomendo muito a leitura de *Reversed*, de James Garlow, o melhor livro no mercado para equipar pastores para pregar com conhecimento sobre questões do momento da nossa cultura. James tem seis diplomas, e no entanto tem coração de pastor, com anos de experiência em pastoral.

UNINDO TUDO

Esta é uma lista de características de avivamento vs. reforma. Estes não são absolutos, mas refletem a tendência de cada característica cair principalmente em uma categoria ou outra.

AVIVAMENTO | REFORMA

1. Justiça | Justiça bíblica
2. Pessoal | Corporativa
3. Individual | Institucional
4. Valores pessoais | Valores culturais
5. Santificação pessoal | Transformação social
6. Caráter cristão | Leis justas e piedosas
7. Morais | Virtudes sociais
8. Oração pessoal | Oração corporativa e unida
9. Sacerdotes | Reis
10. Salvar almas | Discipular nações
11. Ser cheio do Espírito | O poder do Espírito Santo
12. Sabedoria pessoal | Liderança sábia
13. Tribunal de julgamento | Dia do Juízo
14. Evangelho da Salvação | Evangelho do Reino
15. Misericórdia | Verdade
16. Apóstolos da Igreja | Apóstolos do mercado de trabalho

17. Transformação pessoal | Transformação global
18. Igreja | Reino
19. Pregação de domingo | Discipulado e treinamento
20. Gentios serão salvos | Toda a Israel será salva

Vamos orar juntos ao encerrar este capítulo:

> Pai celestial, Tu és o Deus do avivamento e da reforma. Torna-me um catalisador para o Teu reino — para trazer justiça, misericórdia e verdade na minha esfera de influência. Senhor, envia avivamento para a minha nação e capacita Tua Ekklesia para ser a mordoma do avivamento para a transformação da sociedade. Em nome poderoso de Jesus, amém!

2

CAPÍTULO

De narcisismo para amar a Deus e aos outros

JESUS LHE DISSE: "'AMARÁS O SENHOR, TEU DEUS, DE TODO O TEU CORAÇÃO, DE TODA A TUA ALMA E DE TODO O TEU ENTENDIMENTO'. ESTE É O GRANDE E PRIMEIRO MANDAMENTO. E O SEGUNDO, SEMELHANTE A ESTE, É: 'AMARÁS O TEU PRÓXIMO COMO A TI MESMO'. DESTES DOIS MANDAMENTOS DEPENDEM TODA A LEI E OS PROFETAS".

(MT 22:37-40 NVI)

Ainda choro de gratidão por como Jesus me livrou do vício em drogas em um dia — no dia 25 de maio de 1973, quando saí de um show do Deep Purple no Baltimore Civic Center. Só mencionar a banda de rock Deep Purple já dá uma ideia de como era minha vida antes de Jesus me salvar. Eu costumava brincar dizendo que talvez tenha sido um dos primeiros hippies coreanos nos Estados Unidos.

Honestamente, meu encontro com Deus começou duas semanas antes, quando, frustrado, meu ano de experiência com o budismo zen chegou ao fim, quando simplesmente orei: "Deus, não sei se Tu existes. Mas se Tu existes e o que meus pais me disseram é verdade — que há um céu e um inferno, e Jesus é o caminho para o céu —, então me mostra. Eu quero saber a verdade! E não quero ir para o inferno!".

Eu não esperava que Deus se revelaria a mim ali. Eu havia feito uma jornada espiritual durante o ano anterior, usando LSD, meditando com o meu mantra, tentando encontrar Deus, e estava em um beco sem saída. Mas Deus, sendo rico em misericórdia, por causa do grande amor com que me amou (Ef 2:4), abriu o céu e derramou Seu amor líquido sobre mim. Comecei a chorar copiosamente e, ao mesmo tempo, por revelação, soube que aquilo era Jesus liberando o Espírito Santo sobre mim. Verdadeiramente, o amor de Deus estava sendo derramado na minha vida através do Espírito Santo (Rm 5:5). Simultaneamente, fiquei chocado ao perceber que meu pai, um pastor batista do sul, e minha mãe piedosa estavam certos o tempo todo. A resposta sempre foi Jesus, mas eu nunca acreditava neles, nem O aceitava.

Esse encontro tangível com o amor de Deus permaneceu comigo por três dias. De vez em quando, a presença manifesta de Deus vinha sobre mim, e eu chorava e soluçava. Jesus se tornou incrivelmente real para mim, mas ainda havia um problema: eu não estava salvo. Eu ainda usava drogas diariamente. Eu ainda dormia com a minha namorada. Eu não me arrependia dos meus pecados. No entanto, eu estava sendo convencido do meu pecado. Eu sabia, sem que ninguém me dissesse, que eu tinha que mudar, mas não tive nenhum conceito de arrependimento até duas semanas depois, no show do Deep Purple.

Meus amigos e eu tínhamos os melhores lugares da casa. Meu melhor amigo Jon Mazur, filho de um judeu ortodoxo, que também era um hippie festeiro, comprou os ingressos para o show. Um fenômeno irlandês da guitarra chamado Rory Gallagher e sua banda se apresentaram antes do Deep Purple. Durante o intervalo, meus dois outros amigos decidiram ver se conseguiam pegar três "minas" para sair depois do show. Eu fiquei para trás para que ninguém ocupasse nossos lugares na frente do auditório. (Lembre-se, isso era um show de *heavy metal*, e não um show cristão de Michael W. Smith.)

Enquanto estava sentado lá, a presença de Deus veio sobre mim, assim como havia acontecido duas semanas antes. Eu não chorei, mas senti uma convicção. Eu não era apenas um usuário de drogas, mas, segundo a filha do xerife do condado de Montgomery, eu era o maior traficante de drogas do nosso condado. Eu estava vendendo principalmente quilos de maconha e milhares de comprimidos de LSD por mês, mas vendia de tudo, de cocaína e Quaalude a metanfetamina, e grandes quantidades de maconha. Você pode imaginar.

Então, bem ali no show, sob a convicção do Senhor, comecei a fazer um acordo com Deus. Eu disse: "Eu vou parar de vender drogas e vou parar de usar as drogas pesadas: meta, cocaína etc. Mas Deus, será que é OK fumar maconha?". Não recebi resposta, mas cheguei à minha própria conclusão de que estava tudo bem fumar maconha, mesmo sendo ilegal.

Então, fiz um acordo com Deus sobre sexo: "Deus, não vou pegar garotas e dormir com elas", o que era o meu objetivo quase todo final de semana, "só terei relações sexuais com a minha namorada". Francamente, eu me sentia satisfeito com a minha nova teologia e com o acordo que fiz com Deus. Pensando nisso agora, eu achava que estava salvo e já tinha me arrependido.

Nesse exato momento, dois hippies de cabelo comprido se aproximaram e se sentaram nos lugares dos meus amigos. Eu estava pronto para dizer "Esses lugares estão ocupados", mas antes de eu dizer uma palavra, o que se sentou ao meu lado disse estas palavras chocantes: "Você acha que está certo com Deus agora, mas a verdade é que você ainda está longe dEle. Você tem que mostrar a Ele que realmente vai levar a sério segui-Lo". Tão rapidamente quanto apareceram, os dois se levantaram e foram embora, deixando as palavras penetrantes pairando no ar.

Até hoje, não sei se eram dois anjos ou dois crentes me dando uma palavra profética de conhecimento, mas eu sabia que ele estava me dizendo a verdade. Imediatamente, clamei a Deus: "OK, o que Você quer que eu faça?".

Foi nesse momento que ouvi a voz interior de Deus pela primeira vez. Ouvi Jesus dizendo: “Jogue fora suas drogas” (eu tinha meio quilo de maconha em um grande saco de plástico, vários comprimidos de Quaalude, minha droga favorita, e um cachimbo que eu havia escondido debaixo do meu casaco do exército) “e saia deste show”. Em um flash, o Senhor me mostrou que o show representava todo o pecado ao qual eu estava escravizado e que era maligno.

Logo após essa conversa com Jesus, meus amigos voltaram e o Deep Purple, ao mesmo tempo, apareceu no palco. Luzes estroboscópicas começaram a piscar em todas as direções, e começou a sair fumaça do fundo do palco. Fãs correram aos gritos para a frente, onde estávamos, enquanto as primeiras notas do sucesso número um deles, *Smoke on the Water*, soaram. Eu fiquei instantaneamente preso por uma parede de pessoas. Novamente, ouvi Deus dizer claramente: “Saia deste show e venha me seguir”.

Mas não foi fácil. Eu tive que lutar intencionalmente para atravessar um mar de fãs enlouquecidos para sair. Finalmente, ao atravessar a multidão, saí do Baltimore Civic Center para uma noite fresca de maio. Eu não queria esperar meus amigos terminarem o show, então fiz sinal de carona para voltar para casa. O primeiro carro que parou era dirigido por dois homens gays que pensaram que podiam ficar comigo, mas foram as primeiras duas pessoas com quem compartilhei meu testemunho do que havia acabado de acontecer no Civic Center. Eles acabaram me levando até a minha porta, a uma hora de distância, em Rockville, Maryland.

Isso foi em 25 de maio. Nessa noite, fui completamente liberto do vício em drogas pela graça de Deus. E, por Sua graça, nunca mais voltei a fumar maconha ou a fazer qualquer outra coisa que fazia antes. Não tem como inventar isso! Glória a Deus!

Eu não sabia naquela época que estava em um avivamento chamado Movimento do Jesus People ou Revolução de Jesus. Logo encontrei outros *hippies* como eu, que foram libertos de sérios vícios em drogas, totalmente transformados pelo poder do Espírito Santo. Em essência, fomos transformados por uma revelação do amor de Deus.

A REVELAÇÃO DO AMOR ÁGAPE DE DEUS

Na busca pela verdadeira reforma, a primeira coisa que devemos considerar é como amamos. Afinal, esse foi o maior mandamento. Portanto, a primeira mudança que deve acontecer na reforma é passar de amar a si mesmo, ou o egoísmo, para amar a Deus e aos outros. O verdadeiro amor ágape, o amor incondicional de Deus, constitui a base de todas as outras virtudes. Amar é a escolha altruísta de dar a totalidade de si a Deus. A essência de Deus é o amor (1 Jo 4:8,16). Amar é doar de si mesmo, o que é intrinsecamente cristão.

Durante a Última Ceia, Jesus disse: "Ninguém tem maior amor do que aquele que dá a sua vida pelos seus amigos" (Jo 15:13 NKJV). Foi exatamente isso que Jesus fez pelo mundo. Ele deu Sua vida por amor a toda a humanidade. O amor é a manifestação de Deus; o amor é Deus encarnado.

O amor começa com Deus. 1 João 4:19 diz: "Nós amamos porque Ele nos amou primeiro". Observe como Deus é Aquele que inicia. Tudo começa com receber o amor dEle. Uma revelação do amor de Deus Pai é essencial para ser transformado interiormente e viver uma vida vitoriosa de fé. Ela fornece o alicerce sobre o qual seu relacionamento com Jesus crescerá e prosperará.

O amor é o coração de uma vida rica e significativa. Praticar o amor nos aproxima do divino. Há uma bela sinergia de amor revelada nas Escrituras. Jesus demonstrou Seu amor por nós, que, enquanto éramos pecadores, Ele morreu por nós (Rm 5:8). Quando damos 100% de nossa vida em amor a Jesus, Ele então vira e derrama Seu amor no nosso coração pelo Espírito Santo (Rm 5:5). Sendo receptor do amor de Deus, você será capacitado além da sua habilidade natural de amar. Nesse lugar de transbordamento, você pode amar a Deus e aos outros livremente.

O GRANDE MANDAMENTO: AMAR A DEUS

Começamos este capítulo com as palavras de Jesus do Evangelho de Mateus, após ser perguntado: "Qual é o maior mandamento na Lei?" (Mt 22:36). A resposta de Jesus contém as duas coisas mais importantes que você pode aprender a fazer nesta vida: amar a Deus e amar aos outros.

E Ele lhe disse: "'Amarás o Senhor, teu Deus, de todo o teu coração, e de toda a tua alma, e de todo o teu entendimento'. Este é o grande e primeiro mandamento. O segundo, semelhante a este, é: 'Amarás o teu próximo como a ti mesmo'. Desses dois mandamentos dependem toda a Lei e os Profetas".

(Mt 22:37-40 NVI)

Amar a Deus é chamado de o "Grande Mandamento" por um motivo. É o nosso mais alto e grande chamado. É a razão pela qual Deus nos criou em primeiro lugar — para estar em um relacionamento de amor com Ele. De acordo com o padrão bíblico, começamos amando a Deus e depois amamos o nosso próximo como a nós mesmos.

O mandamento de amar a Deus é o primeiro, tornando-se preeminente sobre qualquer outro amor em nossa vida. Somos instruídos a amar a Deus com todo o nosso coração, alma, mente e forças (Mc 12:30). Essa é uma tarefa impossível quando tentamos amar a Deus inteiramente pela nossa própria vontade. Novamente, devemos receber Seu amor primeiro, e, por Sua graça, seremos capacitados a amá-Lo completamente com todo o nosso ser. Quando você entrega 100% da sua vida a Jesus, o resto se encaixa.

Considere esta analogia: ao se casar, você não diria ao seu cônjuge, no dia do casamento: "Eu me comprometo a lhe dar 99% da minha vida. Mas nesse 1% restante, eu me reservo o direito de ter relações sexuais com outra pessoa, se eu quiser". Que tipo de aliança seria essa? E, no entanto, essa é, infelizmente, a atitude que muitas pessoas têm em relação a Jesus. Damos apenas parte da nossa vida a Deus. Podemos saber como dizer as palavras certas, cantar as músicas de adoração certas e seguir os rituais na igreja no domingo. Mas, quando chega a segunda-feira, voltamos a ser cristãos mornos, sem dar a Jesus a nossa devoção de 100%, que só Ele é digno de receber.

RETORNE AO SEU PRIMEIRO AMOR

Sinto a necessidade de enfatizar o amor a Jesus, porque Ele sozinho é "a imagem do Deus invisível" (Cl 1:15). Jesus disse: "Quem me vê, vê o Pai" (Jo 14:9). Em resumo, não se trata de nós. Trata-se de Jesus e do Seu reino. Precisamos mudar o foco de nós mesmos para Jesus e os outros. Viver uma vida imbuída do amor de Deus torna isso possível.

A revista *Time* descreveu os *millennials* como a geração mais narcisista entre as atualmente vivas.[23] Se você visitar a casa de um *baby boomer*, normalmente verá fotografias emolduradas de toda a sua família, incluindo um retrato escolar e uma foto de casamento para dar o toque final. Por outro lado, ao entrar na casa de um millennial, você encontrará inúmeras *selfies*. Apesar da tendência dos millennials em ser centrados em si mesmos, eles têm o potencial de se tornar a maior geração. Sua principal força é o senso de justiça. Se se converterem, Deus pode transformar sua paixão em zelo pela justiça bíblica.

A sociedade está desesperada por respostas, e acredito que isso começa com a igreja, independentemente da geração, precisando retornar ao seu primeiro amor. Em Apocalipse 2, Jesus emite uma severa advertência para os crentes que começaram em um avivamento, mas haviam esfriado em seu amor por Ele:

> **"Tenho, porém, contra ti que abandonaste o teu primeiro amor. Lembra-te, pois, de onde caíste; arrepende-te e pratica as primeiras obras; senão, venho a ti e moverei o teu candeeiro do seu lugar, se não te arrependeres".**
>
> **(Ap 2:4-5 NVI)**

Muito da igreja hoje, como a igreja em Éfeso, perdeu seu primeiro amor. A única maneira de viver uma vida

23 Millennials: The Me Me Me Generation. *Time Magazine*, 20 de maio de 2013. Disponível em: https://time.com/247/millennials-the-me-me-me-generation/. Acesso em: 5 mar. 2025.

transformadora é renovando continuamente o nosso amor por Deus. Somos chamados a viver em um avivamento pessoal perpétuo. O lado prático disso é “arrepender-se e praticar as primeiras obras” (v. 5 NVI). Então, o que você fez quando veio a Cristo?

1. Passe tempo na Palavra todos os dias

Se você ama a Deus, você amará Sua Palavra e permanecerá faminto por ela. Como veremos mais adiante no capítulo 7, imergir-se na Palavra de Deus é fundamental para a transformação pessoal.

2. Passe tempo com Deus em oração

Antes da queda, Adão e Eva andavam com Deus no frescor do dia (Gn 3:8). O desejo de Deus por intimidade e comunhão conosco não mudou desde Gênesis. Cultivar nossa vida de oração é crucial para manter nosso amor por Jesus ardendo no coração.

3. Seja um membro ativo de uma igreja local

Deus nunca nos criou para sermos solitários. Não basta simplesmente ter um relacionamento com Deus. Ele nos criou para termos relacionamentos com os outros. Mesmo para Adão, embora tivesse intimidade e comunhão com Deus, Deus disse: “Não é bom que o homem esteja só; farei para ele uma auxiliadora que lhe seja idônea” (Gn 2:18 NVI).

Amar a Jesus significa amar a igreja, chamada justamente de Seu Corpo, “o Corpo de Cristo”. Permanecer ativamente conectado ao Corpo manterá você em uma comunidade na qual pode dar e receber o amor de Deus entre outros crentes. Infelizmente, muitos que vêm a conhecer o Senhor não se envolvem em uma igreja local.[24] Contudo, acredito que um bom seguidor de Jesus será um bom seguidor dentro do contexto da igreja local. Se você não faz parte da “reunião” conforme Jesus, você, por padrão, está “dispersando” e fora de alinhamento com a agenda do Senhor (Mt 12:30). Se você não está envolvido na igreja agora, pode dar o passo de se envolver e reacender seu primeiro amor.

4. Compartilhe sua fé regularmente

Deixe as pessoas saberem que você é um seguidor de Jesus. Compartilhar seu testemunho renovará sua confiança em Deus ao contar o que Ele fez em sua vida e semeará sementes de fé nos outros para que venham a conhecer Jesus. Eu adoro fazer isso, e até carrego um folheto pessoal que uso para compartilhar meu testemunho sempre que estou na estrada.

“O SEGUNDO É SEMELHANTE A ELE”: O CHAMADO PARA AMAR OS OUTROS

Se amar a Deus é nosso maior chamado, amar os outros está em segundo lugar. Especificamente, Jesus nos

24 Why Americans Go (and Don’t Go) to Religious Services. *Pew Research Center*, 1º de agosto de 2018. Disponível em: https://www.pewresearch.org/religion/2018/08/01/why-americans-go-to-religious-services/. Acesso em: 5 mar. 2025.

chama a "amar o teu próximo como a ti mesmo". Amar a si mesmo vem tão naturalmente quanto respirar; você faz isso instintivamente ao buscar o maior bem para a sua saúde, bem-estar e sucesso. Deus quer que tomemos o amor que Ele nos deu e amemos os outros com esse mesmo amor divino.

O apóstolo Paulo escreve: "Sede, pois, imitadores de Deus, como filhos amados; e andai em amor, como também Cristo nos amou e se entregou por nós, oferta e sacrifício a Deus, em aroma suave" (Ef 5:1-2 NVI). Como filhos de Deus, fomos renascidos para Sua família com o propósito de sermos como o nosso Pai celestial. Como Jesus representa perfeitamente o Pai, devemos imitar Seu modelo de amor altruísta e sacrificial. O amor ágape é a escolha desinteressada do maior bem para os outros — dar sua vida para servir aos outros (Jo 15:13; Gl 5:13b). Assim é que podemos cumprir o mandamento de "andar em amor".

Uma vez ouvi um orador bem conhecido afirmar que não somos obrigados a amar nossos pais, mas a honrá-los, explicando que Deus nunca nos manda amá-los. Embora eu respeite a pessoa que disse isso, discordo dessa afirmação, porque amar seu próximo começa com sua família. Se pararmos para pensar, seus familiares são, na verdade, seus vizinhos mais próximos. Deus quer que pratiquemos o estilo de vida de amar os outros bem, começando por aprender a amar bem nossa família. Essa verdade ressoa em toda a Escritura, mas vemos isso claramente exposto no capítulo 5 de Efésios. O marido e a esposa são chamados a ser o modelo para a unidade familiar, amando um ao outro e se submetendo um ao outro (Ef 5:21).

Maridos, amem sua esposa, assim como Cristo amou a igreja e se entregou por ela.

(Ef 5:25, NVI)

... os maridos devem amar sua própria esposa como a seu próprio corpo. Quem ama sua esposa, ama a si mesmo.

(Ef 5:28b, NVI)

... cada um de vocês também deve amar sua esposa como a si mesmo, e a esposa deve respeitar seu marido.

(Ef 5:33b, NVI)

Como cabeça da casa, os pais devem estabelecer o tom e voltar o coração para seus filhos (Ml 4:6). Pais e mães recebem essas instruções atemporais para amar a próxima geração, ensinando-a a andar pelos caminhos de Deus: "Instrui a criança no caminho em que deve andar, e, quando for velho, não se desviará dele" (Pv 22:6 NVI). Não há presente maior que os pais podem dar a seus filhos do que um legado de amar a Deus em primeiro lugar e amar bem sua família. Já ouvi dizer: "A melhor coisa que você pode fazer pelos seus filhos é amar bem seu cônjuge". Nesse ambiente, os filhos são nutridos e criados em um ambiente no qual amar e honrar seus pais se torna algo natural.

Filhos, obedeçam a seus pais no Senhor, pois isso é justo. "Honra teu pai e tua mãe", que é o primeiro mandamento com promessa: "para que te vá bem e vivas muito tempo sobre a terra".

(Ef 6:1-3)

Deus se importa com sua família e quer que ela seja marcada pelo Seu amor. No final das contas, podemos transformar a sociedade amando e transformando nossa família. Quando uma família é transformada pelo amor de Deus, cada membro dessa família será capacitado para levar transformação às suas esferas de influência.

Quando se trata de criar filhos e amá-los, como mencionado antes, Deus espera que os pais sejam os principais ensinadores de justiça e retidão para seus filhos. Abraão, que é o pai da nossa fé, foi instruído por Deus de que ele precisava ensinar sua família e sua casa nos caminhos de Deus, ensinando-lhes o que é certo e justo (ver Gn 18:19).

Acredito que, quando Provérbios 22:6 (NVI) diz "Instrui a criança no caminho em que deve andar, e, quando for velho, não se desviará dele", o texto não está nos ensinando, como pais, a simplesmente ajudar nossos filhos a cumprir seu destino e seu potencial dado por Deus. Claro, devemos fazer isso. Mas devemos ensinar "os caminhos" de Deus: justiça e retidão.

O Salmo 25 diz: "Mostra-me os Teus caminhos, ó Senhor; ensina-me as Tuas veredas. Guia-me na Tua verdade e ensina-me... O Senhor é bom e reto; por isso, ensina aos pecadores o caminho. Aos humildes Ele guia em justiça, e aos humildes Ele ensina o Seu caminho. Todos os caminhos do Senhor são misericórdia e verdade, para aqueles que guardam a Sua aliança e os Seus testemunhos" (Sl 25:4-5,8-10 NVI).

Nesse Salmo, Davi está declarando que os caminhos de Deus são justiça (v. 8), retidão (v. 9), misericórdia e verdade (v. 10). Isso é o que precisamos ensinar aos nossos filhos. Esse é o caminho do Senhor, e, claro, Jesus é o Caminho, a Verdade e a Vida, e ninguém vem ao Pai senão por Ele (Jo 14:6)! Reforma e avivamento é Jesus manifestando Seu caráter de justiça, retidão, amor e verdade para um mundo quebrado e perdido.

CHAMADOS PARA UM MINISTÉRIO DE AMOR

Acredito que Deus me chamou para o ministério em tempo integral em 1974, um ano após a minha conversão. Eu havia acabado de receber o batismo com o Espírito Santo, um encontro que descrevo mais adiante neste livro.

Eu sabia que tinha sido chamado por Deus, mas não sabia especificamente qual era o meu chamado. Naquele momento, sabia que havia três opções para mim: 1) chamado para ser evangelista; 2) chamado para ser missionário; 3) chamado para ser pastor, como meu pai. Eu estava tão determinado a saber que fiz um compromisso de entrar em um grande closet na minha casa em Rockville, Maryland, e não sair de lá até ouvir de Jesus qual era o meu chamado. Eu estava torcendo para que Ele me chamasse para ser evangelista, especificamente o próximo Billy Graham. Depois do que pareceram minutos intermináveis, ouvi o Senhor dizer: "Eu chamarei você para um ministério de amor!".

Fiquei chocado e desapontado ao mesmo tempo. Eu sabia que aquilo era Deus falando comigo, porque essa era a última coisa que eu esperava. Primeiro, eu nunca tinha ouvido falar de um ministério de amor. Em segundo lugar, eu sabia quão egoísta eu era. Eu sabia que era "o principal dos pecadores", e o *pecado* é basicamente *egoísmo*. Sim, muitas pessoas são enganadas pelos seus pecados. Mas eu era tão egoísta; sabia e via isso pelo que era, e senti que seria uma tarefa monumental, para mim, passar de egoísmo para um "ministério de amor".

Há uma grande diferença entre amar o nosso próximo como a nós mesmos e o egoísmo. O que Jesus está dizendo em Mateus 22:39 — "Amarás o teu próximo como a ti mesmo" — é que não pensamos duas vezes em cuidar de nós mesmos. Acordamos, tomamos banho, e nos vestimos, comemos, dormimos e assim por diante. Jesus espera que cuidemos do nosso próximo ao ver as necessidades na vida dele ou dela.

No entanto, egoísmo é pecado. É ser narcisista, focar em si mesmo e no que você quer, acima do que Deus quer e das necessidades dos outros na sua vida. Uma das maiores verdades que me libertou (Jo 8:32) é que esta vida não é sobre mim ou você, mas sobre Jesus e os outros!

AMAR SEUS INIMIGOS

Como mencionamos brevemente no Capítulo 1, o amor é central para a ideia de misericórdia no Salmo 89:14, nosso texto fundamental para entender o avivamento e a reforma. Em Romanos 12:9-16, Paulo começa dando maneiras específicas de amar outros crentes, paralelamente aos aforismos do grande capítulo sobre o amor em 1 Coríntios 13. Em seguida, em Romanos 12:17-21, Paulo dá instruções claras sobre como devemos amar nossos inimigos, paralelamente aos ensinamentos de Jesus no Sermão da Montanha (Mt 5:43-48).

Vivendo na Califórnia, onde a maioria (76%) dos californianos é democrata ou independente,[25] sou constantemente desafiado pelo mandamento de Jesus de amar meus inimigos, apesar das pessoas que aprovaram a Proposição 1, que codificou o aborto na constituição do nosso estado (veja o Apêndice A para mais detalhes). Eu preciso odiar esse mal, mas sou comandado a amar as pessoas que criaram e aprovaram esse projeto de lei.

Ouviste o que foi dito: "Amarás o teu próximo e odiarás o teu inimigo". Mas eu vos digo: amem os seus inimigos, abençoem os que os amaldiçoam, façam o bem aos que os odeiam e orem pelos que vos maltratam e perseguem, para que sejais filhos do vosso Pai que está nos céus; porque ele faz o seu sol brilhar sobre maus e bons, e manda chuva sobre justos e injustos. Pois, se amardes os que vos amam, que recompensa tereis? Não fazem os cobradores de impostos o mesmo? E, se saudardes apenas os vossos irmãos, que fazeis mais do que os outros? Não fazem os cobradores de impostos também assim? Portanto, sede perfeitos, como é perfeito o vosso Pai que está nos céus.

(Mt 5:43-48 NVT)

A simples verdade é que não vamos transformar nossa nação, a menos que o ponto de inflexão da nossa nação esteja sendo transformado pelo Espírito de Deus e Sua Palavra. Vidas transformadas levam à transformação da nossa sociedade. E nenhuma transformação será significativa sem a maior força no universo — o amor ágape de Deus!

Quero destacar especialmente a afirmação de que o verdadeiro amor bíblico deve ser sincero ou sem hipocrisia.

25 154-Day Report of Registration. *California Secretary of State*, Disponível em: https://elections.cdn.sos.ca.gov/ror/154day-presprim-2024/historical-reg-stats.pdf. Acesso em: 5 mar. 2025.

Além disso, os verdadeiros seguidores de Jesus não devem tolerar o mal em nossa vida ou na sociedade, mas devemos abraçar todo o *bem* em nossa vida e na sociedade. Por exemplo, quando mencionei que devemos amar nossos pais mais cedo, surge a pergunta: "E se meus pais forem maus?". Eu ouvi sobre um pai que estava envolvido em tráfico humano e queria vender a filha. Felizmente, ela fugiu, encontrou Jesus e agora supervisiona um orfanato em um país do terceiro mundo. A verdade é que não amamos o mal que alguém pratica, mas ainda somos comandados a amá-lo como uma pessoa caída e perdida (como é a maioria do mundo), mas sim odiar o pecado e o mal cometido por ele.

É interessante que Paulo usa os ensinamentos de Jesus do Sermão da Montanha sobre amar nossos inimigos em seus dois grandes capítulos sobre o amor, 1 Coríntios 13 e Romanos 12:9-21. Ele afirma que "O amor não se regozija com a injustiça, mas se regozija com a verdade" (1 Cor 13:6), e começa seu grande capítulo sobre amar os inimigos com: "O amor seja sem hipocrisia. Aborrecei o que é mal, apegai-vos ao que é bom" (Rm 12:9 NVT). Ambos os versículos enfatizam que o verdadeiro amor odeia o mal e a injustiça e ama a verdade e o que é bom. Paulo, então, dá instruções sobre como amar nossos inimigos.

A ninguém torneis mal por mal. Procurai as coisas honrosas diante de todos os homens. Se possível, quanto depender de vós, tende paz com todos os homens. Amados, não vos vingueis, mas dai lugar à ira; porque está escrito: "A vingança é minha; eu recompensarei", diz o Senhor. Portanto, "se o teu inimigo tiver fome, dá-lhe de comer; se tiver sede, dá-lhe de beber; pois, fazendo isso, amontoarás brasas de fogo sobre a sua cabeça". Não vos deixais vencer pelo mal, mas vencei o mal com o bem.

(Rm 12:17-21)

O problema com a igreja em geral, e com os pastores especificamente, é que compramos a narrativa de “ser gentil” para evitar abordar os males da sociedade. Por exemplo, evitamos tratar de questões controversas como o aborto ou o casamento entre pessoas do mesmo sexo. No entanto, ao permanecermos em silêncio sobre questões da vida que são contrárias aos valores bíblicos, não estamos verdadeiramente amando os outros de acordo com a Bíblia. Ser gentil não está na Bíblia, mas falar a verdade em amor está (veja Ef 4:11-15).

Na relação com os incrédulos, os cristãos devem mostrar respeito pelo bem moral que vemos em nossos vizinhos não cristãos. Para provocar a reforma, precisamos navegar pelo delicado equilíbrio entre não comprometer com o mal e afirmar o bem na sociedade. Precisamos encontrar um terreno comum sem comprometer nossos valores. Um sem o outro significa perder a capacidade de mudar os valores da nossa cultura.

Eu realmente acredito que a nossa nação foi capaz de acabar com a escravidão porque aqueles que vieram a conhecer o Senhor no Avivamento da Oração de 1857-1858 eram abolicionistas, e os líderes do avivamento — Jeremiah Lanphier, Charles Finney e os pregadores metodistas — eram abolicionistas. Infelizmente, esse Avivamento da Oração atingiu apenas a parte norte dos EUA, o que levou à Guerra Civil de 1861-1865. Mas o fruto da reforma foi, em última instância, a abolição da escravidão na América.

Hoje, acredito que podemos concordar com os liberais de bom senso de que é errado o estado tirar os direitos parentais quando se trata de questões de transgêneros para nossos filhos da escola primária. Em fevereiro de 2022, três membros da junta escolar de São Francisco foram destituídos por passar menos tempo deliberando sobre a reabertura das escolas do que sobre renomear escolas que tinham vínculos com figuras históricas supostamente "racistas", como Abraham Lincoln e George Washington. É revelador que a maioria dos pais que os destituíram era democrata.[26] Da mesma forma, o Movimento Não Mexam com Nossos Filhos, na América Latina, uniu "Mães Ursas" de ambos os lados, e esse movimento continua impactando nossa nação até hoje.[27] (Descubra mais sobre os movimentos de reforma modernos no Capítulo 10 e no Apêndice B.)

Recentemente, o presidente Trump e RFK Jr. conseguiram concordar sobre a paz na Ucrânia, o fechamento das fronteiras e questões de saúde com crianças obesas, embora estivessem distantes em outras questões, como mudanças climáticas. Isso é o que significa "estar em paz com todas as pessoas" (Rm 12:18) e "comportar-se com sabedoria para com os de fora" (Cl 4:5).

Então, como tratamos aqueles que são maus ao nosso redor, "nossos inimigos"? Paulo deixa claro que devemos agir com o espírito oposto. Não devemos pagar o mal com o mal (Rm 12:17a), mas ver o bem que há entre nossos inimigos (Rm 12:17b). Devemos abençoar e encorajar o bem que vemos. Por exemplo, Paulo segue para o próximo capítulo, Romanos 13, dizendo que devemos honrar e nos submeter às autoridades governamentais. Naquela época, os cidadãos de Roma acolhiam os ensinamentos dos cristãos.

---

26 Gregory Krieg, San Francisco voters oust three school board members in recall vote... *CNN*, 16 de fevereiro de 2022. Disponível em: https://www.cnn.com/2022/02/16/politics/san-francisco-school-board-members-recall-election/index.html. Acesso em: 5 mar. 2025.

27 James L. Garlow. *Reversed: From Culturally Woke to Biblically Awake*. Well Versed Publishing, 2024, p. 15.

Ambos são valores compartilhados entre cristãos e não cristãos em Roma. Entendendo que devemos nos submeter às autoridades governamentais, desde que isso não viole nossos valores bíblicos centrais, podemos viver em paz com todos os homens. Isso é o que significa a instrução: "Se possível, quanto depender de vós, vivei em paz com todos os homens" (Rm 12:18 NVT).

Viver em paz com todas as pessoas é uma das razões pelas quais Jesus veio morrer por nós. Ele veio trazer paz interior espiritual (Jo 14:27) e paz com os outros, incluindo nossos inimigos.

> **Pois ele mesmo [Jesus] é a nossa paz, que fez dos dois grupos um só e destruiu a barreira, o muro de hostilidade, ao anular na sua carne a lei com seus mandamentos e regulamentos. Seu propósito foi criar em si mesmo um novo ser humano dos dois, assim fazendo a paz, e em um corpo reconciliar ambos com Deus através da cruz, pela qual ele deu fim à sua hostilidade. Ele veio e pregou a paz a vocês, que estavam longe, e paz aos que estavam perto. Pois por meio dele ambos temos acesso ao Pai por um só Espírito.**
>
> (Ef 2:14-18 NVI)

Nós, como cristãos, devemos sempre nos esforçar para viver em paz com nossos vizinhos não crentes. Se ocorrer um conflito, e isso inevitavelmente acontecerá, deve vir do outro lado e não daqueles que amam a Jesus. Lembre-se de que essa diretriz do apóstolo Paulo foi escrita durante a igreja do primeiro século, quando os crentes sofriam perseguições extraordinárias perpetradas pelos romanos. No entanto, o compromisso dos crentes de amar seus inimigos ao não revidar fisicamente levou muitos cidadãos romanos a se submeter a Jesus como Senhor em massa.

É óbvio que a igreja primitiva tinha um amor sobrenatural por seus inimigos, pois muitos morreram por sua fé. Qual foi a chave para que eles fossem amantes sacrificiais por Jesus? A resposta é o poder do Espírito Santo. (Você pode ler mais sobre o batismo do Espírito Santo no capítulo 11.)

Se você nunca recebeu esse amor antes, ou se nasceu de novo, mas precisa de um novo derramamento do amor de Deus através do Espírito Santo, ore esta simples oração pela fé:

Pai, venho diante de Ti no nome poderoso de Jesus. Perdoa-me por todos os meus pecados e por todo o meu egoísmo. Dou minha vida 100% a Jesus como meu Senhor e Salvador. Enche-me com o Teu Espírito Santo; enche-me com o Teu amor. Recebo o Teu amor pela fé! Em nome de Jesus, oro. Amém.

3

CAPÍTULO

Do orgulho à humildade

SE O MEU POVO, QUE SE CHAMA
PELO MEU NOME, SE HUMILHAR E
ORAR E BUSCAR A MINHA FACE, E SE
CONVERTER DOS SEUS CAMINHOS
MAUS, ENTÃO EU OUVIREI DOS CÉUS,
PERDOAREI O SEU PECADO
E SARAREI A SUA TERRA.

(2 CR 7:14)

Lembro-me da primeira vez que conheci o Dr. C. Peter Wagner. O ano era 1984, e eu estava me preparando para me inscrever no seminário Fuller depois de ter me mudado de costa a costa para Pasadena, Califórnia. Como Peter era professor da Escola de Missões Mundiais de Fuller, liguei para o escritório dele para ver se poderia encontrá-lo.

Para a minha surpresa, Peter me convidou para um almoço com ele e sua esposa, Doris. Ele tomou a iniciativa de pedir um sanduíche para mim em uma lojinha bem em frente ao escritório. Quando Peter me perguntou o que eu queria beber, respondi que queria uma coca zero, e ele providenciou uma num instante. Eu não fazia ideia de que isso começaria um relacionamento que duraria mais de três décadas. Desde as minhas primeiras interações com Peter, sua humildade e seu coração de servo me impressionaram profundamente.

Além de sua atuação no seminário Fuller, Peter Wagner também foi missionário, missiólogo, teólogo, escritor, professor e especialista em crescimento de igrejas. Mais pessoalmente, ele se tornou meu mentor, meu pai espiritual e meu apóstolo. Eu admirava profundamente a maneira como Peter sempre demonstrava seu amor pelos filhos espirituais ao nos apoiar em nosso chamado. Ele viria a servir no Conselho da Harvest International Ministry e fundaria a Wagner University, na qual agora tenho o privilégio de ser o chanceler internacional.

O amor de Peter pela aprendizagem era central para quem ele era, e ele foi apaixonado por escrever seus próprios livros durante a maior parte de sua vida. Escreveu mais de 77, quase um livro para cada ano de sua vida. Seus escritos cobriam uma gama imensa de temas: dons espirituais, crescimento da igreja, oração e guerra espiritual, avivamento e reforma, ministério no local de trabalho, apóstolos e profetas, riqueza do reino e até piadas.

De todas as contribuições de Peter como autor, um dos livros que mais me impactou foi seu livro sobre humildade. Após o lançamento, em 2002, lembro-me de ver Peter segurando o livro diante de uma igreja e dizendo: "Acabei de escrever um novo livro, e estou muito orgulhoso dele. Chama-se *Humildade*".

O livro de Peter enfoca o papel essencial da humildade no cumprimento do Grande Mandamento. Ao nos vestirmos de humildade diante de Deus, podemos estender essa mesma atitude para nossas interações com os outros. Portanto, a humildade é uma das chaves para a transformação interna, e é um ingrediente crucial para viver uma vida que também traz transformação para a sociedade.[28]

A HUMILDADE PRECEDE O AVIVAMENTO E A REFORMA

Na minha perspectiva hoje, acredito que a humildade é central para o que o Espírito de Deus está dizendo à igreja. O versículo que iniciou este capítulo, 2 Crônicas 7:14 (NVI), define o tom para esta estação: "Se o Meu povo, que se chama pelo Meu nome, se humilhar e orar e buscar a Minha face, e se converter dos seus caminhos maus, então Eu ouvirei dos céus, perdoarei o seu pecado e sararei a sua

28 C. Peter Wagner, *Humility*. Gospel Light, 2002.

terra". Se queremos ver nossa nação transformada (a cura da nossa terra), isso começa conosco, como povo de Deus, humilhando-nos sob a potente mão de Deus. O chamado urgente nesta hora é sóbrio, mas necessário. Deus quer que nos humilhemos e nos arrependamos dos nossos pecados, pois o julgamento começa na casa de Deus (1 Pd 4:17). Este é o início de um avivamento histórico — quando a igreja se volta para Deus e é renovada pelo Espírito Santo.

A Intercessores pela América publicou recentemente um artigo com pontos de oração alinhados com esta temporada atual, que será marcada por maiores tremores e maior avivamento. Um dos principais enfoques é sobre a humildade:

> A *humildade* é um precursor da busca por Seu perdão e restauração. Ela implica admitir a culpa e confessar o pecado com o temor santo da correção que merecemos. *Humildade também significa dependência intencional de Deus e obediência a Seus preceitos e propósitos para nós.* É a condição do coração necessária para orar e buscar Sua face com um coração puro e a motivação certa.[29]

Eu não poderia concordar mais. Se a humildade precede a transformação pessoal e social, temos todo motivo para buscar o cultivo de corações humildes que estejam alinhados com o coração de Deus. Isso, no entanto, não é fácil. Mesmo para os crentes que caminham com Deus há anos, a humildade exige uma dependência contínua do Espírito Santo e uma disposição para abrir mão de nossas

29 Fanning the Flames of Revival. *Intercessors for America,* fevereiro de 2023. Disponível em: https://ifapray.org/wp-content/uploads/2023/02/Fanning-the-Flames-of-Revival-pg.pdf. Acesso em: 6 mar. 2025.

próprias intenções para que o governo e o reinado de Deus possam se manifestar.

ARRANCANDO O ORGULHO

O maior obstáculo para viver em humildade — e o pecado mais odioso na vida de uma pessoa — é o pecado do orgulho. Em Provérbios 8:13, Deus declara explicitamente que odeia o orgulho, a arrogância e o caminho maligno (veja também Pv 6:16-17). As Escrituras dizem: "Todo aquele que é orgulhoso de coração é uma abominação para o Senhor; certamente, ele não ficará sem castigo" (Pv 16:5 NVI). A linguagem em torno do orgulho é sempre severa, pois o orgulho é o oposto da humildade.

Para levar isso um passo adiante, o orgulho é o pecado de satanás. É conhecido que C.S. Lewis escreveu: "Foi através do Orgulho que o diabo se tornou o diabo". [30] A Bíblia mostra que foi o orgulho que causou a queda de satanás (veja Is 14:1-15). O orgulho é tão satânico e onipresente que todos os outros pecados parecem pequenos em comparação. C.S. Lewis expande esse tema em seu clássico *Cristianismo puro e simples*:

> Há um vício do qual nenhum homem no mundo está livre; que todos no mundo detestam quando o veem em outra pessoa; e do qual quase nenhuma pessoa, exceto os cristãos, imagina que é culpada (...) O orgulho leva a todo outro vício: é o estado mental totalmente anti-Deus.[31]

---

30 C.S. Lewis, *Mere Christianity*. HarperCollins, 2001, p. 122.
31 *Ibidem.*, p. 120-122.

Podemos chegar à conclusão de que o orgulho é completamente anti-Deus porque é facilmente *anti-Cristo*. Em outras palavras, o espírito do orgulho é o inverso de quem Jesus Cristo é. Se queremos ver avivamento e reforma de Jesus, devemos vir no espírito oposto ao orgulho de satanás, com humildade e caráter semelhante ao de Cristo.

JESUS É A HUMILDADE ENCARNADA

Meu querido amigo Bill Johnson costuma dizer: "Jesus Cristo é a teologia perfeita".[32] Em todo o Novo Testamento, vemos o tema recorrente da suprema humildade de Cristo. O apóstolo Paulo escreve, em Filipenses 2:4-5 (NVT), "Cada um de vós, ao invés de olhar unicamente para o seu próprio interesse, olhe também para o interesse dos outros. Seja a atitude de vocês a mesma de Cristo Jesus: [Deixe Ele ser o exemplo de humildade]".

Jesus é o modelo supremo de humildade. Filipenses 2:7-11 (NVT) continua a descrição do com que a humildade semelhante à de Cristo se parece:

> **Ele se esvaziou [de todos os privilégios e dignidade legítima], assumindo a forma de servo (escravo), tornando-se semelhante aos homens e nascendo como ser humano. E depois de aparecer em forma humana, Ele se humilhou ainda mais e levou Sua obediência até o extremo da morte, até a morte na cruz! Portanto, [porque Ele se abaixou tão baixo] Deus O exaltou grandemente e Lhe deu o nome que está acima de todo nome, para que, ao nome de Jesus, todo joelho se dobre, no céu e na terra e debaixo da terra, e toda língua confesse abertamente que Jesus Cristo é Senhor, para a glória de Deus Pai.**

32 Bill Johnson, *Jesus Christ is Perfect Theology*. Destiny Image, 2016.

Vamos pausar por um momento e não deixar de lado essas verdades familiares enquanto consideramos o seguinte: Jesus, o Rei de todos os reis, humilhou-se para nascer em um corpo humano em um “estábulo”. Jesus não chegou à terra como um adulto. Ele nasceu como um bebê indefeso e dependente. O maior lugar de honra e exaltação pertence a Jesus porque Sua humildade é igualmente incomparável. Nós, que somos autossuficientes, devemos não apenas vir a Cristo como pequenas crianças, humildes e dependentes, mas devemos manter essa mentalidade ao longo da vida. João 15:5 declara que, sem Jesus, nada podemos fazer. E no grego, “nada” significa *nada*! Como membros do Corpo de Cristo, devemos também lembrar que precisamos uns dos outros (1 Cor 12:12-27).

Do primeiro choro de Jesus em Belém ao Seu último grito no Calvário, Ele nos deu o dom do Seu amor incondicional (Jo 3:16). Jesus não veio para ser servido, mas para servir (Mc 10:45). Ele veio para um estábulo — não para um trono. Ele viveu como servo — não como governante. Ele deu tudo — não apenas um pouco! Seu destino era a cruz. Sua determinação era Seu amor por nós. Sua razão era salvar você e eu. O *Rei* viveu como um humilde, amante de Deus e do povo, servo! Por isso, a Palavra diz que devemos ser “imitadores de Deus” (Ef 5:1).

Mas por que Jesus veio com tanta humildade manifesta? A chave é que satanás, Adão e Eva caíram todos por causa do orgulho. O orgulho governava o mundo. Era a fortaleza primária em cada império, nação geopolítica e grupo de pessoas. Jesus veio no espírito oposto. Quando agimos com orgulho, estamos reforçando as obras das trevas, mas quando andamos em humildade, estamos reforçando a obra de Deus.

DEUS VALORIZA A HUMILDADE

De todos os atributos com os quais Jesus poderia se caracterizar, Ele escolhe a humildade. Jesus diz em Mateus 11:28-30 (NVI): "Venham a mim todos os que estão cansados e sobrecarregados, e eu lhes darei descanso. Tomem sobre vocês o meu jugo e aprendam de mim, *pois sou manso e humilde de coração*, e vocês encontrarão descanso para a sua alma. Pois o meu jugo é suave e o meu fardo é leve".

Como o Criador de todas as coisas, Deus sabe de que precisamos para viver uma vida abundante — o tipo de vida que Ele deseja para nós. Quando operamos na arrogância, isso nos causa cansaço e sobrecarga. A humildade, por outro lado, nos liberta e dá descanso à nossa alma. Ao virmos até Jesus e aprendermos dEle, tornamo-nos mais parecidos com Ele à medida que dependemos de Sua força. Consequentemente, carregamos um jugo mais leve e um fardo mais suave.

A humildade é um caminho para nos tornarmos mais semelhantes a Cristo. Ela também é um canal para a graça e o favor de Deus na nossa vida. Tiago 4:6 promete: "Mas ele nos dá maior graça. Por isso, diz: 'Deus resiste aos soberbos, mas dá graça aos humildes'". Da mesma forma, 1 Pedro 5:5 traz esta exortação: "... todos vocês, revistam-se de humildade no trato com os outros, porque Deus se opõe aos soberbos, mas dá graça aos humildes". Essas duas passagens ecoam um dos Provérbios: "Certamente ele escarnece dos escarnecedores, mas dá graça aos humildes" (Pv 3:34 NVI). Outra versão desse mesmo versículo diz: "Para com os zombadores ele é zombador, mas para com os humildes ele dá *favor*" (ESV).

Não sei você, mas eu preciso da graça de Deus. Preciso do Seu favor sobre a minha vida. Posso dizer facilmente que não seria quem sou hoje se não fosse pela graça de Deus (1 Cor 15:10). Se a humildade garante que eu receba mais graça de Deus Pai, então você pode me inscrever a qualquer momento para o Curso Básico de Humildade no reino. Isso pode parecer básico e fundamental, mas é uma parte necessária não apenas para começar bem, mas para "correr a corrida com perseverança" e terminar bem.

Quantos de vocês desejam intimidade com Deus? Quantos de vocês querem que a presença de Deus habite com vocês? Escolham a humildade. Em Isaías 57:15 (NVI), o Senhor diz: "Eu vivo... com o de espírito quebrantado e contrito, para reanimar o espírito dos humildes e para reanimar o coração dos contritos". Vários capítulos depois, em Isaías 66:2 (BSB), Ele diz: "Este é aquele a quem eu estimo: o humilde e contrito de espírito, que treme diante da minha palavra". Ao longo da minha caminhada com Jesus, tive o desejo de cultivar amizade com Ele. Como Ele diz, "Eu estimo os humildes", a humildade se torna minha prerrogativa.

Deus valoriza corações humildes, tanto que Ele escolhe recompensar os humildes com muitas bênçãos. Provérbios 15:33, 18:12 e 29:23 afirmam que a humildade vem antes da honra. Provérbios 22:4 expande essa verdade dizendo: "O prêmio da humildade e do temor do Senhor são riquezas, honra e vida". Observe como essas recompensas — riqueza, honra e vida abundante — são frequentemente coisas que o mundo busca. Aqueles que são orgulhosos quase sempre são caracterizados pelo desejo por riquezas, fama e longevidade. Mas no reino de Deus, Ele recompensa os humildes com aquilo que o mundo busca, mas com que nunca pode se satisfazer.

Assim como Jesus escolheu a humildade e foi altamente exaltado pelo Pai, vemos uma promessa semelhante que é surpreendente: "Portanto, humilhem-se debaixo da poderosa mão de Deus, para que Ele os exalte no tempo devido" (1 Pd 5:6). O mandamento de escolher a humildade vai de mãos dadas com a nossa proximidade com Deus. Se nos submetermos à Sua poderosa mão, tomaremos refúgio à sombra de Suas asas (Sl 91:4), onde não há orgulho. Como resultado direto, Deus será Aquele que nos exaltará (Sl 91:14), colocando-nos em alto retiro.

Jesus descreve essa mesma dinâmica nos Evangelhos: "Quem se exaltar será humilhado, e quem se humilhar será exaltado" (Mt 23:12). Não se engane: exaltar-se no orgulho sempre precipitará uma queda (Pv 16:18). Mas humilhar-se levará a uma promoção divina (Tg 4:10). Esse princípio se aplica não apenas aos indivíduos, mas também à igreja corporativa. Acredito que o avivamento e a reforma virão para aqueles que humildemente e sinceramente clamam em oração para que Deus se mova.

Oremos esta oração juntos:

Pai Celestial, obrigado por enviar Seu Filho, Jesus, para modelar o que a humildade realmente parece ser. Hoje me arrependo de todo o meu orgulho. Escolho me humilhar diante de Ti. Pela Tua graça, capacita-me a viver a vida de um servo-líder. Acredito que, ao me humilhar sob a Tua poderosa mão, Tu me exaltarás no tempo devido.

(1 Pd 5:6)

Em nome de Jesus, eu oro, amém!

ENSAIO

Como desenvolver a humildade

1. A humildade é uma escolha

Um coração humilde não é apenas descritivo, como na observação "Aquele homem é humilde". O chamado bíblico para a humildade é prescritivo. Em outras palavras, é um comando, o que significa que podemos escolher obedecer ou desobedecer. Você tem que escolher andar humildemente com Deus.

Olhando novamente para 1 Pedro 5:5, vemos a instrução para "se vestirem de humildade para com os outros". Vestir-se é uma decisão consciente (espero que você tome essa decisão todos os dias!). Se podemos decidir que tipo de roupa colocaremos de manhã, temos a mesma decisão de escolher se vamos permanecer humildes ou operar em orgulho.[33] Tiago 4:10 nos incita a tomar essa decisão: "Humilhem-se na presença do Senhor, e Ele os exaltará".

2. Arrependa com o orgulho e ande no temor do Senhor

Discutimos anteriormente como o orgulho é o oposto exato da natureza de Deus. O orgulho é um pecado grave que devemos tratar rapidamente, arrepender-nos e nos afastar sempre que o notarmos se infiltrando em nossa vida. Isso requer um espírito contínuo de humildade e frequentemente envolve responsabilização no contexto do discipulado.

33 C. Peter Wagner, *Humility*. Gospel Light, 2002, p. 10.

Junto com o arrependimento, andar no temor do Senhor nos manterá longe do orgulho e nos manterá humildes diante de Deus. Um entendimento saudável do temor do Senhor é ter a visão correta de Deus e de nós mesmos em relação a Ele. É viver em santa reverência por quem Jesus é. Para aprofundar, o temor do Senhor é odiar o que Jesus odeia. Provérbios 8:13 diz: "O temor do Senhor é odiar o mal; o orgulho e a arrogância e o caminho perverso e a boca perversa, eu odeio". Ao mesmo tempo, o temor do Senhor é amar o que Ele ama. As Escrituras deixam isso claro para nós em Miqueias 6:8 (NKJV), que diz: "Ele te mostrou, ó homem, o que é bom; e o que o Senhor requer de ti, senão que faças justiça, ames a misericórdia e andes humildemente com o teu Deus?".

3. Escolha ser um servo

No reino de Jesus, a humildade é o caminho mais rápido para a grandeza. Escolher ser um servo é o chamado mais elevado de um seguidor de Jesus. Em Mateus 20:25-28 (NIV), lemos:

Jesus os chamou e disse: "Vocês sabem que os governantes dos gentios dominam sobre eles, e os seus altos oficiais exercem autoridade sobre eles. Não será assim entre vocês. Em vez disso, quem quiser ser grande entre vocês *deverá ser o seu servo*, e quem quiser ser o primeiro *deverá ser o seu escravo* — assim como o Filho do Homem não veio para ser servido, mas para servir e dar a sua vida como resgate por muitos".

Jesus foi o servo-líder perfeito. Antes de entregar Sua vida para nossa redenção, Jesus lavou os pés de Seus discípulos (Jo 13) — uma tarefa que apenas o servo ou o escravo mais baixo era responsável por fazer.[34] Também considere o que Mateus 12:18 (NKJV) diz: "Eis o Meu Servo, a quem escolhi, o Meu Amado, em quem a Minha alma se alegra! Porei o Meu Espírito sobre Ele, e Ele proclamará justiça aos gentios". Observe que Jesus serviu movido pela graça e pelo amor que recebeu do Espírito Santo. Nós também temos o Espírito Santo derramado em nosso coração (Rm 5:5) e também devemos demonstrar humildade por meio do amor, servindo uns aos outros (Gl 5:13).

Essa foi uma grande lição que Deus me ensinou por meio de John Dawson, em 1992. John estava renunciando ao conselho de Love LA, fundado por Jack Hayford e Lloyd Ogilvie (pastor sênior da Igreja Presbiteriana de Hollywood), bispo Charles Blake e bispo Ken Ulmer. Quando John Dawson foi escolhido para ser o presidente da YWAM, fui convidado a tomar seu lugar no conselho de Love LA. Eu me senti totalmente intimidado por ser aceito nesse cargo.

Quando perguntei a John qual conselho ele me daria, ele disse: "Seja apenas um servo. Sirva ao conselho e aos pastores de LA. Se você fizer isso, será bem-sucedido". Apliquei esse princípio no meu tempo com o Love LA, e apliquei a todos os cargos que o Senhor me deu ao longo dos anos.

4. Submetam-se uns aos outros

A humildade se desenvolve melhor dentro do contexto da comunidade. Aprender a amar e servir aos outros também envolve "submeter-se uns aos outros no temor de Deus"

34 Mike Cosper, What's The Deal With Footwashing? *Crossway*. 20 de novembro de 2014. Disponível em: https://www.crossway.org/articles/whats-the-deal-with-footwashing/. Acesso em: 6 mar. 2025.

(Ef 5:21 NKJV). No nível nuclear, isso significa ser obediente de forma submissa aos seus pais (Ef 6:1-2).

Essa história já é conhecida há um tempo, mas revela uma lição que precisamos abraçar. É sobre um menino animado que ficava se levantando no banco durante o culto. A mãe, exasperada, disse-lhe: “Fique quieto e sente-se agora!”. Após uma breve pausa, o menino finalmente obedeceu e disse: “Eu posso estar sentado por fora, mas estou de pé por dentro”. Como Deus olha para o coração, a humildade deve ser cultivada internamente para que nosso comportamento externo siga o mesmo caminho.

Além do seu lar, acredito que a humildade também significa ser obediente à autoridade espiritual. 1 Pedro 5:5 (NKJV) diz: “Da mesma forma, vós, jovens, sede submissos aos anciãos. E todos vós, revesti-vos de humildade no trato uns com os outros, porque ‘Deus resiste aos soberbos, mas dá graça aos humildes’”. Hebreus 13:17 diz: “Obedeçam aos seus líderes e se submetam à autoridade deles. Eles fazem vigilância sobre vocês, como aqueles que devem prestar contas. Obedeçam a eles para que o trabalho deles seja uma alegria, e não um fardo, pois isso não lhes trará vantagem” (paráfrase minha). Ao viver sua vida com humildade, você será capaz de viver o amor dado por Deus para os outros em um relacionamento correto com eles.

Deus quer levantar você para ser um avivalista e um reformador. Mas antes de você estar em autoridade, Deus quer que aprenda como estar sob autoridade. Nossa mente independente e orientada pela liberdade resiste a essa ideia, mas esse é um princípio tão importante que a Bíblia nos dá um mandato claro de que devemos nos submeter uns aos outros no temor do Senhor (Ef 5:21).

4

CAPÍTULO

Da Fé pequena à Fé de Deus

PORQUE NELE SE DESCOBRE
A JUSTIÇA DE DEUS DE FÉ EM FÉ, COMO ESTÁ
ESCRITO: "O JUSTO VIVERÁ PELA FÉ"

(RM 1:17 NVI)

LOGO A FÉ É PELO OUVIR,
E O OUVIR PELA PALAVRA DE DEUS

(RM 10:17 NVI)

A fé é essencial para todo seguidor de Jesus. As Escrituras deixam claro que, pela fé, recebemos o dom da salvação de Deus (Ef 2:8). Se você está lendo este livro, provavelmente já recebeu a graça de Deus e a salvação pela fé. O que talvez você não saiba é que a fé também é um dom de Deus. É uma graça concedida pelo Espírito Santo.

Paulo usa a terminologia de fé como um presente de Deus. Romanos 12:3 (NTLH) diz: "Cada um julgue a si mesmo conforme a fé que Deus lhe deu". Em 1 Coríntios 12:7-9, Paulo escreve: "Mas a cada um é *dada* a manifestação do Espírito, visando a um fim proveitoso. Porque a um é dada, pelo Espírito, a palavra da sabedoria; a outro, pelo mesmo Espírito, a palavra do conhecimento; a outro, pelo mesmo Espírito, a fé...". Craig Keener, um querido amigo e brilhante estudioso do Novo Testamento, explica em seu comentário sobre 1 Coríntios 12: "'Fé', como um dom distinto, provavelmente se refere, como alguns pais da igreja opinaram, a uma fé extraordinária que move montanhas". E será necessária uma fé extraordinária, que move montanhas, para trazer a transformação das nações.

Jesus fala sobre essa fé que move montanhas em Marcos 11:22, e é interessante que Ele começa dizendo: "Tenham fé em Deus". Esse versículo pode ser traduzido do grego como "Tenham a fé de Deus". Isso faz sentido, já que Paulo ensina que a fé é um dom do Espírito Santo e que é Deus quem nos dá uma medida de fé.

O ministério de cura de Charles Price foi revolucionado quando ele recebeu a revelação de que a fé é uma graça de Deus. Ele afirma no livro *The Real Faith*:

> A revelação respondeu às minhas perguntas. Resolveu meus problemas. Aprofundou meu amor pelo meu Senhor e fortaleceu minha rendição de coração e vida a Ele. Revolucionou meu ministério de cura, pois me revelou a impotência do eu; e a necessidade da presença, do amor, da graça e da fé de Jesus.[35]

Muitas vezes, essa graça ou dom de fé vem da revelação da Palavra de Deus. A fé vem pelo ouvir e, mais especificamente, pelo ouvir a palavra *rhema* (reveladora) de Deus.

A GRAÇA DA FÉ VEM DA PALAVRA *RHEMA* DE DEUS

Então, como é essa fé que move montanhas? Quero compartilhar uma história pessoal que ilustra como o Senhor me deu Sua fé para ver uma grande vitória na minha vida. Essa vida de fé tem sido uma realidade constante na minha jornada com Jesus — desde o primeiro dia em que entreguei minha vida a Ele até hoje.

Em 51 anos caminhando com Deus, ouvi a voz audível de Deus apenas uma vez. Foi em 1979, quando Deus me falou sobre com quem eu deveria me casar. Antes que você tire alguma conclusão, deixe-me deixar claro que não considero ouvir a voz audível de Deus como um sinal de espiritualidade. Na verdade, foi quase como se Deus tivesse que recorrer a falar comigo de forma audível porque eu estava tão determinado a fazer algo diferente da Sua vontade perfeita para a minha vida. Minhas *rhemas* chegam a mim

35 Charles S. Price, *The Real Faith*. Jawbone Digital, Kindle Edition, p. 3.

de outras formas: na maioria das vezes vêm de Escrituras que saltam das páginas da Bíblia.

Depois de ser salvo e liberto de forma radical, fiz um voto de celibato de que não me casaria. Por causa do meu passado imoral, senti que precisava fazer esse voto para caminhar em pureza moral e santidade. O Senhor sabia que Ele precisava fazer algo dramático para chamar a minha atenção para que eu corrigisse a minha rota.

Um dia, enquanto dirigia para casa vindo da casa de um amigo, de repente ouvi estas palavras ressoando em meus ouvidos: "Você vai se casar com Sue Roxas!". Minha reação inicial me surpreendeu. Bati com a mão no volante e disse um enfático "não!" ao Senhor. Afinal, eu havia feito um voto de celibato a Ele. Mesmo assim, Ele começou a mudar meu coração. Mas eu sabia que o maior obstáculo era que meu pai jamais abençoaria eu me casar com alguém que não fosse uma coreana.

Alguns dias depois, eu estava almoçando com meu amigo profeta, James Golden. Ele parou de comer o que estava no prato e disse: "Meu Deus! Jesus acabou de me dizer que você vai se casar com Sue Roxas!". (Ao longo dos anos, recebi muitas palavras proféticas *rhema* de profetas confiáveis.) No dia seguinte, eu estava esperando para me encontrar com Jim Wilson, um amigo que eu estava discipulando. Estava estacionado em frente à *University Blvd.*, uma rua movimentada com centenas de carros passando. Fiz uma oração simples: "Senhor, se for da Tua vontade que eu me case com Sue, por favor confirme isso". Assim que terminei de orar, Sue passou de carro, virou o rosto na minha direção, e nossos olhares se encontraram. Mais tarde, ela me perguntou o que eu estava fazendo estacionado na frente da University Blvd. Não dá para inventar isso! Deus confirma sobrenaturalmente Sua palavra com circunstâncias que são graças dEle.

Ao longo de vários dias, Deus me deu cinco grandes confirmações, uma das quais foi um pequeno detalhe (brincadeirinha!), quando o Espírito Santo também falou uma palavra *rhema* a Sue sobre o nosso casamento! Mas a última confirmação exigiria um milagre, porque eu acreditava que qualquer cristão deveria submeter uma proposta de casamento à bênção de seus pais, especialmente se eles também fossem crentes. Era minha forma de honrar meus pais, como a Bíblia ensina. O que tornava isso difícil para mim era o fato de que meus pais eram coreanos tradicionais, e eu sabia que meu pai, que era no mínimo um nacionalista e, no pior dos casos, racista, não aprovaria.

Então, reuni coragem para pedir que meu pai e minha mãe se sentassem à mesa para eu lhes contar algo importante. Sentado à mesa da cozinha com meus pais, eu lhes disse com confiança que queria me casar com Sue, que é filipina. Meu pai me olhou severamente e disse: “Eu não vou abençoar isso. Isso não é do Senhor. Ela não é coreana”. O racismo dele se manifestou de forma clara diante dos meus olhos.

Mesmo já imaginando essa resposta, ainda assim fiquei desapontado. Respondi rapidamente: “Pai, a única base bíblica é se ela é ou não crente, para que possamos estar em jugo igual. E Sue não é ímpia. Ela ama Jesus”.

“Não importa”, ele retrucou. “Deus está falando através de mim agora. Eu não vou abençoar isso”.

Eu não deixaria a conversa terminar ali, então pensei rapidamente: "Pai, você é pastor", continuei. "Você nem orou sobre isso".

"Eu não preciso orar sobre isso", ele respondeu rispidamente. "Já sei que isso não é a vontade de Deus".

Assim seguiu nosso intenso debate. No final, fiz meu último apelo: "Pai, tudo o que posso pedir é que você e a mamãe orem".

Meu pai disse: "Não apenas vamos orar, mas também vamos jejuar no final de semana". Veja bem, os coreanos são conhecidos por sua intercessão fervorosa. Então, quando meu pai me disse que ia orar e jejuar, eu sabia que ele realmente ia fazer isso. Meus pais foram para um retiro de três dias em uma grande casa de férias que tinham em West Virginia para buscar a vontade de Deus. Eles usavam frequentemente essa propriedade como casa de oração e centro de retiro para a igreja, mas naquele fim de semana era algo pessoal.

Sue e eu também nos comprometemos a orar. Era o que tínhamos que fazer, especialmente porque o nosso futuro juntos estava em jogo. Sabíamos que Deus havia falado conosco, então pensamos: vamos acreditar que isso é dEle e que Ele vai abençoar nosso casamento. Era nosso momento de aprender, na prática, que "a fé vem pelo ouvir, e ouvir pela palavra [*rhema*] de Deus" (Rm 10:17). Eu sabia, sem sombra de dúvida, que Deus havia me falado que me casar com a Sue era Sua vontade. O *rhema* despertou fé dentro de mim, e eu me apeguei à fé enquanto orava para que Deus mudasse o coração do meu pai.

Nunca vou esquecer quando meus pais me chamaram para jantar assim que voltaram do retiro. Para ser honesto, eu estava realmente assustado. Não tinha certeza de como as coisas iam se desenrolar. Meu pai era tão teimoso e arraigado em seus modos coreanos tradicionais que eu temia que ele diria: "Eu orei e jejuei sobre isso. Fiz o que você pediu. E a resposta ainda é 'não'". Enquanto estava sentado à mesa de jantar, o pior cenário possível se repetia na minha mente. Eu não consegui comer nada durante a refeição.

Finalmente, meu pai deu o veredicto: "Oramos. Deus falou conosco, e Ele disse que isso é do Senhor. Então, estamos dando a nossa bênção". Obrigado, Jesus! Tu deste ao meu pai uma palavra *rhema* para ter fé nesse casamento! É tudo graça! É tudo sobre Jesus e Sua fé que transborda abundantemente em nosso coração.

Eu quis gritar "aleluia!" e dançar na sala de jantar dos meus pais! Foi um dos maiores milagres que já havia testemunhado até aquele momento na minha vida. E tem sido uma grande jornada de fé desde então. Isso preparou o terreno para o que Deus estava planejando fazer no futuro. Eu não fazia ideia, em 1979, que Deus nos chamaria para nos mudarmos para Los Angeles alguns anos depois — um destino a 4.800 km de distância de casa, onde não conhecíamos ninguém —, tudo com base em um sonho profético.

JUNTANDO TUDO: O QUE É FÉ?

Durante o avivamento que aconteceu em Toronto e na nossa igreja em 1994, testemunhamos milagres incríveis. Por exemplo, olhos cegos foram abertos, um dedo amputado cresceu com uma unha nova, e pessoas foram curadas de doenças incuráveis, como esclerose múltipla, porque a presença manifesta de Deus era tão intensa e tangível. Mas, em outras ocasiões, eu ia a outros lugares, cheio de fé e do Espírito Santo para conduzir um culto de cura, e voltava para casa desanimado porque apenas algumas pessoas eram curadas. Eu tinha uma sensação de vergonha pela falta de resultados, mas o Senhor me mostrou que o problema não era comigo, mas com a incredulidade das pessoas na reunião. Não digo isso para condenar alguém. Porém, acredito que todos nós concordamos que a fé é absolutamente indispensável para alcançar desde uma vitória pessoal até conquistar nossas cidades para Deus.

Então, como podemos crescer em fé? Quero destacar que todos nós recebemos uma medida de fé (Rm 12:3). Ao mesmo tempo, acredito que a fé, assim como um músculo, pode ser desenvolvida, e que precisamos crescer de fé em fé. Aqui estão três verdades que me ajudaram pessoalmente a crescer em fé.

1. A fé é uma realidade presente

A fé é tão importante que a Bíblia nos dá uma definição dela. O capítulo 11 de Hebreus começa com esta declaração: "Ora, a fé é a certeza daquilo que esperamos e a prova das coisas que não vemos" (Hb 11:1 NVI).

A esperança é muito importante em relação à fé. É uma parte do "grande trio" que Paulo destaca no famoso capítulo sobre o amor. Em 1 Coríntios 13:13 (NVI), ele escreve: "Assim, permanecem agora estes três: a fé, a esperança e o amor. O maior deles, porém, é o amor". A esperança está no futuro. A esperança é a expectativa confiante de algo bom vindo de um Pai celestial amoroso e bondoso. Mas a fé traz a realidade daquilo que esperamos para o presente. É a "certeza" ou "convicção" de que já temos aquilo que esperamos. Nós já possuímos no agora!

2. A fé vem pelo ouvir uma palavra *rhema*

"Logo, a fé vem pelo ouvir, e o ouvir vem pela palavra [*rhema*] de Deus".

(Rm 10:17 NVI)

No Novo Testamento, há duas palavras gregas traduzidas como "palavra" em nossas Bíblias: *logos* e *rhema*. A palavra grega "*rhema*" é usada quando Jesus disse: "Está escrito: 'Nem só de pão viverá o homem, mas de toda palavra que procede da boca de Deus'" (Mt 4:4 NVI). O *logos* é a palavra escrita ("Está escrito..."). O *rhema* é a palavra profética que "procede da boca de Deus" e fala ao nosso coração. Essa palavra *rhema* pode vir de muitas formas diferentes.

Mencionei anteriormente como Deus me deu uma palavra audível de que eu iria me casar com Sue. Mas isso é muito raro. A maioria das palavras *rhema* vem simplesmente através da leitura da Bíblia ou pela voz suave e tranquila do Espírito Santo (Jo 10:27). Elas também podem vir por meio de sonhos, visões, portas abertas, portas fechadas, conselhos de pessoas de Deus, e assim por diante. Um ótimo livro sobre como Deus fala conosco é *Ouvindo a voz de Deus hoje*, do meu amigo James Goll.

É claro que toda "palavra" que ouvimos de Deus deve estar baseada na Palavra de Deus, a Bíblia. A Bíblia é a fonte mais importante do *rhema* de Deus. Isso pode soar simples, mas, frequentemente, quando preciso de um romper, simplesmente leio as promessas de Deus relacionadas ao que estou buscando. Eu leio até que a palavra escrita se torne a palavra profética *rhema* de que preciso para o meu rompimento.

Por exemplo, anos atrás, tive um caso grave de DTM (disfunção da articulação temporomandibular), um tipo de artrite na mandíbula. Meditei em dois versículos por mais de um ano: Isaías 53:5 (NVI), que diz: "E pelas suas feridas fomos curados", e Marcos 11:24 (NVI), que diz: "Portanto, eu lhes digo: tudo o que vocês pedirem em oração, creiam que já o receberam, e assim será". Na verdade, eu repetia esses dois versículos toda vez que via meu rosto no espelho. Esse foi um compromisso pessoal que fiz para meditar constantemente na Palavra de Deus até que ela se tornasse *rhema* para mim. Cerca de um ano e meio depois, eu sabia que tinha recebido a cura. Para mim, era algo já realizado, na minha mente e no meu coração. Dito e feito, uma noite acordei, bocejei, e a minha boca abriu completamente sem dor! Obrigado, Jesus! Desde então, estou curado da DTM.

Em 2020, quando meu advogado Mat Staver me aconselhou a processar o governador Gavin Newsom por discriminação contra a igreja durante o *lockdown*, filosoficamente, eu estava totalmente de acordo com Mat. Por exemplo, o Newsom afirmou que clínicas de aborto, dispensários de maconha, lojas de bebidas alcoólicas, um clube de *strip* em San Diego e outras coisas eram essenciais, mas não as igrejas locais. Mesmo concordando mentalmente com Mat, eu precisava de um *rhema* de Deus — primeiramente, apenas para processar o Newsom. Não se pode simplesmente processar o governador sem antes ouvir algo de Deus!

Na época, eu estava lendo um livro que citava Josué 1:9, e este versículo se tornou *rhema* para mim: “Não fui eu que lhe ordenei? Seja forte e corajoso! Não se apavore nem desanime, pois o Senhor, o seu Deus, estará com você por onde você andar” (NVI). Essa palavra me deu fé e confiança para perseverar, mesmo perdendo inicialmente o caso nos tribunais inferiores. Mas, pela graça de Deus, nosso caso chegou à Suprema Corte, e vencemos por 6 a 3 no dia 5 de fevereiro de 2021, incluindo um acordo de 1,3 milhão de dólares do estado da Califórnia para pagar nossas despesas legais. Toda glória pertence a Jesus, e, claro, tivemos um excelente advogado nos representando!

3. A *rhema* pode vir ao ouvir ou ler um testemunho

Pois o testemunho de Jesus é o espírito de profecia...

(Ap 19:10b NVI)

Mas quem profetiza o faz para edificação, encorajamento e consolação dos homens

(1 Cor 14:3 NVI)

Um testemunho é qualquer relato de uma vitória que uma pessoa teve no passado que traz fé para o presente. Por exemplo, ler ou ouvir sobre avivamentos passados pode lhe dar fé para um avivamento hoje. É por isso que eu amo ler a história da igreja e biografias — isso edifica a fé para o presente e o futuro. A profecia tem o propósito de trazer fé; ela edifica e encoraja sua fé. Nesse sentido, ouvir ou ler um testemunho de cura de outra pessoa pode lhe dar fé para enfrentar doenças ou dores semelhantes.

Uma das curas mais poderosas que já testemunhei foi quando orei por uma não cristã chamada Sharon Trainer, que tinha uma doença incurável chamada síndrome de distrofia simpática reflexa (RSD). A RSD causa dor constante e excruciante nos pés ou nas mãos. Sharon veio à reunião da igreja porque leu um folheto anunciando um culto de cura que foi pregado na porta de um supermercado local. Ela havia sido tratada pelos melhores médicos e hospitais da cidade da Filadélfia por quase 20 anos sem solução. Ela dependia de morfina para gerenciar a dor.

Quando orei por Sharon, Deus me deu uma palavra de conhecimento de que ela havia sido abusada sexualmente na infância e que aquele trauma havia aberto a porta para seus problemas. Orei por ela, repreendendo aquele espírito, e ela caiu sob o poder do Espírito Santo, conhecido também como "descanso no Espírito". Enquanto estava deitada no chão, Sharon percebeu que não sentia mais dor nos pés. Foi até engraçado porque ela foi a última a se levantar do chão e sair. Ela não queria se mover porque temia, em suas palavras, "estragar" a cura. Finalmente, ela foi para casa e foi se deitar.

Na manhã seguinte, Sharon acordou pensando que a cura tinha sido apenas um sonho vívido durante a noite. Mas, ao sair da cama e colocar os pés no chão, notou que ainda não sentia dor. Foi então que percebeu que estava totalmente curada. Ela se levantou e correu pela casa, acordando todos ao gritar: "Estou curada! Estou curada!". Sharon ligou para o pastor da igreja onde foi curada. O pastor Jack foi até a casa dela imediatamente e levou toda a família a Cristo.

Ao longo dos anos, compartilhei esse testemunho na Inglaterra, em Bakersfield, Califórnia, e em Honolulu, Havaí. Cada vez que compartilhei esse testemunho, alguém que ouviu foi curado dessa doença incurável. Glória a Jesus, que é nosso grande Curador e Médico!

Rhema vem ao relembrar vitórias e avanços passados. Quando Davi, o jovem pastor, se ofereceu para enfrentar o gigante Golias, ele disse: "Há motivo para isso?" (1 Sm 17:29 NVI). Essencialmente, Davi estava dizendo: "Tenho um histórico em que Deus me deu vitórias no passado, e Ele me dará vitória sobre Golias".

Além disso, Davi disse: "O Senhor que me livrou das garras do leão e do urso me livrará das mãos deste filisteu". Então Saul disse a Davi: "Vá, e o Senhor esteja com você!".

(1 Sm 17:37 NVI)

Lembro-me de quando nossa igreja precisava de 13 milhões de dólares para comprar o Ambassador Auditorium em 2004, e não tínhamos nada na nossa conta bancária. Havíamos usado todas as nossas economias naquela época, liderando sete grandes eventos. A maioria deles foram eventos em estádios, exceto TheCall D.C. e TheCall New York, que aconteceram nos parques de D.C. Mall e no Flushing Meadow Park, respectivamente. Deus havia provido os 10 milhões de dólares de que precisávamos de 2000 a 2003 para esses eventos de oração pelo reino. Por causa da nossa história com Deus, eu sabia que Ele providenciaria fielmente o dinheiro de que precisávamos para adquirir esse prédio icônico de artes performáticas na primavera de 2004. E, como esperado, Jeová Jiré interveio bem na hora certa. Isso nos leva à verdade mais importante sobre a fé.

4. A fé se trata de um relacionamento íntimo com Deus Pai

A fé nasce de um relacionamento com um Pai celestial amoroso e fiel. A Bíblia não diz para "ter fé na fé", mas sim para "ter fé em Deus" (Mc 11:22). O autor de Hebreus afirma que a "fé em Deus" faz parte dos ensinamentos fundamentais de Cristo (Hb 6:1). Abraão, conhecido como o pai da nossa fé (Rm 4:16), era, mais importante ainda, conhecido como amigo de Deus. A Bíblia diz: "... Abraão creu em Deus, e isso lhe foi creditado como justiça, e ele foi chamado amigo de Deus" (Tg 2:23 NVT).

Jesus disse que, se vocês têm filhos e eles pedem pão, vocês não lhes darão uma pedra. "Se vocês, que são maus, sabem dar coisas boas aos seus filhos, quanto mais o Pai de vocês, que está nos céus, dará coisas boas aos que lhe pedirem!" (Mt 7:11 NVT). Vemos a generosidade do nosso Pai celestial nesta declaração de Lucas 12:32 (NVT): "Não tenham medo, pequeno rebanho, pois foi do agrado do Pai dar-lhes o reino". Ao contrário, Herodes Antipas, um rei mundano, prometeu à sua enteada dar até metade do seu reino (Mc 6:23). Mas Deus, o Pai, tem prazer em nos dar o reino inteiro como Seus filhos e filhas! Essa é uma promessa grandiosa que mantenho diante do Senhor para a transformação da sociedade. Ele deseja que o governo de Seu reino venha através de nós — Sua "justiça, paz e alegria no Espírito Santo" (Rm 14:17).

Com esses dois versículos sobre o reino de Deus, quero focar nossa fé em ver nações transformadas.

FÉ PARA TRANSFORMAR NAÇÕES

Primeiro, precisamos lidar com a incredulidade ao discipular uma nação inteira. A Bíblia nos ensina que as histórias do Antigo Testamento foram escritas para aprendermos com os erros do passado (veja Hb 3-4). Uma das verdades mais importantes é como a incredulidade impediu a nação de Israel de conquistar a terra de Canaã em Números 13.

Mas os homens que tinham ido com ele disseram: "Não podemos atacar aquele povo; são mais fortes do que nós". E espalharam entre os israelitas um relatório negativo acerca da terra que haviam espionado, dizendo: "A terra para a qual fomos em missão de reconhecimento devora os que nela vivem. Todos os que vimos são de grande estatura. Vimos também os nefilins, descendentes de Anaque, diante de quem parecíamos gafanhotos a nós e a eles".

(Nm 13:31-33 NVT)

Toda a congregação chorou naquela noite e reclamou contra Moisés e Arão, dizendo: "Por que o Senhor nos trouxe a esta terra, apenas para

nos fazer cair à espada? Nossas mulheres e filhos serão tomados como despojo. Não seria melhor voltarmos ao Egito?".

(Nm 14:1-4)

Lembre-se de que Deus havia libertado a nação de Israel com sua mão poderosa, incluindo a abertura do mar Vermelho, sua incredulidade os impediu de entrar na Terra Prometida. Apenas Josué e Calebe foram autorizados a entrar com uma nova geração de israelitas.

Até mesmo Jesus não pôde realizar muitos milagres em sua cidade natal, Nazaré, por causa da incredulidade deles. Mateus 13:58 (NVT) afirma: "E ele não realizou muitos milagres ali por causa da incredulidade deles". Esse versículo me impressiona. Sabemos que Jesus é Deus e que Jesus tinha fé perfeita. No entanto, nesse caso, Jesus não pôde curar os enfermos.

O contexto desse versículo é que Jesus havia retornado a Nazaré e, como fazia em outras cidades e vilarejos, foi à sinagoga para ensinar a Palavra de Deus. Inicialmente, o povo ficou maravilhado com a Sua sabedoria. Eles também tinham ouvido falar dos milagres que Jesus realizava em outras vilas. Mas, em vez de se perguntarem se Jesus era o Messias prometido, o que poderia ter iniciado sua jornada de fé, eles começaram a racionalizar e a reduzir Jesus à familiaridade deles.

"Não é este o filho do carpinteiro? Sua mãe não se chama Maria? E seus irmãos não são Tiago, José, Simão e Judas? E não estão entre nós todas as suas irmãs? De onde, então, vem a este homem tudo isso?" E ficaram escandalizados por causa dele.

(Mt 13:55-57 NVT)

Basicamente, eles estavam dizendo: "Nós conhecemos Jesus desde que era um menino. Ele é o filho de José. Conhecemos a sua família. Ele é apenas um carpinteiro. Quem ele pensa que é?".

A Bíblia diz que Suas palavras são Espírito e vida (Jo 6:63). Na versão de Lucas sobre a rejeição de Jesus em Nazaré, inicialmente, as pessoas ficaram tocadas em seu espírito. "Todos falavam bem dele e estavam admirados com as palavras de graça que saíam da sua boca" (Lc 4:22 NVT). Mas logo caíram em familiaridade, racionalização e incredulidade. "Espere um momento", diziam uns aos outros, "não é este o filho de José?" Não apenas rejeitaram Jesus como o Messias, mas o viram como um herege e tentaram empurrá-Lo de um penhasco quando Ele passou por eles (veja Lc 4:28-30).

A incredulidade, segundo as Escrituras, é pecado. Hebreus 3:12 oferece esta exortação: "Cuidado, irmãos, para que nenhum de vocês tenha um coração perverso e incrédulo, que se afaste do Deus vivo". Billy Graham diz:

> A incredulidade é um pecado porque é um insulto à veracidade de Deus. "Quem crê no Filho de Deus tem, em si mesmo, este testemunho; quem não crê em Deus o faz mentiroso, porque não crê no testemunho que Deus dá acerca do seu Filho" (1 Jo 5:10). É a incredulidade que fecha a porta para o céu e a abre para o inferno. É a incredulidade que rejeita a Palavra de Deus e recusa Cristo como Salvador. É a incredulidade que faz os homens se tornarem surdos ao evangelho e negarem os milagres de Cristo.[36]

---

36 Billy Graham, *Peace with God*: The Secret Happiness. Thomas Nelson, Kindle Edition, p. 56.

Hoje, vamos nos humilhar, arrepender-nos e agir em fé. Deus nos deu autoridade para tomar o território que Ele nos prometeu. Vamos pedir sabedoria e fé para transformar nossa terra.

Ore comigo:

Pai, colocamo-nos diante de Ti com arrependimento e humildade. Perdoa-nos pela nossa incredulidade. Tu nos deste autoridade para pisar serpentes e sobre todo o poder do inimigo. Repreendemos satanás e seus aliados no nome poderoso de Jesus. Oramos por avivamento e reforma em nossa nação, para que ela seja salva! Em nome de Jesus, amém.

5

CAPÍTULO

De conhecimento a sabedoria

QUE O DEUS DE NOSSO SENHOR JESUS CRISTO, O PAI DA GLÓRIA, VOS DÊ ESPÍRITO DE SABEDORIA E DE REVELAÇÃO NO PLENO CONHECIMENTO DELE.

(EF 1:17)

SOBRE ELE REPOUSARÁ O ESPÍRITO DO SENHOR, O ESPÍRITO DE SABEDORIA E ENTENDIMENTO, O ESPÍRITO DE CONSELHO E FORÇA, O ESPÍRITO DE CONHECIMENTO
E TEMOR DO SENHOR.

(IS 11:2 NAA)

Uma manhã, abri meu *notebook* para colocar em dia uma lista interminável de e-mails não lidos quando meu iPhone vibrou com uma mensagem de texto do meu amigo Ed Silvoso: "Preciso me encontrar com você. É urgente".

Era novembro de 2017, e eu havia acabado de voltar de uma viagem ao redor do mundo para visitar nossas igrejas internacionais do Harvest International Ministry (HIM). Minha agenda permitia que eu ficasse em casa por apenas uma semana, o suficiente para lavar roupas e ver meus netos antes de embarcar em outra viagem repleta de compromissos ministeriais.

Olhei novamente para a mensagem de Ed. "Preciso ver você cara a cara", insistiu. Sabendo que Ed estava escrevendo de San José, Califórnia, respondi pragmaticamente: "Podemos conversar por FaceTime ou Zoom?".

Logo depois, apareceu sua resposta: "É algo tão pessoal. Preciso ver você cara a cara, e você não precisa pagar pela minha viagem. Eu mesmo providenciarei minha passagem. Apenas me diga onde nos encontraremos".

Antes de responder, desci até a cozinha para contar à Sue sobre as mensagens. "Isso não é típico do Ed", ela disse. "Ele não é do tipo que viajaria até aqui só para nos dizer uma palavra qualquer. Você precisa se encontrar com ele". Concordei com o discernimento de Sue de que esse era um encontro importante.

Sabendo que Ed era da Argentina, um país que ama churrasco, marquei de encontrá-lo em uma churrascaria local. Mais tarde, naquela semana, dirigi até o restaurante e o abracei assim que ele entrou pela porta. Ed e eu fazíamos parte da Equipe Apostólica Eagles Vision (EVAT) de Peter Wagner, e passamos a primeira hora apenas tentando colocar a conversa em dia, já que nos conhecíamos havia anos.

Finalmente, não consegui conter minha impaciência. Perguntei: “Ed, o que o fez vir para cá tão de repente? O que é que você tem para me contar?”.

Ed, por sua vez, começou a me fazer várias perguntas. Primeiro, ele perguntou: “Você viu o cumprimento da visão que Deus lhe deu quando você estava em Maryland?”. De vez em quando, eu compartilhava sobre o sonho que tive em 1982, que me levou a ir para Los Angeles para uma grande colheita, e ele sabia que isso fazia parte da minha jornada de fé.

Respondi: “Você sabe, Ed, eu poderia racionalizar e dizer ‘sim’. Porque vimos isso globalmente através do nosso ministério HIM, já que a colheita está acontecendo — nas Filipinas, no Quênia, na Índia. E tivemos um avivamento, como você sabe, quando a nossa igreja nasceu em 1994, e continuamos com reuniões prolongadas em 1995, vendo milhares de pessoas renovadas e refrescadas. Mas, se tivemos um avivamento como uma grande colheita dos dias do movimento Jesus People? A resposta é ‘não’”.

Ed acenou com a cabeça e disse: “Você vai ver”. Ele então fez a segunda pergunta: “Quem é o pai espiritual no norte da Califórnia?”.

“Há alguns, mas eu diria Bill Johnson.”

Ed concordou e, então, fez a terceira pergunta: “Quem é o pai espiritual no sul da Califórnia?”.

Respondi: “Jack Hayford”.

“Jack era”, Ed disse, “mas ele se aposentou”. (Jack foi meu pastor e, desde então, foi estar com o Senhor no dia 8 de janeiro, aos 88 anos de idade. Foi uma honra para mim conhecer o pastor Jack e participar do seu culto fúnebre em fevereiro de 2023.)

Depois de pensar por um momento, tentei novamente: “Nesse caso, diria o falecido John Wimber”.

“Não, ele está morto.”

Finalmente, admiti: “Não sei”.

Ed me olhou nos olhos e disse: “É você. E o que tenho a lhe dizer é que, se você voltar seu coração para a Califórnia, Deus lhe dará uma estratégia apostólica para ver avivamento e transformação na Califórnia”.

Sinceramente, a palavra passou por cima da minha cabeça, assim como quando Cindy Jacobs profetizou para mim que eu deveria começar o HIM, mais de duas décadas antes. No momento, senti uma certa vergonha de Ed dizer algo assim sobre mim. Queria ser sincero com meu amigo, então expressei o que pensava: "Isso não faz sentido, porque estou focado no ministério internacional, viajando pelo mundo. Sinto que o mundo é minha paróquia, agora que não sou mais pastor principal”. (No ano anterior, eu havia passado a liderança da Harvest Rock Church para meu filho Gabe e minha nora Mônica.)

“Eu não estou dizendo que isso vai fazer sentido”, Ed respondeu. “Estou apenas dizendo o que o Senhor me disse para compartilhar com você.”

Enquanto reconhecia a palavra, comecei a orar a respeito dela nos dias seguintes. Interpretei a frase "estratégia apostólica" como "sabedoria apostólica", porque entendi que não se tratava de uma estratégia humana, mas da sabedoria de Deus, aquilo de que Ed estava falando.

Antes que eu percebesse, um ano se passou, e meu filho renunciou à sua posição pastoral em dezembro de 2018, pois Deus estava redirecionando sua jornada vocacional. Em janeiro de 2019, Sue e eu estávamos novamente à frente da Harvest Rock Church como pastores principais.

Um ano depois, o *lockdown* da Covid pegou a todos de surpresa na primavera de 2020. Eu tinha seis viagens internacionais planejadas que foram imediatamente canceladas devido à pandemia. Mesmo que quisesse, não poderia viajar para lugar nenhum. Assim, fui forçado a focar a única esfera de ministério que restava: a Califórnia.

Durante esse período, experimentei uma graça sobrenatural, um desejo insaciável de conhecer a Deus, conhecer Seus caminhos e mergulhar na Palavra como nunca antes. De forma prática, eu pregava toda semana e frequentemente passava mais de 20 horas preparando sermões, além do meu tempo regular de oração e leitura da Escritura. À medida que me aprofundava na Palavra, sentia que a sabedoria estava crescendo em mim. Ao me mergulhar novamente na Palavra e buscar o Espírito Santo, fui colocado no caminho acelerado da sabedoria do Senhor. Em retrospecto, posso dizer que provavelmente cresci mais em sabedoria entre 2019 e 2024 (até o momento em que escrevo este livro) do que nos 45 anos anteriores caminhando com o Senhor.

A Palavra de Deus explodiu na minha vida, e foi o espírito de sabedoria e revelação (Ef 1:17) que me deu *insights* nas Escrituras que eu não tinha antes. Esse é outro ponto-chave importante para transformar o mundo. Precisamos sair do humanismo, ou da sabedoria humana, e entrar na sabedoria sobrenatural de Deus, que Ele nos deu por meio da mente de Cristo (1 Cor 2:16).

PENSAMENTO GREGO *VS.* PENSAMENTO HEBRAICO

Às vezes, mudanças de paradigma são necessárias em áreas com raízes profundas, além do fácil reconhecimento à primeira vista. A filosofia grega do pensamento platônico, ou dualismo, é um desses problemas que influenciou a igreja de forma significativa. Isso não é um fenômeno novo. Na verdade, teve uma influência lenta, mas constante, ao longo dos últimos dois milênios.

Cerca de 400 anos antes de Cristo, o filósofo grego Platão fez ondas no mundo antigo como um líder de pensamento, seguindo os passos de Sócrates e passando a mentorear Aristóteles. Antes de apresentar as preocupações que tenho sobre o pensamento platônico, quero dizer que a *verdade é a verdade*, e esses filósofos gregos descobriram uma medida de verdade, lógica e raciocínio que beneficiou imensamente o mundo ocidental. Por exemplo, o pensamento grego trouxe equilíbrio e racionalidade para certos aspectos do extremismo religioso. Especificamente, o mundo islâmico foi praticamente intocado pelo pensamento grego, e, como resultado, você tem o extremismo da lei da Sharia e do jihadismo, que provocaram o terrorismo, incluindo o genocídio de 1.200 mulheres e crianças que foram brutalmente assassinadas em 7 de outubro de 2023, em Israel, perto da Faixa de Gaza.

Os gregos também contribuíram para a fundação de uma forma democrática de governo que ajudou a moldar nossa nação. Nossos pais fundadores pegaram a essência da democracia e construíram brilhantemente uma república constitucional com a divisão de poder entre o Congresso, o poder executivo e o poder judiciário. Em uma república constitucional, o povo vota em líderes que fazem as leis. No entanto, os líderes não podem criar qualquer lei que desejem, pois a Constituição restringe severamente seu poder legislativo, evitando, assim, líderes totalitários.

Mas aqui está uma das minhas preocupações com o pensamento platônico. Um dos princípios fundamentais ao ensino de Platão era o dualismo. Essa mentalidade propunha que o mundo deveria ser compreendido em duas categorias separadas: o mundo natural e o mundo espiritual — o superior e o inferior. O dualismo divide a realidade em dois reinos: o do tangível (matéria física) e o do intangível (ideias e ideais). O valor atribuído a cada um carrega um forte viés: o mundo material é maligno, e apenas o mundo espiritual é bom. Os dois mundos não são apenas diferentes; eles estão intrinsecamente desconectados um do outro.[37]

Esse jeito grego de pensar pode parecer atraente e até "cristão". Na verdade, esse ponto de vista vem naturalmente para muitos cristãos hoje devido à influência de Agostinho de Hipona (na atual Argélia, 396-430 d.C.) e Tomás de Aquino (1225-1274). Esses dois teólogos ajudaram a moldar a retórica usada ao longo de grande parte da história da igreja. O problema é que o pensamento platônico grego é, em última análise, incompatível com o pensamento hebraico baseado nas Escrituras.[38]

---

37 C. Peter Wagner, *This Changes Everything*. Baker Publishing Group, Kindle Edition, p. 129-130.
38 . *Ibidem*.

O dualismo é uma falsa dicotomia. Em Gênesis 1, Deus chamou enfaticamente o mundo material que Ele fez de bom. Em cada dia da criação, Ele declarou que “era bom”. De acordo com a cosmovisão hebraica, os seres humanos são seres holísticos. Portanto, somos tanto espirituais quanto terrenos. Somos almas vivas, e vivemos em corpos físicos formados do pó da terra. Deus nos criou para experimentarmos o céu na terra. Os dois aspectos da criação, espiritual e físico, devem estar em harmonia, não em divisão.

Isso é especialmente importante devido à nossa compreensão de quem Jesus é. Jesus é 100% Deus e 100% homem. João 1:14 (NVI) nos diz: “A Palavra se fez carne e fez sua morada entre nós”. Jesus se fez humano, com um corpo físico. Ele não veio apenas como uma aparição fantasmagórica ou um ser puramente espiritual. Ele veio em carne, morreu uma morte física e foi ressuscitado para a vida. Ele fez isso para nos redimir por completo — espírito, alma e corpo.

Semelhante à dicotomia que vimos nos dias do movimento Jesus People, o pensamento platônico tem enganado a igreja até hoje. “O evangelho e todas as coisas espirituais são boas”, alguns cristãos dizem. “Mas o mundo, o governo, os sistemas educacionais e as estruturas feitas pelos homens? Esqueça! Estamos apenas aguardando o arrebatamento”.

Do erro do dualismo, surgiu a separação entre o sagrado e o secular — clero e leigos — igreja e estado. Isso é fundamentalmente antibíblico. Todos os crentes são reis e sacerdotes (ver Ap 1:6, 5:10; 1 Pe 2:9; Ex 19:6). Tudo em que estamos envolvidos é sagrado. Não há separação entre sagrado e secular quando nossa vida inteira é consagrada a Deus. Fazer essa mudança de paradigma nos ajudará a entender nosso chamado para influenciar e transformar a sociedade para a glória de Deus.

OS FUNDAMENTOS DA SABEDORIA

Como compartilhei nas minhas histórias acima, a Palavra de Deus é essencial para andar em sabedoria. O livro de Provérbios, um livro inteiro da Bíblia dedicado à sabedoria, oferece um excelente ponto de partida para qualquer discussão sobre sabedoria divina. Os dois primeiros capítulos de Provérbios começam assim:

> **Estes são os provérbios de Salomão, filho de Davi, rei de Israel. O propósito deles é ensinar às pessoas sabedoria e disciplina, ajudar a entender os ensinamentos dos sábios. O propósito deles é ensinar as pessoas a viver vidas disciplinadas e bem-sucedidas, a ajudá-las a fazer o que é certo, justo e correto... O temor do Senhor é o fundamento do verdadeiro conhecimento, mas os tolos desprezam a sabedoria e a disciplina.**
>
> (Pv 1:1-3, 7 NVT)

Embora eu tenha intitulado este capítulo “De conhecimento a sabedoria”, não sou contra o conhecimento em si. No entanto, acredito que o conhecimento sem sabedoria levará uma nação para trás, e não para a frente, na reforma. Por exemplo, os cientistas do CDC e do NIH (Centros de Controle e Prevenção de Doenças e Institutos Nacionais de Saúde) tinham mais PhDs e médicos do que alguns países inteiros têm, mas não tiveram sabedoria ao recomendar o fechamento da nossa nação durante a covid-19. A verdadeira sabedoria vem do conhecimento de Deus, e é esse o conhecimento de que precisamos.

> **Meu filho, se você receber as minhas palavras, e guardar os meus mandamentos dentro de você, para que incline o seu ouvido à sabedoria, e aplique o seu coração ao entendimento... Então você entenderá o temor do Senhor e encontrará o conhecimento de Deus.**
>
> (Pv 2:1-2-5 NVI)

Há duas lições importantes que se destacam desses versículos. Vamos explorá-las.

1. Você alcançará a sabedoria ao abraçar o temor do Senhor

Andar no temor do Senhor pode ser descrito como ter uma reverência santa por Deus. Temer ao Senhor, no sentido bíblico, é ter a visão correta de Deus, a visão correta de si mesmo e a visão correta do pecado. Aqueles que temem a Deus reconhecem Seu valor supremo e Sua preeminência; portanto, são humildes. Eles receberam Seu amor abundante e perdão, por isso nunca fariam algo que entristecesse Seu coração. Em vez disso, serão praticantes da Palavra, operando na sabedoria de Deus e desejando "fazer o que é certo, justo e correto" (Pv 1:3 NVT). Como escreve John Bevere em seu incrível livro *O temor de Deus*, o temor do Senhor nos faz querer chegar mais perto de Deus, e não nos afastar.[39] Ele continua dizendo que o temor

39 John Bevere, *The Awe of God*. Thomas Nelson, 2023, p. 12-13.

do Senhor é amar o que Deus ama e odiar o que Ele odeia. "O temor do Senhor é odiar o mal; o orgulho, a arrogância, o mau caminho e a boca perversa eu odeio" (Pv 8:13 NVI).

2. Outra chave para alcançar a sabedoria é meditar na Palavra de Deus

Na minha leitura, esses versículos de Provérbios 2 não se referem apenas à palavra escrita (*logos*), mas também à palavra revelada (*rhema*). Quando diz "Inclina o teu ouvido à sabedoria" (Pv 2:2 NVI), acredito que podemos entender isso no contexto da Nova Aliança de ouvir a voz do Espírito Santo.

No Evangelho de João, Jesus disse aos 12 discípulos: "Mas o Consolador, o Espírito Santo, a quem o Pai enviará em Meu nome, Ele vos ensinará todas as coisas e vos fará lembrar de tudo o que vos tenho dito" (Jo 14:26 NVI). Ao longo de três anos, Jesus os ensinou sobre o reino de Deus, dia após dia. Mesmo assim, Ele reconheceu que havia muito mais que precisava ser ensinado: "Ainda tenho muito a vos dizer, mas agora não o podeis suportar" (Jo 16:12). Por isso, Jesus elaborou sobre o papel do Espírito Santo como seu mestre:

> **Mas quando Ele, o Espírito da verdade, vier, vos guiará a toda a verdade; porque não falará por si mesmo, mas dirá tudo o que ouvir e vos anunciará as coisas que estão para acontecer. Ele Me glorificará, porque tomará do que é Meu e vo-lo anunciará. Tudo o que o Pai tem é Meu; por isso disse que Ele tomará do que é Meu e vo-lo anunciará.**
>
> (Jo 16:13-15 NVI)

Nesse trecho, a ênfase é que Jesus ainda nos ensina Sua Palavra, mas agora o faz por meio do Espírito Santo. Observe como o Espírito nos lembra do que Jesus disse

(Jo 14:26) e nos diz o que está por vir nos dias seguintes (Jo 16:13). Assim, nosso relacionamento com o Espírito Santo nos manterá firmes, meditando na Palavra de Deus (logos), enquanto O deixamos falar o *rhema* profético para nós sobre o futuro. O Espírito Santo está ansioso para nos ensinar hoje, se apenas prestarmos nossos ouvidos para ouvir. "Quem tem ouvidos para ouvir, ouça" (Mt 11:15).

A SABEDORIA DE DEUS CRIOU O MUNDO

A sabedoria não é apenas um "adicional" na nossa caminhada com Deus. Ela é central para a identidade e a natureza de Deus, e nós, como crentes nascidos de novo, agora participamos de Sua natureza divina (2 Pd 1:4). Deus é o Criador de todas as coisas, e a Bíblia revela que foi Sua sabedoria que criou o mundo como o conhecemos. Esta verdade é evidente em toda a Escritura:

O Senhor, com sabedoria, fundou a terra, com entendimento, estabeleceu os céus.

(Pv 3:19 NVI)

Ele fez a terra com o Seu poder, estabeleceu o mundo com a Sua sabedoria e, com o Seu entendimento, estendeu os céus.

(Jr 51:15)

Senhor, como são numerosas as Tuas obras! Com sabedoria, fizeste todas elas; a terra está cheia das Tuas riquezas.

(Sl 104:24 NVI)

Em Provérbios 8, a sabedoria é personificada e temos uma "visão interna" de como Deus criou o mundo. Destaco três lições a partir dos versículos abaixo. Lembre-se de que a Sabedoria é a voz que fala aqui.

1. A sabedoria existia com Deus antes da criação.

O Senhor me possuía no princípio de Seus caminhos, antes de Suas obras mais antigas. Desde a eternidade, fui estabelecida, desde o princípio, antes do começo da terra. Quando ainda não havia abismos, eu já nascia; quando ainda não havia fontes cheias de águas. Antes que os montes se estabelecessem, antes das colinas, eu já nascia; quando Ele ainda não fizera a terra e os campos, nem o primeiro pó do mundo.

(Pv 8:22-26 NVI)

2. A sabedoria estava presente durante a criação

Quando Ele estabeleceu os céus, eu estava lá, quando desenhou o círculo sobre a face do abismo, quando firmou as nuvens lá em cima, quando as fontes do abismo se firmaram, quando Ele fixou para o mar Seu limite, para que as águas não ultrapassassem Seu mandamento, quando Ele estabeleceu os fundamentos da terra.

(Pv 8:27-29 NVI)

3. A sabedoria teve um papel ativo na criação

Então, eu estava ao Seu lado como arquiteta, e eu era o Seu deleite diário, regozijando-me sempre diante Dele, regozijando-me no mundo, na Sua terra, e tendo o meu prazer nos filhos dos homens.

(Pv 8:30-31 NVI)

O versículo 30 nos diz que a sabedoria estava ao lado de Deus Pai "como uma arquiteta". Outras versões da Bíblia traduzem isso como "um mestre artesão" (AMP), "a arquiteta ao Seu lado" (NLT) ou "Sua artista principal" (TPT).

No geral, essas três descrições devem soar familiares para quem leu o Novo Testamento: a sabedoria 1) existia com Deus antes da criação, 2) estava presente durante o ato da criação, e 3) teve um papel ativo em criar todas as coisas. Isso soa muito parecido com a descrição da *Palavra* no Evangelho de João.

No princípio era aquele que é a Palavra. Ele estava com Deus, e *era Deus*. Ele estava com Deus no princípio. Todas as coisas foram feitas por *intermédio dele*; sem ele, nada do que existe teria sido feito. A Palavra deu vida a tudo que foi criado, Nele estava a vida, e sua vida era a luz dos homens.

(Jo 1:1-4 NVI)

João, o Amado, começa seu Evangelho com a afirmação radical de que Jesus era a Palavra de Deus desde a eternidade. Essa linguagem é intencional, pois mostra explicitamente a divindade de Cristo e Seu papel na criação de todas as coisas, algo que só Deus pode fazer. 1 Coríntios 1:30 afirma essa conexão e declara explicitamente que Jesus é a sabedoria divina: "Mas, por Sua causa, vocês estão em Cristo Jesus, o qual se tornou para nós sabedoria de Deus, e justiça, e santificação, e redenção". A Tradução NLT (Nova Tradução Viva) expressa da seguinte forma: "Para o nosso benefício, Deus fez [Jesus] ser a própria sabedoria".

Sob essa perspectiva, podemos ver que andar em sabedoria é ter a mente de Cristo (1 Cor 2:16). Ser sábio é ser como Jesus, pensar como Ele. Sabedoria é estar cheio dEle, cheio do Seu Espírito Santo. Quando o profeta Isaías descreve sete atributos do Espírito Santo que caracterizariam o Messias, um deles é o Espírito de sabedoria, e outro, não surpreendentemente, é o temor do Senhor.

> **O Espírito do Senhor repousará sobre Ele, o *Espírito de sabedoria* e entendimento, o Espírito de conselho e de poder, o Espírito de conhecimento e *de temor do Senhor*.**
>
> (Is 11:2 NKJV)

Se quisermos crescer em sabedoria, devemos cultivar um relacionamento vivo e dinâmico com Jesus. O apóstolo Paulo orou isso pela igreja em Éfeso: "para que o Deus de nosso Senhor Jesus Cristo, o Pai da glória, vos conceda espírito de sabedoria e de revelação no conhecimento dEle" (Ef 1:17). A sabedoria começa e termina com o conhecimento de Deus, cuja sabedoria é infinita.

Assim como a sabedoria de Deus é criativa e ativa por natureza, nós fomos chamados para desempenhar um papel ativo em revelar Sua sabedoria na terra hoje. O propósito de Deus era que, através da igreja, "a multiforme sabedoria de Deus fosse feita conhecida" (Ef 3:10 NKJV). Porque fomos feitos à Sua imagem, somos chamados para refletir a sabedoria de Deus Pai na sociedade, assim como a lua reflete a luz do sol. Essa sabedoria será vista através da obra transformadora da Ekklesia — os chamados de Deus — à medida que avançamos Seu reino nas nossas montanhas culturais.

O REINO DE SALOMÃO: UM PROTÓTIPO DE TRANSFORMAÇÃO

Por que a sabedoria é tão crucial? A Palavra de Deus revela que a sabedoria é a chave para transformar a sociedade. De todos os reis de Israel no Antigo Testamento, o reino de Salomão oferece um protótipo de como a sabedoria resulta em uma nação transformada.

Salomão foi um dos filhos do rei Davi, um arquétipo para o Messias que viria. Além de ser um músico prolífico e adorador segundo o coração de Deus, Davi fez seu nome como um rei guerreiro. Desde a luta contra os animais selvagens como pastor até matar o gigante Golias, reunindo seus valentes homens na caverna de Adulão e liderando os vastos exércitos de Israel — Davi foi um lutador, muitas vezes indo de uma batalha a outra. Se Davi estabeleceu um reino de poder militar vitorioso, Salomão (cujo nome significa "pacífico") estabeleceu um reino de paz e bênçãos extremas. Como essa mudança drástica aconteceu?

Pouco depois de começar a reinar, o rei Salomão teve um encontro dramático em sonho, onde o Senhor basicamente lhe ofereceu *carta branca*. A Bíblia diz: "Em Gibeão, o Senhor apareceu a Salomão em sonho, durante a noite, e Deus disse: 'Peça o que você quer que Eu lhe dê'" (1 Rs 3:5). A resposta de Salomão foi reveladora, pois ele tinha um coração verdadeiramente humilde e com fome de conhecer a Deus:

> **Agora, ó Senhor meu Deus, Tu fizeste o Teu servo rei no lugar de meu pai Davi, mas eu sou como uma criança; não sei como sair nem como entrar. Teu servo está no meio do Teu povo, o qual escolheste, um povo grande**

demais para ser contado ou numerado. Dá, pois, ao Teu servo um coração entendido para julgar o Teu povo, para discernir entre o bem e o mal. Pois quem é capaz de julgar este Teu grande povo?

(1 Rs 3:7-9)

A frase em hebraico no versículo 9, traduzida aqui como "um coração entendido", é literalmente "um coração que ouve". Salomão sabia que Deus era a fonte de sabedoria e se recusou a confiar em seu próprio entendimento humano enquanto começava a assumir a monumental responsabilidade de governar uma nação. Em resumo, Salomão sabia que precisava ouvir de Deus para andar em sabedoria, e Deus estava mais do que disposto a cumprir esse pedido.

E o Senhor se agradou de Salomão por ele ter pedido isso. Então Deus lhe disse: "Já que pediste (...) discernimento [literalmente, ouvir] para administrar a justiça, farei o que pediste. Darei a ti um coração sábio e entendido, de modo que nunca houve ninguém como você, nem haverá".

(1 Rs 3:10-12 NIV)

Salomão não apenas recebeu uma infusão divina de sabedoria, mas Deus também lhe deu o que ele não pediu: riquezas, honra e vida longa (1 Rs 3:13-14). Veja, a sabedoria — um coração afinado com a voz de Deus — preparou Salomão para prosperar de maneiras sem precedentes. O rei Salomão governou com tanta justiça e retidão que a nação de Israel se tornou um centro de abundância, bem-estar e sucesso. A nação prosperou de tal forma que o ouro e a prata se tornaram tão comuns quanto pedras em Jerusalém (2 Cr 1:15)! Graças à infinita sabedoria de Deus, a fama de

Salomão se espalhou rapidamente para as nações vizinhas (1 Rs 4:29-34), a ponto de dignitários reais quererem ansiosamente vir e testemunhar o fruto da sabedoria de Salomão por si mesmos (1 Rs 10:1-13).

A transformação de Israel foi tão completa que Salomão fez esta observação impressionante: "Mas agora o Senhor, meu Deus, me deu descanso em todos os lados; não há adversário nem ocorrência má" (1 Rs 5:4 NKJV).

Vamos analisar essa declaração para entender melhor o que havia acontecido no reino de Salomão.

1. "O Senhor, meu Deus, me deu descanso por todos os lados..."

Primeiro, a nação estava em paz, sem guerra. Portanto, Salomão não precisou seguir os passos de seu pai como comandante militar, defendendo constantemente a nação contra invasores beligerantes. Um líder verdadeiramente sábio e forte não só vence guerras, mas evita que elas aconteçam, em primeiro lugar. O reino de Salomão prosperou com a sabedoria divina de ser um pacificador (veja Mt 5:9).

2. "Não há acontecimento mau..."

Em seguida, sabemos que a sociedade foi transformada porque não havia maldade nem injustiça acontecendo. A sabedoria está novamente conectada com o temor do Senhor, pois Salomão escreveria: "O temor do Senhor é odiar o mal..." (Pv 8:13). Governar uma nação com sabedoria divina significava inculcar na sociedade os valores do reino de Deus, conduzindo à justiça (viver corretamente) e eliminando influências malignas do cenário cultural.

Imagine viver em uma nação praticamente sem crime, e você terá uma ideia do que isso significa. Já vimos ecos dessa realidade ao longo da história dos avivamentos, por exemplo durante o Avivamento do País de Gales (1904-1905). Historiadores nos contam que os tribunais e as prisões em todo o País de Gales estavam vazios, deixando a polícia sem nada para fazer a não ser ir à igreja![40]

3. "Não há adversário..."

Para ir um passo além, devemos perceber que a palavra hebraica para "adversário" é, na verdade, a palavra "satanás". Dito de outra maneira, sabemos que satanás ainda existia, mas não havia espaço para ele ter o direito legal de atacar. Ele não podia causar estragos em Israel porque havia justiça em toda a terra. Esse é o nível de transformação que estou orando para a minha nação, e acredito que Deus quer ver isso acontecer em todo o mundo enquanto "discipulamos as nações" com os valores do Seu reino.

A SABEDORIA CONSTRUIU SUA CASA

Em suma, a sabedoria de Deus é essencial para transformar o nosso mundo. Sem Sua sabedoria divina,

40 R.T. Kendall, *The Presence of God: Discovering God's Ways Through Intimacy With Him*. Charisma House, 2017, p. 141.

nenhuma família, negócio, igreja ou nação pode ser bem construída. O livro de Provérbios 9, escrito pelo rei Salomão, deixa isso claro:

> **A sabedoria construiu sua casa; ela estabeleceu as suas sete colunas. Preparou sua carne e misturou seu vinho; também preparou sua mesa. Enviou suas servas e clama das alturas da cidade: "Venham todos os simples! Venham à minha casa!". Aos que não têm juízo, ela diz: "Venham, comam do meu pão e bebam do vinho que eu preparei. Abandonem os seus caminhos simples e viverão; sigam o caminho do entendimento".**
>
> (Pv 9:1-6 NVI)

Assim como o rei Salomão precisou de sabedoria para construir um templo, um palácio e uma nação impressionantes (1 Rs 10:4-5), nós também precisamos olhar para Deus como nossa fonte constante de sabedoria para construir bem. Cada uma das nossas vidas e ministérios é uma peça do grande quebra-cabeça de Deus. Nossas escolhas de construir sabiamente fazem parte da grande visão de devolver a nossa nação a Deus e transformá-la em uma "nação de ovelhas" (veja Mt 25:31-33). Em sua primeira carta à igreja de Corinto, o apóstolo Paulo escreveu:

> **Pois somos cooperadores de Deus; vocês são... o edifício de Deus. Segundo a graça de Deus que me foi dada, como sábio construtor, lancei o alicerce, e outro está edificando sobre ele. Mas cada um veja como edifica, pois ninguém pode lançar outro fundamento além do que já está posto, que é Jesus Cristo.**
>
> (1 Cor 3:9-11)

No final das contas, é Jesus quem está construindo Sua igreja, que inclui você e eu (Mt 16:18). Precisamos nos sintonizar com Sua voz e conhecer Sua sabedoria de forma íntima para sermos colaboradores eficazes, edificando Seu reino juntos. Vamos concordar em oração:

Pai Celestial, Tua Palavra diz que, se me faltar sabedoria, posso pedir com confiança e esperar que Tu respondas minha oração generosamente (Tg 1:5-6). Então, pela fé, peço que me enchas com a Tua sabedoria divina. Jesus, dá-me um coração que sabe ouvir, para que eu conheça Tua voz intimamente.

Espírito Santo, ajuda-me a construir Teu reino na minha esfera de influência — tudo para Tua glória no poderoso nome de Jesus!

6

CAPÍTULO

Do evangelho da salvação ao evangelho do reino

ESTE EVANGELHO DO REINO SERÁ PREGADO EM TODO O MUNDO, COMO TESTEMUNHO A TODAS AS NAÇÕES, E ENTÃO VIRÁ O FIM.

(MT 24:14 NAA)

VENHA O TEU REINO. SEJA FEITA A TUA VONTADE, ASSIM NA TERRA COMO NO CÉU.

(MT 6:10 NAA)

O evangelho, em termos gerais, significa boas-novas. Especificamente para os cristãos, são as boas-novas de que Jesus morreu pelos nossos pecados, foi sepultado e ressuscitou ao terceiro dia, como está enumerado aqui:

> **Irmãos, venho lembrar-lhes o evangelho que lhes preguei, o qual vocês receberam e no qual estão firmes. Por meio dele também são salvos, se retiverem a palavra tal como a preguei, a menos que tenham crido em vão. Antes de tudo, entreguei-lhes o que também recebi: que Cristo morreu pelos nossos pecados, segundo as Escrituras, que foi sepultado e ressuscitou ao terceiro dia, segundo as Escrituras.**
>
> (1 Cor 15:1-4 NAA)

Enquanto escrevia este parágrafo, de repente vi um brilho prateado no chão, ao lado da cômoda no meu quarto de hotel. Abaixei-me para olhar mais de perto, e era um pequeno brinco em forma de cruz que alguém que havia ficado no hotel antes de mim pode ter perdido. Deus usou isso como uma confirmação pequena, mas significativa, de que eu precisava começar com as boas-novas da morte sacrificial de Jesus na cruz. Billy Graham disse uma vez que, se tivesse a oportunidade de começar de novo, "eu pregaria mais sobre a cruz e o sangue de Cristo. É aí que está o poder"[41].

Paulo começa seu famoso capítulo sobre a ressurreição de Cristo afirmando que Jesus "morreu pelos nossos pecados, segundo as Escrituras" (1 Cor 15:3 NAA). Pergunto-me se Paulo estava pensando em Isaías 53, a famosa passagem do

---

41 Greg Laurie. Billy Graham and His Last Crusade? *Harvest Ministries*, 19 de novembro de 2010. Disponível em: https://harvest.org/resources/gregs-blog/post/billy-grahamand-his-last-crusade/. Acesso em: 6 mar. 2025.

Messias sofredor e Sua morte sacrificial na cruz. Quando compreendemos o que Jesus fez por nós na cruz, entendemos por que chamamos o evangelho de boas-novas!

A questão é: por que Jesus teve que morrer para perdoar e salvar a humanidade do pecado e da morte eterna? Teólogos têm tentado por décadas explicar a expiação, e volumes de livros foram escritos sobre isso. Mesmo assim, permita-me humildemente dar minha visão sobre por que Jesus morreu por nós.

Deus disse a Adão, em Gênesis 2:16-17 (NIV): "De toda árvore do jardim você pode comer livremente, mas da árvore do conhecimento do bem e do mal não comerá, porque no dia em que dela comer, você certamente morrerá" (Gn 2:16-17 NAA). A maior tragédia da história humana é que Adão e Eva desobedeceram e se rebelaram contra Deus ao comer do fruto proibido. Como resultado, o pecado, a morte e todo mal entraram neste mundo, e satanás se tornou o governante deste mundo.

Deus deseja perdoar e mostrar misericórdia, mas Ele também é um Deus justo e não pode mentir. A única resposta é um substituto. A única solução era que uma parte inocente se voluntariasse para morrer física e espiritualmente como substituto pelos pecados do mundo. Mas quem seria qualificado? Teria que ser alguém inocente em si mesmo. Alguém que realmente nos amasse, pois certamente não seria por obrigação — ele morreria voluntariamente. Seria alguém de tal importância que sua morte e sofrimento teriam impacto em todo o mundo por toda a história.

A única pessoa qualificada é o próprio Deus, e foi exatamente isso que aconteceu. O Deus que criou o universo veio com o propósito de ser executado em seu lugar, para que você pudesse ter vida. Jesus, o Filho de Deus, morreu uma morte excruciante, mas também morreu de coração partido. Ao tomar sobre si os nossos pecados, Ele foi separado da unidade e intimidade com Deus Pai. "Aquele que não conheceu pecado, ele o fez pecado por nós, para que, nele, fôssemos feitos justiça de Deus" (2 Cor 5:21 NAA). E todo aquele que se arrepender dos seus pecados e crer no que Jesus fez por ele na cruz nascerá de novo. O Espírito de Deus virá habitar no crente e lhe dará uma nova vida.

A TROCA DIVINA

Ao longo dos anos, ministrei uma série de sermões em minha igreja local intitulada "A grande troca" ou "A troca divina", baseada na seguinte passagem de Isaías:

> **Certamente, Ele tomou sobre si as nossas enfermidades e carregou as nossas dores; contudo, nós o considerávamos como aflito, ferido de Deus e oprimido. Mas Ele foi traspassado pelas nossas transgressões e esmagado pelas nossas iniquidades; o castigo que nos trouxe paz estava sobre Ele, e pelas suas feridas fomos curados. Todos nós andávamos desgarrados como ovelhas; cada um se desviava pelo seu próprio caminho; mas o Senhor fez cair sobre Ele a iniquidade de todos nós... Todavia, foi da vontade do Senhor esmagá-lo, fazendo-o sofrer. Quando der Sua vida como oferta pelo pecado...**
>
> (Is 53:4-6, 10 NAA)

Antes de podermos apreciar as magníficas boas-novas do que Jesus fez por nós na cruz, precisamos olhar mais de perto para as más notícias do pecado da humanidade. Isso é semelhante a um joalheiro que não exibe um diamante brilhante em um fundo branco, mas sim em um fundo de veludo preto, com o propósito de criar contraste. Para apreciar a beleza do evangelho — como Deus, em Sua misericórdia, nos salvou do pecado —, precisamos enxergar o pecado pelo que ele é.

Isaías descreve intencionalmente a humanidade como "ovelhas que se desviaram". A Bíblia contém mais de uma dúzia de descrições do pecado, como "errar o alvo" e "ficar aquém da glória de Deus", mas Isaías utiliza as descrições de egoísmo e iniquidade: *"cada um se desviava pelo seu próprio caminho"* e *"a iniquidade de todos nós"* (Is 53:6 NAA).

O pecado é, essencialmente, egoísmo. Nós viramos as costas para Deus e nos tornamos nossos próprios deuses, fazendo o que nos agrada acima de tudo. A palavra hebraica que resume isso é *awon*, traduzida aqui como iniquidade. Talvez a palavra mais próxima no português seja "rebelião", não contra o homem, mas contra Deus. Em hebraico, iniquidade também implica o castigo que vem como consequência do pecado. Por exemplo, quando Deus declara o castigo pelo assassinato de Abel cometido por Caim, este exclama: "É tamanho o meu castigo, que já não posso suportá-lo" (Gn 4:13 NAA). A palavra "castigo", em hebraico, é a mesma palavra para iniquidade, *awon*. Poderíamos traduzir isso como "o castigo pela minha iniquidade".

Agora que falamos das más notícias, vejamos as boas notícias da troca divina.

1. Troca divina n.º 1

A primeira troca divina aconteceu quando Jesus "se fez pecado" com os nossos pecados para que pudéssemos ser justificados com a Sua justiça. A Bíblia diz:

"O Senhor fez cair sobre Ele a iniquidade de todos nós" (Is 53:6 NAA). Não apenas Jesus foi identificado com o nosso pecado, mas Ele também suportou todas as consequências malignas da nossa rebelião. Assim como o bode expiatório que levava os pecados de Israel e nunca mais retornou, Jesus também levou os nossos pecados e as suas consequências, para nunca mais voltarem à nossa vida.

Paulo descreve isso da seguinte maneira: "Aquele que não conheceu pecado, Ele o fez pecado por nós, para que, nele, fôssemos feitos justiça de Deus" (2 Cor 5:21 NAA). Em essência, Jesus foi feito pecado com a nossa pecaminosidade para que fôssemos feitos justos com Sua justiça e santidade. A verdade sobre a cruz é que uma troca divina ocorreu. Jesus tomou sobre Si os pecados e as consequências malignas para que você fosse perdoado e totalmente liberto das consequências do pecado. É por isso que isso é chamado de boas-novas. Ainda tem mais (insira aqui a voz de comercial de TV)!

2. Troca divina n.º 2

Intercalada com a troca dos nossos pecados, a segunda troca divina aconteceu quando Cristo tomou sobre Si as nossas enfermidades para que pudéssemos ser curados e viver em saúde divina.

A Escritura diz em Isaías 53:4-5: "Certamente, Ele tomou sobre si as nossas enfermidades e carregou as nossas dores; contudo, nós o considerávamos como aflito, ferido de Deus e oprimido. Mas Ele foi traspassado pelas nossas transgressões e esmagado pelas nossas iniquidades; o castigo que nos trouxe paz estava sobre Ele, e pelas suas feridas fomos curados". Jesus tomou as nossas enfermidades, doenças e dores físicas para que, "pelas Suas feridas" — pelos Seus sofrimentos —, fôssemos curados.

A aplicação física dessa troca divina é confirmada no Novo Testamento. Mateus comenta sobre Isaías 53:4 dizendo: "Ao cair da tarde, trouxeram a Jesus muitos endemoninhados; e Ele, com uma palavra, expulsou os espíritos e curou todos os que estavam doentes, para que se cumprisse o que foi dito por meio do profeta Isaías: 'Ele mesmo tomou as nossas enfermidades e carregou as nossas doenças'" (Mt 8:16-17 NAA). O contexto deixa claro que essa passagem se refere a enfermidades físicas e não a dores emocionais ou tristezas. Em resumo, Jesus foi ferido para que pudéssemos ser curados fisicamente!

3. Troca divina n.º 3

Finalmente, a terceira troca é vista em Isaías 53:10b (NVT): "Quando fizeres da vida dele uma oferta pelo pecado". O contexto dessa declaração está nas ordenanças mosaicas para diversas ofertas pelo pecado. Uma pessoa trazia um animal — um bode, uma ovelha ou um boi, dependendo do que pudesse pagar — e o entregava ao sacerdote. O sacerdote colocava as mãos sobre a cabeça do animal, transferindo os pecados da pessoa para o animal, e então sacrificava o animal diante do Senhor. O pecado da pessoa, tendo sido transferido, era declarado perdoado, e o animal era sacrificado.

Na cruz, Jesus se tornou o Cordeiro de Deus que tirou os pecados da humanidade e morreu por todos. O escritor de Hebreus afirma: “Vemos, porém, aquele que foi feito um pouco menor do que os anjos, Jesus, por causa do sofrimento da morte, coroado de glória e de honra, para que, pela graça de Deus, provasse a morte por todos” (Hb 2:9 NVT). Jesus morreu a nossa morte para que pudéssemos receber Sua vida. Paulo diz: “Pois, quanto à morte que ele morreu, morreu para o pecado, uma vez por todas; mas, quanto à vida que vive, vive para Deus” (Rm 6:10 NVT), para que todo aquele que nele crê não pereça, mas tenha vida eterna (Jo 3:16b).

Há muitas outras trocas divinas que aconteceram na cruz. Jesus se tornou maldição por nós para nos libertar de todas as maldições, para que pudéssemos entrar em uma vida abençoada (Gl 3:13). Em 2 Coríntios 8:9, também lemos: “Pois vocês conhecem a graça de nosso Senhor Jesus Cristo, que, sendo rico, se fez pobre por amor a vocês, para que por meio de sua pobreza vocês se tornassem ricos”. Esse último versículo merece mais atenção, e dedico um capítulo inteiro a esta troca divina mais adiante neste livro.

Em seguida, vamos ver por que as boas-novas são chamadas de evangelho do *reino*.

O REINO

O evangelho do reino é chamado de boas-novas porque a troca divina, ou o que o escritor de Hebreus chama de "uma tão grande salvação" (Hb 2:3), não pode ser realizada sem que alguém entre no reino de Deus. Então, como alguém entra no reino? Jesus disse a Nicodemos em João 3:5 (NVT): "Eu lhe digo a verdade: Ninguém pode entrar no Reino de Deus se não nascer da água e do Espírito". Por "água", Jesus referia-se ao batismo nas águas, que é o lavar externo de um arrependimento interno que Ele exigia e pregava, conforme Mateus 4:17: "Arrependam-se, pois o reino dos céus está próximo".

João Batista, em Marcos 1:4-5 (NVI), dá um relato mais rico sobre as demandas do reino: "Assim surgiu João, batizando no deserto e pregando um batismo de arrependimento para o perdão dos pecados. A ele vinha toda a região da Judeia e todo o povo de Jerusalém. Confessando os seus pecados, eram batizados por ele no rio Jordão". O que Jesus e João pregavam era que ninguém poderia entrar no reino sem antes se arrepender de seus pecados. Além disso, Jesus acrescenta que é necessário crer no evangelho. Vemos isso em Marcos 1:14-15 (NVT):

> Depois que João foi preso, Jesus foi para a Galileia, proclamando as boas-novas de Deus. "O tempo é chegado", dizia ele. "O reino de Deus está próximo *Arrependam-se e creiam nas boas-novas!*"

Na cristianismo de hoje, "crer em Jesus" tem sido diluído em algo superficial. Crer no evangelho não é apenas reconhecer mentalmente a verdade sobre a morte e a ressurreição de Jesus. A ênfase está em aceitá-lo como Salvador. É impressionante observar que a Bíblia nunca menciona as palavras "o evangelho da salvação". Crer no sentido do Novo Testamento é se render totalmente ao governo e ao reino de Deus. A ênfase bíblica é que Jesus é Senhor.

O título *Senhor* aparece mais de 7 mil vezes na Bíblia, enquanto a palavra Salvador aparece 37 vezes. Claro, Jesus é nosso Salvador, mas a ênfase está primeiramente em Sua soberania, e então Ele se torna nosso Salvador. Romanos 10:9 afirma: "Se confessar com sua boca que Jesus é Senhor e crer em seu coração que Deus o ressuscitou dos mortos, você será salvo". Crer em Jesus significa obedecê-lo e seguir Seus mandamentos. Por isso, as palavras "crer" e "obedecer" são usadas de forma intercambiável em João 3:36:

Quem crê no Filho tem a vida eterna; já quem rejeita o Filho não verá a vida, mas a ira de Deus permanece sobre ele.

Quando vim para Cristo durante a época do movimento Jesus People, o senhorio de Jesus foi enfatizado e proclamado. Isso significava que pregávamos contra a ideia de "Venha a Jesus como seu Salvador e depois faça dEle o Senhor". Em vez disso, a mensagem era: "Venha a Jesus como Senhor, e Ele será o seu Salvador". Creio que perdemos a mensagem do evangelho do reino e recorremos apenas ao evangelho da salvação. Como resultado, muitos que professam conhecer Jesus nunca foram realmente salvos.

Depois que me tornei pastor durante o movimento Jesus People, um jovem entrou na sala de aconselhamento e pediu que eu orasse por ele para ser batizado no Espírito Santo e falar em línguas. Depois de dar um breve ensinamento sobre a doutrina do batismo no Espírito Santo, orei por ele, mas nada aconteceu. Então, recuei e pedi que ele me contasse como havia conhecido Jesus.

Ele começou dizendo: "Um dia, fui a uma igreja Batista" — o que me fez me conectar com ele, pois sou filho de um pastor batista. "O pastor pregou o evangelho e disse: 'Se quiser entregar sua vida a Jesus, levante a mão'. Então, eu levantei a mão, e ele pediu que aqueles que levantaram a mão fizessem uma oração. Eu fiz a oração. E ele basicamente disse: 'Parabéns a todos que fizeram essa oração. Vocês nasceram de novo'".

Pensei: até aqui tudo bem. "Como era sua vida antes?", perguntei. "E diga-me como você mudou".

Nesse momento, o jovem baixou o olhar, quase envergonhado. Ele disse: "Minha vida antes? Eu era alcoólatra. Usava drogas, mas meu problema principal era o alcoolismo".

"Como era isso, na prática?" "Eu ficava bêbado todas as noites", confessou. "Comprava uma caixa de cerveja todos os dias e bebia tudo".

Meu primeiro pensamento foi: uau, que quantidade de líquido. Ele deve ir ao banheiro a toda hora! (Claro que não disse isso em voz alta.)

"Certo", respondi. "Havia mais alguma coisa? Você vivia em imoralidade?"

"Sim," ele disse. "Eu dormia com a minha namorada. Mas também dormia com homens e mulheres. Eu era bissexual."

Reconheci sua transparência e perguntei: "Então, me diga, o que aconteceu depois que você entregou sua vida a Jesus Cristo?".

Nesse ponto, ele desviou novamente o olhar, olhando para o chão com constrangimento.

"Algo mudou?", perguntei.

"Não muito."

"Você ainda está bebendo?"

"Sim", admitiu. "Ainda bebo uma caixa de cerveja por dia".

Então eu disse: "E quanto à sua vida moral?".

"Eu ainda pratico a bissexualidade", respondeu.

Fiquei chocado! Embora apreciasse sua honestidade, estava realmente perplexo com o fato de não haver nenhuma mudança em sua vida após fazer a "oração do pecador".

Foi quando dei meu veredito: "Tenho boas e más notícias. Deixe-me começar pelas más: você não está salvo. Você nunca foi convertido. Porque, se alguém está em Cristo, é uma nova criatura; as coisas antigas já passaram, eis que tudo se fez novo, como diz 2 Coríntios 5:17. Mas a boa notícia é que *você pode ser salvo*". Então, compartilhei o evangelho com ele. "Você precisa entregar todo o seu coração a Jesus Cristo. Você precisa se arrepender desses pecados. Isso significa que você vai ter que odiar o pecado. Vai ter que parar de beber. Nada de comprar uma caixa de cerveja por dia. Também precisa praticar o celibato até se casar".

Com humildade, o jovem concordou. Então, pela primeira vez, ele entregou sua vida a Jesus Cristo. Quando vi sua fé naquele momento, orei para que Deus o enchesse com o Espírito Santo, e ele começou a falar em línguas. Esse homem acabou se tornando um dos líderes de pequenos grupos na nossa igreja em Maryland antes de nos mudarmos para o sul da Califórnia. Além disso, ele se casou, teve vários filhos e conseguiu um emprego de muito sucesso. Sua história se tornou um testemunho poderoso que compartilho há décadas por causa dos frutos que nasceram em sua vida como resultado de um arrependimento verdadeiro.

Esse é apenas um pequeno exemplo de onde muitas pessoas estão hoje na igreja norte-americana. Muitos chamados cristãos pensam que estão salvos, mas nunca entraram verdadeiramente no reino. Isso é resultado de nunca terem ouvido o *evangelho do reino*, mas apenas o evangelho da salvação e a crença fácil. Por isso, precisamos compreender completamente o que o reino de Deus, ou o reino dos céus, significa.

DEFININDO O REINO

Jesus e João Batista começaram seu ministério pregando o evangelho do reino. A palavra "reino" aparece 157 vezes no Novo Testamento. Ao comparar a palavra "igreja" nos quatro evangelhos (Mateus, Marcos, Lucas e João) — em que aparece apenas uma vez em Mateus 16:18 e duas vezes em Mateus 18:17 —, começamos a perceber que o reino é uma verdade teológica muito importante na Bíblia. A palavra "reino" significa o governo e o reinado de Deus, ou o domínio governado por Deus. Significa a soberania ou a realeza de Deus. Uma das passagens mais importantes sobre o reino de Deus está no Antigo Testamento, no livro de Isaías. Ela nos oferece uma teologia básica do reino.

Porque um menino nos nasceu, um filho nos foi dado; o governo está sobre os seus ombros. E ele será chamado Maravilhoso, Conselheiro, Deus Poderoso, Pai Eterno, Príncipe da Paz. Ele estenderá o seu

domínio, e haverá paz sem fim sobre o trono de Davi e sobre o seu reino, estabelecido e mantido com justiça e retidão, desde agora e para sempre. O zelo do Senhor dos Exércitos fará isso.

(Is 9:6-7, NVT)

Essa profecia apresenta sete características do reino:

1. Jesus, o Messias, inaugurará a era do reino por meio de Seu nascimento e vida. "Porque um menino nos nasceu, um filho nos foi dado..." (Is 9:6a, NVT).

2. O governo, ou reino, estará sobre Seus ombros. "O governo está sobre os seus ombros" (Is 9:6b NVT). Ele é o cabeça, o Rei, e assumirá a responsabilidade de estabelecer Seu reino na terra assim como no céu.

3. Seu reino começará pequeno, mas crescerá até cobrir toda a terra. "Ele estenderá o seu domínio..." (Is 9:7a NVT). Ele é a pequena pedra que saiu de lugar algum e esmagou a estátua descrita em Daniel 2:35b: "Mas a pedra que atingiu a estátua tornou-se uma grande montanha e encheu toda a terra". Jesus nasceu em uma manjedoura e iniciou Seu ministério com as palavras: "Arrependam-se, pois o reino dos céus está próximo" (Mt 4:17). Seu reino tem avançado e se expandido por toda a terra desde então e continuará até que: "O reino do mundo agora pertence ao nosso Senhor e ao seu Cristo, e ele reinará para todo o sempre" (Ap 11:15).

4. Seu reino é eterno. "Ele estenderá o seu domínio, e haverá paz sem fim" (Is 9:7a NVI). O salmista afirma: "Teu reino é um reino eterno; tua autoridade dura para sempre" (Sl 145:13).

5. Jesus é o Messias profetizado ao rei Davi pelo profeta Natã em 2 Samuel 7:12-16 (NVT):

> **Quando a sua vida chegar ao fim e você descansar com os seus antepassados, escolherei um dos seus filhos para sucedê-lo, um fruto do seu próprio corpo, e eu estabelecerei o reino dele. Será ele quem construirá um templo em honra do meu nome, e eu firmarei o trono dele para sempre. Eu serei seu pai, e ele será meu filho. Quando ele cometer algum erro, eu o punirei com o castigo dos homens, com açoites aplicados por homens. Mas nunca retirarei dele o meu amor, como retirei de Saul, a quem tirei do seu caminho. E o sétimo anjo tocou a sua trombeta, e houve no céu grandes vozes, que diziam: os reinos do mundo vieram a ser de nosso Senhor e do seu Cristo, e ele reinará para todo o sempre.**
>
> (Ap. 11:15)

6. Seu reino será estabelecido com paz, justiça e retidão. "Haverá paz sem fim... para mantê-lo com justiça e retidão, desde agora e para sempre" (Is 9:7 NVT). O apóstolo Paulo resume isso em Romanos 14:17: "Pois o reino de Deus não é comida nem bebida, mas justiça, paz e alegria no Espírito Santo".

7. **Em suma: entramos no reino de Sua justiça, paz e alegria por meio do arrependimento e da entrega total ao Senhorio de Jesus.**

Se você nunca entregou completamente sua vida a Jesus como Senhor, ou deseja ter certeza de que é verdadeiramente salvo, ore comigo:

> Pai celestial, agradeço por enviar Jesus, que morreu pelos meus pecados e ressuscitou.

Quero tomar a decisão de me arrepender de todos os meus pecados e entregar minha vida 100% ao Teu Senhorio amoroso. Pela Tua graça, amarei o Senhor com todo o meu coração, obedecerei radical e imediatamente, e confiarei em Ti todos os dias da minha vida. Em nome de Jesus, amém.

UM REINO ESPIRITUAL, NÃO FÍSICO

Jesus respondeu: "Meu reino não é deste mundo. Se fosse, meus servos lutariam para impedir que os judeus me prendessem. Mas agora o meu Reino não é daqui".

(Jo 18:36 NVI)

O povo judeu, incluindo os discípulos de Jesus, esperava que o Messias estabelecesse um reino geopolítico e físico, no qual Ele assumiria o trono depois de derrotar os tronos pagãos, inimigos de Deus. Especificamente na época de Jesus, eles desejavam ver o Messias derrubar César do trono e vencer o odiado Império Romano, substituindo César por Jesus, o Messias.

Mesmo depois de Jesus ensinar sobre o Seu Reino por três anos e por mais quarenta dias após Sua ressurreição, os discípulos ainda perguntaram sobre o estabelecimento de um reino físico. "Então os que estavam reunidos com Jesus lhe perguntaram: 'Senhor, é neste tempo que vais restaurar o reino a Israel?'" (At 1:6 NVI). Jesus deu uma resposta enigmática, dizendo: "Não lhes compete saber os tempos ou as datas que o Pai estabeleceu pela sua própria autoridade" (At 1:7 NVI). Essa resposta soa semelhante à que Jesus deu sobre a Sua segunda vinda: "Quanto ao dia e à hora ninguém sabe, nem os anjos dos céus, nem o Filho, senão somente o Pai" (Mt 24:36 NVI). Ao juntar essas respostas, parece que Jesus estabelecerá Seu Reino perfeito na terra em Sua segunda vinda.

Eu sei que alguns estudiosos sugerem que, como Mateus escrevia para um público judeu, ele evitou usar o nome de Deus diretamente para não desonrar Seu nome, preferindo um sinônimo de "reino dos céus" em vez de "reino de Deus". Independentemente disso, tanto Deus quanto os céus estão relacionados ao reino espiritual e à realidade espiritual. Deus é, antes de tudo, Espírito, e aqueles que o adoram devem adorá-lo em espírito e em verdade. O céu é um reino invisível do mundo espiritual. Os judeus acreditavam em três céus distintos: 1) a atmosfera e a galáxia; 2) o segundo céu, onde satanás e seus seguidores habitam; 3) o terceiro céu, onde Deus se refere como Seu trono em: "Assim diz o Senhor: 'O céu é o meu trono; e a terra é o estrado dos meus pés'" (Is 66:1 NVI).

Entendo que o reino de Deus governa o universo, mas Deus, em Sua soberania, quis que o homem cogovernasse com Ele sobre a terra (Gn 1:28). No entanto, quando o homem pecou, satanás, o usurpador, tomou os reinos deste mundo e tornou-se o deus desta era (2 Cor 4:4), o príncipe deste mundo (Jo 14:30) e o príncipe do poder do ar (Ef 2:2).

Assim, parece haver três estágios na vinda do reino.

1. O período da Antiga Aliança, que podemos chamar de preparação para a vinda do Rei e de Seu reino.

2. A era do reino, que é marcada pela primeira vinda de Jesus e pela expansão de Seu reino nos "últimos dias" (At 2:17ss).

3. O aperfeiçoamento do reino na segunda vinda de Cristo (Ap 11:15).

É durante este tempo presente, a segunda fase do reino, que Deus espera que tragam Seu reino à terra assim como é no céu, por meio de avivamento e reforma da sociedade.

O REINO DE DEUS REINA SOBRE TODA A TERRA

Como mencionei antes, meu mentor e pai espiritual foi o Dr. C. Peter Wagner. Uma das verdades que ele ensinou foi que todo crente em Jesus deve ter "coração e mente focados no reino". O que ele queria dizer com isso é que o governo de Deus não é apenas sobre nossa vida individual ou a igreja. Devemos perceber que o governo e a vontade de Deus devem ser exercidos sobre toda a terra, assim como no céu. A chave aqui é *sobre a terra*. Como é isso?

Deixe-me explicar abordando um dos argumentos em que muitas pessoas acreditam sobre a separação entre igreja e Estado. O raciocínio é que, como crentes, devemos focar a igreja e a família, mas deixar o Estado focado nas instituições da sociedade que ele administra, como governo, educação e mídia. Mas Peter Wagner ensinou que o governo de Deus deve estar sobre todas as esferas da sociedade, incluindo governo, educação e mídia. Deus não é apenas Rei sobre você, sua família e a igreja, mas Ele é Rei sobre todas as instituições e esferas da sociedade.

Jesus nos ensinou a orar para que o reino de Deus (Seu governo) e Sua vontade sejam feitas na terra como no céu. No capítulo inicial, estabelecemos como é o céu: sendo perfeito na justiça e na retidão de Deus. Assim, Sua vontade é ver Sua justiça e retidão sobre toda a terra, como um reflexo puro das realidades do céu.

Vamos usar o governo como exemplo, já que as pessoas estão muito divididas sobre o envolvimento dos cristãos na esfera do governo. Trazer o reino de Deus à terra é trazer justiça e retidão ao governo — isso significa tornar certas as áreas do governo em que o pecado e este mundo caído causaram danos.

Claro, o caminho para a reforma começa com oração. Mas também devemos ser praticantes da Palavra. Somos chamados a ser ativistas cristãos, votando biblicamente e até concorrendo a cargos locais ou nacionais conforme o Espírito Santo nos guia e direciona. Outros podem ser chamados a voluntariar-se como observadores de eleições ou a frequentar as reuniões do conselho escolar para expressar suas posições sobre questões relevantes.

Uma das maiores maneiras de exercer a autoridade do reino é falar a verdade em amor tanto para as potestades e principados das trevas quanto para os não crentes. Vamos, então, explorar o poder da verdade no próximo capítulo.

Ore comigo:

> Pai Celestial, faço uma consagração renovada para buscar primeiro o Teu reino e a Tua justiça. Capacita-me pelo Teu Espírito a fazer o que é certo e a andar em obediência radical a Ti. Reino de Deus, venha e invada toda área da minha vida, minha cidade e minha nação — no poderoso nome do Rei Jesus!

7

CAPÍTULO

Da ignorância à visão bíblica do mundo

ESTE LIVRO DA LEI NÃO SE APARTARÁ DA SUA BOCA, MAS VOCÊ DEVERÁ MEDITAR NELE DE DIA E DE NOITE, PARA QUE TENHA CUIDADO DE FAZER CONFORME TUDO O QUE NELE ESTÁ ESCRITO; POIS ENTÃO VOCÊ FARÁ A SUA CAMINHADA PROSPERAR, E ENTÃO TERÁ SUCESSO.

(JS 1:8)

Quando conheci Jesus Cristo em 1973, eu tinha uma grande curva de aprendizagem pela frente. Durante o tempo em que fui traficante de drogas e viciado, minha mente foi gravemente prejudicada pelo uso diário de drogas, não apenas fumando maconha, mas também usando drogas pesadas. Eu abandonei o ensino médio e danifiquei meu cérebro com ácido e PCP (tranquilizantes de porco). Como resultado, eu não conseguia pensar com clareza. Antes de abandonar a escola, houve muitos dias em que me via incapaz de lembrar como soletrar ou escrever. Eu era uma pessoa totalmente perdida.

Depois que fui salvo e liberto das drogas, voltei para a escola no meu último ano. (Também cortei o cabelo, o que convenceu meu pai de que eu estava dizendo a verdade sobre a minha conversão!) As aulas começaram, e eu também estava aprendendo a viver como uma nova criação em Cristo. Isso significava que eu ia realmente *tentar* tirar notas boas. Pela graça de Deus, fui muito bem no meu último ano, elevando minha média de notas para um impressionante 7! Olhando para trás, percebo que entrei na Universidade de Maryland por muito pouco.

Durante o meu primeiro ano caminhando com Deus, eu ainda não reconhecia a importância de meditar sobre a Palavra de Deus. No entanto, tudo mudou quando recebi o batismo no Espírito Santo, em 1974. Logo depois, o Espírito me levou a ler Josué 1:8 (NVI), que diz: "Este livro da lei [a Palavra de Deus] não se apartará da sua boca, mas *você deverá meditar sobre ele de dia e de noite*, para que tenha cuidado de fazer conforme tudo o que nele está escrito; pois então você fará a sua caminhada prosperar, e então terá sucesso".

Para mim, meditar sobre a Palavra de Deus é como ler em oração uma porção selecionada das Escrituras, refletir sobre ela, citar em voz alta, revisar o mesmo versículo e passagens ao longo do dia, pedindo ao Espírito Santo que me revele o que as passagens significam e, em seguida, visualizar como tudo isso se aplica à minha vida. A palavra "meditar" pode significar muitas coisas, dependendo do contexto do versículo. Pode significar esperar encontrar-se com Deus (Gn 24:63), pensar no coração (Sl 77:6) ou falar, imaginar ou manter na mente.[42]

Pessoalmente, escolho um versículo significativo ou uma passagem das Escrituras que quero memorizar. Primeiro, eu falo a Palavra em voz alta. Depois, personalizo o versículo colocando meu nome ou pronomes pessoais onde for apropriado. Começo a olhar para a passagem pela manhã e vou para a cama citando e revisando a passagem na minha mente. Também escrevo meus pedidos de oração diariamente.

Frequentemente, o Senhor me pede para digitar um versículo que acabei de memorizar, e então uso o software da Bíblia para verificar quão preciso eu fui ao registrar o versículo. Ao corrigir os erros, reforço o versículo no meu espírito e na minha mente. Meu objetivo é ser um com a Palavra de Deus. A Bíblia diz que Jesus e Sua Palavra são um (Jo 1:1). À medida que me torno um com a Palavra, torno-me mais unido — ou mais íntimo — com Jesus.

Quando era um crente jovem, ouvi uma ilustração que ainda uso até hoje sobre como uma vaca mastiga a comida. Quando mastiga a grama, ela tem vários estômagos para digerir o alimento. Ela mastiga e regurgita o bolo alimentar,

42 *Enciclopédia Bíblica Internacional*, Volume III. Editado por Geoffrey W. Bromley. Eerdmans Publishing Company, 1979, p. 305.

mastiga novamente, engole e depois passa pelo processo várias vezes antes que seu bolo alimentar seja digerido e se torne *um* com a vaca. *Isso* é meditar sobre a palavra.

Uma chave para meditar sobre a Palavra é memorizar uma passagem para que, mesmo que você não tenha sua Bíblia à mão, ainda possa revisitá-la ao longo do dia. Eu costumava pegar cartões de 12 por 20 cm, cortá-los em quatro seções e escrever um versículo em cada seção. Então, eu os envolvia com um elástico para poder vê-los ao longo do dia. Mas hoje, com smartphones e aplicativos da Bíblia, você tem a possibilidade de pegar seu telefone para olhar a passagem bíblica sobre a qual está meditando. Independentemente do método, eu encorajo você a estabelecer a meta de memorizar as Escrituras.

A ARTE PERDIDA DE MEMORIZAR AS ESCRITURAS

Quando eu era um cristão jovem, o Espírito Santo me disse que, se eu memorizasse as Escrituras — um capítulo da Bíblia por semana —, Ele curaria minha mente. Enquanto eu buscava a Deus diariamente, cada versículo se tornava meu mandato. Eu tinha fome de conhecer mais a Deus e, ao mesmo tempo, desejava desesperadamente curar minha mente. De 1974 a 1975, memorizei fielmente um capítulo da Bíblia por semana. Um dos dons que Deus me deu é ser muito disciplinado. As pessoas chamam isso de determinação, mas, uma vez que decido estabelecer um objetivo, faço o que for necessário para alcançá-lo. Pela graça de Deus, memorizei 55 capítulos em 55 semanas.

Hoje, sempre que ensino em um grupo, cito as Escrituras constantemente. Muitas vezes, as pessoas me perguntam: "Como você aprendeu tantos versículos da Bíblia?". Bem, muitos desses versículos foram memorizados durante o meu segundo ano caminhando com o Senhor. E, como Deus havia prometido, Ele curou minha mente. Ao absorver a Palavra de Deus e meditar sobre ela repetidamente, abri-me para o poder transformador e restaurador de uma mente renovada (Rm 12:2).

A verdade é que eu tinha um desejo voraz de conhecer a Deus quando me entreguei a Cristo. Assim, consegui tanto curar minha mente quanto conhecer Sua Palavra. A transformação não *era* minha motivação principal, mas foi o principal resultado daquela época. Comecei também a pensar como Deus pensa. A sabedoria de Deus vinha até mim. Quando enfrentava um problema, eu me perguntava: "Qual versículo da Bíblia se aplica a essa situação?". Se não conseguia lembrar de nenhum, procurava uma palavra-chave na concordância bíblica e encontrava uma passagem que falava sobre a minha situação.

Após concluir o ensino médio, escolhi fazer faculdade de história na Universidade de Maryland. Agora que a minha mente estava restaurada, eu conseguia lembrar datas importantes, citações e cronologias históricas. Passei a tirar notas altas na faculdade, embora não em todas as matérias; ainda estava muito atrasado em áreas como inglês, em que precisei de aulas de reforço para melhorar minha gramática e ortografia. Quando fui para o Seminário Fuller, para os estudos de pós-graduação, concluí meu mestrado em Divindade e o doutorado em Ministério, com uma média geral de cerca de 9. Deus me levou de uma média de 7 para praticamente 10 — e dou toda a glória a Ele.

O princípio é claro: meditar sobre a Palavra de Deus nos torna bem-sucedidos e prósperos. Deus me mostrou essa verdade em um nível pessoal, abençoando minhas notas e prosperando meus estudos. Acredito que isso faz parte do que significa amar a Deus com toda a nossa mente (Mt 22:37). Todas as nossas faculdades mentais são um presente de Deus, e Ele deseja que as usemos para amá-Lo. Meditar sobre a Palavra de Deus e agir de acordo com ela são formas essenciais de vivermos essa realidade. A verdade de Josué 1:8, que trouxe transformação pessoal para mim, pode fazer o mesmo por você — e muito mais.

CONHECENDO DEUS, SEUS CAMINHOS E SUA SABEDORIA

Muitos de nós são apaixonados por promover mudanças na sociedade, mas devemos começar na nossa própria vida. Assim como aprendi a meditar sobre a Palavra de Deus como um novo convertido, todos os crentes — jovens e idosos — precisam incorporar essa verdade em sua vida diária. Para mim, o momento mais especial do dia é passar tempo na Palavra de Deus e em oração todas as manhãs. Manter esse hábito tem mantido meu amor por Jesus ardendo intensamente em todas as estações da vida e do ministério.

Quando amar a Deus, que é ilimitado e eterno, você desejará conhecê-lo e descobrir novos aspectos de quem Ele é. Quando conhece a Palavra de Deus, você O conhece. Você se familiariza com os caminhos de Deus. Como você deve lidar com um colega de trabalho que o ofende? Como tratar membros da sua família que o irritam? Como responder a alguém que pede dinheiro na calçada? Familiarize-se com a Palavra de Deus, e você encontrará as respostas que procura. Conhecer a natureza e o caráter de Jesus nos capacita a imitá-Lo. Isso faz parte da nossa jornada para nos tornarmos mais parecidos com Cristo e vivermos nossa fé em comunidade com os outros.

Como vimos em um capítulo anterior, a Palavra de Deus também nos permite acessar a fonte inesgotável de Sua sabedoria, que é uma chave para ver transformação. Colossenses 3:16 (NVI) nos diz: “Habite ricamente em vocês a palavra de Cristo; ensinem e aconselhem-se uns aos outros com toda a sabedoria, e cantem salmos, hinos e cânticos espirituais, com gratidão a Deus em seu coração”. Gosto de como esse versículo se refere especificamente à “palavra de Cristo”. Jesus, Ele mesmo, é a Palavra (Jo 1:1), e Ele é a nossa sabedoria (1 Cor 1:30). Novamente, no contexto da comunidade, somos chamados a nos imergir na Palavra de Deus e deixá-la permear nossa vida.

Segundo o versículo acima, de Colossenses, o propósito de cantar a Palavra dc Deus é nos ajudar a memorizá-la. Durante o movimento Jesus People, o grupo musical Scripture in Song, fundado por David e Dale Garratt, da Nova Zelândia, foi pioneiro na criação de um novo gênero de música de adoração cristã. Seus álbuns prolíficos nos ajudaram a memorizar e conhecer a Palavra de Deus ao colocá-la nos sons contemporâneos daquela época. Cada geração tem um som único liberado por uma nova onda de líderes de adoração, e acredito que aqueles que incorporarem a Palavra em sua música serão os que causarão um impacto eterno em sua geração.

CONQUISTANDO NOSSA TERRA PROMETIDA

Uma das coisas que amo na Palavra de Deus é quanto ela é dinâmica e cheia de camadas. Assim como a promessa em Josué, capítulo 1, pode se aplicar de forma pessoal, ela também tem implicações maiores para o mundo em que vivemos. O contexto dos versículos iniciais no livro de Josué nos dá uma pista sobre o quadro maior que Deus tinha em mente.

Após a morte de Moisés, Deus designou um jovem líder chamado Josué para liderar a nação de Israel (v. 1-2). O Senhor diz enfaticamente a Josué que ele deve "ser forte e muito corajoso" enquanto recebe sua missão divina para os dias que viriam (v. 6-7-9). Como sucessor do homem que falou "face a face com Deus" e escreveu toda a Torá, Josué, sem dúvida, tinha uma grande responsabilidade pela frente.

Lembre-se de que, nesse ponto, o povo de Deus havia acabado de sair de 40 anos no deserto e ainda não havia entrado na terra de Canaã, o território que Deus lhes havia prometido. Na verdade, eles ainda teriam que lutar arduamente para derrotar 31 reis apenas para tomar a posse inicial da Terra Prometida (Js 12:24). Josué era o novo líder do exército de Israel, e Deus sabia exatamente quais ordens dar a ele. Vamos ler os três versículos a seguir com isso em mente:

Tão somente seja forte e muito corajoso, para ter o cuidado de fazer conforme toda a lei que meu servo Moisés te ordenou; dela não te desvies, nem para a direita nem para a esquerda, para que sejas bem-

sucedido por onde quer que andares. Não se aparta da tua boca o livro desta lei; antes, medita nele dia e noite, para que tenhas cuidado de fazer conforme tudo o que nele está escrito; porque então farás prosperar o teu caminho, e serás bem-sucedido. Não te mandei eu? Sê forte e corajoso; não temas, nem te espantes; porque o Senhor, teu Deus, é contigo por onde quer que andares.

(Js 1:7-9, ARA)

Perceba os comandos que Deus repete nos versículos 7 e 8. Josué, junto com todo o povo de Israel, deve *meditar* sobre a Palavra de Deus e *observar* e *cumprir* a Palavra. A obediência a esses mandamentos garantiria que eles fossem bem-sucedidos em tudo o que empreendessem. Isso também inclui a promessa da presença constante do Senhor: "porque o Senhor, teu Deus, é contigo por onde quer que andares" (Js 1:9). Assim, a força e a coragem de Josué viriam de sua intimidade com Deus, não de seu próprio poder.

Mais notavelmente, obedecer a esse mandamento capacitaria Josué e a nação de Israel a conquistar a terra destinada a eles. Acredito que isso é uma metáfora para nós hoje. Josué 1:8 nos dá uma imagem do que é necessário para ver uma transformação nacional. Isso significa que haverá muitas batalhas pela frente? Pode ter certeza de que sim. É claro que não estamos engajados em guerra física, "pois a nossa luta não é contra carne e sangue" (Ef 6:12), mas o princípio ainda se aplica. Em uma escala macro, Deus já venceu a guerra, mas no aqui e agora, ainda há batalhas sendo travadas. A estratégia-chave é conhecer e meditar sobre a Palavra de Deus para agir e alcançar a vitória.

CONHECER DEUS E GUARDAR SEUS MANDAMENTOS

A Palavra de Deus é essencial para conhecer e amar a Deus. Quando você tem um amor genuíno por Deus, a Bíblia diz que você guardará Seus mandamentos. Isso é central para a ideia de não apenas ouvir a Palavra de Deus, mas também praticá-la. Amar a Deus é obedecer a Deus e, consequentemente, obedecer à Sua Palavra. Durante a Última Ceia, Jesus repetiu essa verdade várias vezes ao conversar com Seus amigos mais próximos:

> **Se me amardes, guardareis os meus mandamentos.**
> (Jo 14:15, ARA)

> **Aquele que tem os meus mandamentos e os guarda, esse é o que me ama; e aquele que me ama será amado por meu Pai, e eu o amarei e me manifestarei a ele.**
> (Jo 14:21, ARA)

> **Jesus respondeu e disse-lhe: "Se alguém me ama, guardará a minha palavra, e meu Pai o amará, e viremos para ele e faremos nele morada".**
> (Jo 14:23, ARA)

> **Quem não me ama não guarda as minhas palavras; e a palavra que ouvistes não é minha, mas do Pai que me enviou.**
> (Jo 14:24, ARA)

O ponto não poderia ser mais claro. Não podemos dizer que amamos verdadeiramente a Deus se desrespeitamos e ignoramos Seus mandamentos. É necessário ter um coração humilde para nos submetermos e vivermos em obediência à Sua Palavra em todos os momentos. Felizmente, o poder do Espírito Santo e a graça de Deus sobre nossa vida são os catalisadores para que essa transformação pessoal aconteça. Quando nos conectarmos continuamente ao amor que Deus tem por nós, teremos tudo de que precisamos para retribuir esse mesmo amor a Ele. Amar a Deus meditando sobre a Sua Palavra é uma alegria e um privilégio, e veremos os frutos de praticar a Palavra enquanto seguimos a liderança do Espírito Santo ao longo da nossa vida.

UMA VIDA FRUTÍFERA A PARTIR DE UMA VISÃO MUNDIAL BÍBLICA

Como já mencionamos, segundo Josué 1:7-8, nosso mandato é meditar sobre a Palavra e agir de acordo com ela. Aqui está a minha paráfrase desses dois versículos: "Mantenha a minha Palavra constantemente diante de você. Fale sobre ela e pense nela o tempo todo. Lembre-se dela a cada momento do dia. Reflita sobre o que Eu disse. Então, pratique a Minha Palavra — toda ela — em todas as áreas da sua vida. Viva uma vida de obediência à Minha Palavra".

Qual é o resultado? Deus diz três vezes que você *prosperará* e terá *sucesso*. Vemos palavras muito semelhantes no primeiro Salmo:

> **Bem-aventurado o homem que não anda no conselho dos ímpios, não se detém no caminho dos pecadores, nem se assenta na roda dos escarnecedores! Antes, o seu prazer está na lei do Senhor, e na sua lei medita de dia e de noite. Ele será como árvore plantada junto a ribeiros de águas, que dá o seu fruto na estação própria, e cuja folhagem não murcha; e tudo o que ele faz prosperará.**
>
> (Sl 1:1-3, ARA)

Meditar sobre as palavras de Deus dia e noite levará a uma vida frutífera. Parte integral desse processo é observar como a Palavra molda e transforma sua visão de mundo. Como meu amigo James Garlow escreve em seu livro *Reversed*, todos têm uma visão de mundo — desde a pessoa sem-teto na esquina até o executivo corporativo em Wall Street. Uma visão de mundo é formada por sua educação, criação, ambiente, consumo de mídia e outros fatores ao longo da vida.[43] Mas como você pode diferenciar sua visão de mundo da visão humanista predominante? Para ter uma visão de mundo bíblica, você precisa ser uma pessoa da Palavra, o que lhe proporcionará muitos benefícios práticos.

Ao meditar sobre a Palavra de Deus, você...

1. aprofundará seu relacionamento com Jesus, porque Ele é a Palavra (Jo 1:1-14);
2. tornar-se-á mais parecido com Cristo em caráter (2 Cor 3:18);
3. será transformado pela renovação da sua mente (Rm 12:2b);
4. não será conformado às ideologias do mundo (Rm 12:2a);
5. experimentará prosperidade e sucesso sobrenaturais (Js 1:8);
6. ganhará sabedoria, pois a sabedoria vem do conhecimento da Palavra de Deus (Pv 2:1-6);
7. discernirá a verdade em uma cultura cheia de *fake news* (Jo 16:13-15);
8. terá um entendimento bíblico de eventos atuais e questões sociais. Isso, por sua vez, ajudará você

43 James L. Garlow. *Reversed: From Culturally Woke to Biblically Awake*. Well Versed Publishing, 2024, p. 21-22.

a saber em quem votar. Encorajo você a fazer sua lição de casa e apoiar candidatos cujas políticas e vida reflitam valores judaico-cristãos mais do que os concorrentes.

A BÍBLIA TRANSFORMOU O MUNDO

Você já parou para considerar o impacto que a Bíblia teve sobre a nossa sociedade? Se começar apenas em um nível nacional e expandir para fora, você logo descobrirá que o alcance do impacto das Escrituras no mundo, especialmente na cultura ocidental, é quase ilimitado. Um brilhante estudioso chamado Dr. Vishal Mangalwadi assumiu o desafio de investigar esse fenômeno global, e os resultados de seus estudos são impressionantes.

O livro que fez seu mundo, obra de Mangalwadi, desvenda como a Bíblia literalmente moldou e transformou nações ao longo da história humana. Sua obra demonstra que uma visão de mundo bíblica forjou a alma da civilização moderna.[44] Desde a moralidade até a lei e a ordem, direitos humanos, dignidade e liberdade, a verdade encontrada na Palavra de Deus deixou uma marca profunda em inúmeras áreas da sociedade que simplesmente tomamos como dadas. "Nenhum historiador de arte pode entender a arte ocidental; nenhum músico pode entender a música clássica; nenhum professor pode entender línguas como o inglês, o holandês ou o alemão, sem compreender a Bíblia."[45]

Por que universidades, hospitais e a medicina moderna

44 Vishal Mangalwadi, *The Book that Made Your World*. Thomas Nelson, Kindle Edition, p. 17.
45 Vishal Mangalwadi, *This Book Changed Everything*. SoughtAfterMedia, 2019, p. 284.

são quase onipresentes hoje? Por que os campos da tecnologia, ciência e educação tiveram tantos avanços ao longo dos séculos? Isso se deve a uma visão de mundo bíblica penetrante e aos esforços resultantes de cristãos que agiram de acordo com essa visão. Até mesmo o despertar moderno da razão humana — e seus efeitos amplos — teve raízes nos princípios fundamentais das Escrituras:

> Se Deus é a Verdade, se Ele pode falar conosco em palavras racionalmente compreensíveis, então a racionalidade humana é realmente significativa. O caminho para conhecer a verdade é cultivar nossa mente e meditar sobre a Palavra de Deus. Essas suposições teológicas constituíram o DNA do que chamamos de civilização ocidental.[46]
>
> Os avivamentos bíblicos [os Grandes Despertares] produziram uma fome sem precedentes pelo conhecimento da verdade, tirando países protestantes da pobreza crônica que ocorria em todo o mundo.[47]

Se os efeitos positivos de uma visão de mundo bíblica são tão significativos, o que pode acontecer se essa visão de mundo for revertida? Infelizmente, não precisamos olhar muito longe hoje para ver as repercussões disso em nossa própria terra. As virtudes da cultura americana têm decaído gradualmente à medida que a Palavra de Deus tem sido cada vez mais desvalorizada e deslocada da cultura ocidental. Isso impactou diretamente a unidade familiar, nosso sistema educacional e políticas governamentais. Um retorno às nossas raízes — na verdade e prática da Palavra de Deus — é necessário para trazer uma reforma duradoura à nossa nação.

---

46 Vishal Mangalwadi, *The Book that Made Your World*. Thomas Nelson, Kindle Edition, p. 82.
47 *Ibidem*, p. 89.

DE FALSAS INFORMAÇÕES À VERDADE DE DEUS

Restaurar uma cosmovisão bíblica em nossa cultura é fundamental para sustentar a verdade em uma sociedade marcada pelas *fake news*. Os americanos foram levados a acreditar que a verdade é relativa e sujeita aos seus sentimentos. Se você quiser acreditar nos 56 gêneros disponíveis no Facebook,[48] isso é "a sua verdade". No entanto, para aqueles que têm olhos para ver, a verdade de Deus é absolutamente indispensável para manter a sociedade longe do caos e da anarquia. Um exemplo prático é que a verdade desenvolve confiança e credibilidade. Não é possível fechar um negócio ou transação sem a verdade como base. James Garlow escreve: "Para ter uma cosmovisão bíblica, devemos ter uma mente nova, espiritualmente viva, enraizada no temor de Deus (Pv 9:10). Este é o princípio da sabedoria e compreensão sobre toda a vida; em outras palavras, é isso que gera uma cosmovisão adequada".[49]

A verdade é algo de grande importância para Deus. Em João 8:31-32, Jesus disse: "Se vocês permanecerem na minha palavra, verdadeiramente serão meus discípulos; e conhecerão a verdade, e a verdade os libertará". Vários capítulos depois, Jesus revelou que Ele é a verdade: "Eu sou o caminho, e a verdade, e a vida; ninguém vem ao Pai senão por mim" (Jo 14:6). Isso harmoniza com o Antigo Testamento, pois dois dos Dez Mandamentos tratam sobre a verdade. Êxodo 20:15-16 diz: "Não furtarás. Não darás falso testemunho contra o teu próximo". Depois, em Provérbios

---

48 Peter Weber. Facebook offers users 56 new gender options: Here's what they mean. *The Week*. 8 de janeiro de 2015. Disponível em: https://theweek.com/articles/450873/facebook-offers-users-56-new-gender-options-heres-what-mean. Acesso em: 6 mar. de 2025.

49 James Garlow, *Reversed*. p. 24.

6:16-19, são listados sete pecados que são uma abominação e odiados pelo Senhor; dois desses sete são "língua mentirosa" (v. 17) e "falso testemunho que profere mentiras" (v. 19).

A cada ano que passa, a sociedade nos alimenta com mais mentiras. Vamos dar uma olhada em alguns exemplos que formam a ponta do *iceberg*.

Em 22 de março de 2022, a juíza Ketanji Brown Jackson, graduada em Harvard, foi incapaz de definir a palavra "mulher" quando questionada durante sua audiência de confirmação para se tornar uma juíza da Suprema Corte. "Se posso fornecer uma definição? Não, não posso", disse ela. "Não neste contexto; eu não sou bióloga".[50] Essa declaração foi profundamente preocupante, pois refletiu a ideologia "woke" de Jackson. Na cultura de cancelamento de hoje, ela sentiu a necessidade de errar pelo lado de ser politicamente correta e evitar qualquer declaração definitiva sobre a biologia básica. Independentemente de sua afiliação política, acredito que todos — incluindo a juíza Jackson — sabem, lá no fundo, que uma mulher é definida como uma adulta do sexo feminino com dois cromossomos X. Dizer o contrário é completamente irracional e fora de sintonia com a realidade.

Outra ideia que segue a mesma linha é a mentira de que homens podem menstruar.[51] O transexualismo faria você acreditar que não é possível definir o que é uma mulher, e que um homem pode, de fato, ser uma mulher se ele quiser ser. Esse tipo de ideologia extrema, que apaga as linhas entre masculinidade e feminilidade, me preocupa não apenas como pastor, mas também como pai de quatro filhos

50 Alexa Moutevelis. Outrage after Ketanji Brown Jackson says she 'can't' define the word woman... *Fox News*. 23 de março de 2022. Disponível em: https://www.foxnews.com/media/outrage-ketanji-brown-jackson-tells-senators-woman-bizarre. Acesso em: 6 mar. 2025.

51 Chloe Atkins. For transgender men, pain of menstruation... *NBC News*. 11 de janeiro de 2020. Disponível em: https://www.nbcnews.com/feature/nbc-out/transgendermen-pain-menstruation-more-just-physical-n1113961. Acesso em: 6 mar. 2025.

adultos e avô de nove netos. (Deixe-me fazer uma pausa para dizer a todos aqueles que podem estar sofrendo de disforia de gênero que sinto por vocês, e meu coração se compadece. A confusão que muitos sentem sobre sua identidade é uma realidade que precisamos reconhecer e abordar. No final, acredito que essa confusão decorre da presença do pecado em nosso planeta quebrado, e a Bíblia nos oferece a resposta para o nosso pecado e quebrantamento por meio da obra salvadora de Jesus Cristo.)

As mentiras sem fim se estendem desde os papéis de gênero individuais até a crise em grande escala que afeta a fronteira sul dos Estados Unidos. Em abril de 2024, o Secretário de Segurança Interna dos EUA, Alejandro Mayorkas, mentiu descaradamente diante do Congresso quando disse que a fronteira sul estava "tão segura quanto possível".[52] Apenas três meses antes, ele havia feito a surpreendente admissão de que mais de 85% dos migrantes ilegais apreendidos na fronteira dos EUA com o México eram liberados rotineiramente no solo americano.[53] Como resultado da política de fronteiras abertas da administração Biden-Harris, nossas fronteiras permaneceram escancaradas para a entrada de fentanil, crime organizado, terroristas domésticos e tráfico de pessoas. Isso é inegavelmente maligno. Vimos um influxo de até 10 milhões de imigrantes ilegais sob a supervisão do presidente Biden, mas essas estatísticas são apenas estimativas.[54]

52 Josh Christenson. Mayorkas tells Congress border "as secure as it can be"... *New York Post*. 16 de abril de 2024. Disponível em: https://nypost.com/2024/04/16/us-news/mayorkas-tells-congress-border-is-as-secure-as-it-can-be-cannot-recall-saying-over-85-of-migrants-are-released-into-us/. Acesso em: 6 mar 2025.

53 Adam Shaw, Bill Melugin, and Griff Jenkins. Mayorkas tells Border Patrol agents... *Fox News*. 8 de janeiro de 2024. Disponível em: https://www.foxnews.com/politics/mayorkas-tells-border-patrol-agents-illegal-immigrants-released-into-us-sources. Acesso em: 6 mar. 2025.

54 Merrill Matthews. Illegal immigrants double under Biden—and that's just the start. *The Hill*. 23 de janeiro de 2024. Disponível em: https://thehill.com/opinion/4423296-matthews-illegal-immigrants-double-under-biden-and-thats-just-the-start/. Acesso em: 6 mar. 2025.

Quando tomou posse, o presidente jurou na Bíblia defender a Constituição e proteger nosso país de inimigos internos e externos. Com as políticas sem sentido do presidente Biden, que mantiveram nossas fronteiras no sul dos EUA abertas, ele fez justamente o oposto. Acredito que isso foi uma tentativa direta de retaliação contra o presidente Trump, fazendo exatamente o oposto do que ele queria alcançar com a construção do muro da fronteira. O outro fator motivador por trás da política de fronteiras abertas dos democratas é comprar eleitores de fora. É uma jogada de poder, prometendo benefícios e asilo para os imigrantes ilegais, o que é um tapa na cara de todos os imigrantes que seguem o processo legal para obter a cidadania legítima.

Algumas das piores *fake news* de todas giraram em torno de toda a carreira política do presidente Trump. A investigação de quatro anos sobre a suposta conspiração russa foi uma mentira, mas Nancy Pelosi e o Congresso juraram que era verdade. Eles disseram que o dia 6 de janeiro de 2021 foi uma insurreição. Como alguém que estava presente em Washington, D.C., naquele dia (não dentro do prédio do Capitólio), posso dizer que essa alegação também foi uma mentira.

Poderíamos também falar sobre a maior utilização política do Departamento de Justiça contra o presidente Trump. Em seu julgamento de maio de 2024 em Nova York, Trump foi indiciado em 34 acusações por um júri composto por 95% de democratas, um juiz democrata cuja filha dirige uma firma de arrecadação de fundos que apoia o presidente Biden, e um promotor que fez campanha prometendo colocar Trump na prisão.[55] O veredito injusto

55 James Gordon, Donald Trump rips '95 percent Democrats' hush money trial jury... *Daily Mail*. 22

desse julgamento foi uma afronta à justiça. Também foi um sinal claro das repercussões que surgem quando a verdade está ausente do sistema judiciário.

A VERDADE DESENCADEIA A REFORMA

A boa notícia é que a verdade pode reverter os danos causados pelas mentiras. A reforma é desbloqueada quando nos tornamos pessoas da Palavra de Deus e influenciamos a sociedade com a verdade de Jesus Cristo. A proclamação da verdade é uma chave importante que não pode ser ignorada.

A Bíblia diz que devemos "falar a verdade em amor" (Ef 4:15). Assim como no Salmo 89:14, vemos novamente o amor e a verdade emparelhados nas Escrituras. Acima de tudo, somos chamados a amar as pessoas, mas devemos defender e declarar a verdade. Essa responsabilidade começa com a igreja. Como compartilhei antes, muitos pastores não estão pregando o conselho completo de Deus. Há tanta covardia nos púlpitos, com os sermões evitando a verdade na Palavra de Deus sobre questões controversas. É por isso que precisamos de um avivamento — para que a igreja seja avivada pelo Espírito da Verdade.

À medida que a verdade for proclamada, essa verdade desenvolverá valores bíblicos nas vidas individuais, e os valores bíblicos que são vividos levarão a uma mudança

de abril de 2024. Disponível em: https://www.dailymail.co.uk/news/article-13338619/Trump-rips-hush-money-jury-contempt-hearing.html. Acesso em: 6 mar. 2025; Theo Burman, Did Alvin Bragg Campaign on a Promise... *Newsweek*. 31 de maio de 2024. Disponível em: https://www.newsweek.com/did-alvin-bragg-promise-trump-prosecution-hushmoney-guilty-conviction-1906705. Acesso em: 6 mar. 2025; Robin Levinson-King and Kayla Epstein, Who is Juan Merchan... *BBC*. 31 de maio de 2024. Disponível em: https://www.bbc.com/news/world-us-canada-65182727. Acesso em: 6 mar. 2025.

cultural. A essência da nossa cultura se torna uma cultura do Reino, não uma cultura mundana. As mudanças na nossa cultura levarão então as leis do país a mudar. Leis justas e piedosas serão aprovadas porque as pessoas estarão todas na mesma página, unidas por uma narrativa cultural estabelecida na verdade. Assim, o poder de proclamar e agir de acordo com a Palavra de Deus pode trazer uma reforma duradoura na sociedade.

SEJA UM PRATICANTE DA PALAVRA

No final do Sermão da Montanha, Jesus conclui com estas palavras: "Portanto, todo aquele que ouve estas minhas palavras e as pratica será comparado a um homem sábio que construiu sua casa sobre a rocha; e desceu a chuva, transbordaram os rios, sopraram os ventos e bateram com ímpeto contra aquela casa; mas ela não caiu, porque estava fundamentada na rocha" (Mt 7:24-25 NVI). Ouvir a verdade é uma parte essencial de seguir a Jesus, mas é apenas o ponto de partida. Em outras palavras, ir à igreja uma vez por semana e concordar mentalmente com uma mensagem baseada na Bíblia não é suficiente. Quando a situação apertar, você terá que agir conforme o que ouviu para provar que é um verdadeiro discípulo de Cristo.

Tanto ouvir quanto fazer a palavra de Cristo é crucial para garantir que sua vida tenha uma base firme. Na sua epístola, Tiago, irmão do Senhor, ecoa o sentimento do Sermão da Montanha: "*Sejam praticantes da palavra, e não apenas ouvintes, enganando-se a si mesmos*" (Tg 1:22 NVI). Nossa fé foi feita para ser vivida, não apenas pensada.

Deixe que a Palavra de Deus colore sua visão de mundo e influencie cada decisão que você toma. Ao nos associarmos com o Espírito Santo e obedecermos à Sua Palavra, encontraremos alegria, satisfação e sucesso imensuráveis enquanto colhemos os benefícios de caminhar com Deus (Sl 103:1-5). Sendo praticantes da Palavra, traremos uma mudança transformadora na nossa vida e na vida dos outros.

Ore comigo:

> Pai Celestial, obrigado pela Tua Palavra. Dê-me um desejo ainda maior pela Tua Palavra como nunca antes. Jesus, eu quero Te conhecer mais. Ajuda-me a meditar sobre os Teus caminhos e Tua sabedoria em cada circunstância. Espírito Santo, ajuda-me a ser um praticante da Palavra. Pela Tua graça, seguirei e obedecerei a Ti — hoje e todos os dias da minha vida. Em nome de Jesus, amém!

8

CAPÍTULO

De ganhadores de almas a discípulos de nações

E JESUS SE APROXIMOU DELES E DISSE: "TODA AUTORIDADE ME FOI DADA NO CÉU E NA TERRA. PORTANTO, IDE E FAZEI DISCÍPULOS DE TODAS AS NAÇÕES, BATIZANDO-OS EM NOME DO PAI, DO FILHO E DO ESPÍRITO SANTO, ENSINANDO-OS A GUARDAR TUDO O QUE VOS TENHO ORDENADO; E EIS QUE ESTOU CONVOSCO TODOS OS DIAS, ATÉ A CONSUMAÇÃO DO SÉCULO".

(MT 28:18-20)

Ganhar almas tem sido parte do meu modus operandi desde o primeiro dia de ser seguidor de Jesus. Desde o começo, em 1973, após minha experiência de conversão, tenho compartilhado com paixão as boas--novas com os perdidos em todos os ambientes imagináveis. Compartilho meu testemunho sempre que estou viajando (o que é frequente), na academia, em restaurantes e até pelo telefone. Também carrego meu folheto pessoal comigo, compartilhando a história concisa de como fui salvo. Isso levou muitas pessoas a entregar a vida a Jesus, incluindo meus irmãos e parentes. Agora, devo reconhecer que, como uma parte importante do meu chamado ministerial, acredito que fui chamado para ser um evangelista (Ef 4:11). Seja alguém chamado para ser evangelista ou não, todos nós somos chamados para ser testemunhas de Jesus (At 1:8). Não posso enfatizar o bastante a importância vital de compartilhar o evangelho com os ímpios.

Dito isso, há muito mais na história. Por anos, eu via a Grande Comissão como simplesmente ganhar almas e fazer discípulos individuais. Grande parte da igreja tem esse paradigma, e a Grande Comissão sem dúvida começa por aí. Mas essa não é a totalidade do conselho do que a Bíblia realmente ensina.

Meus olhos foram abertos para o significado mais amplo de Mateus 28:19 — "Portanto, ide e fazei discípulos de todas as nações" — através do meu relacionamento com Peter Wagner, que era professor de crescimento da igreja. Peter e eu éramos bons evangélicos (meu pai foi o primeiro pastor coreano batista do sul nos Estados Unidos, em 1958), e achávamos que isso significava simplesmente que deveríamos ver almas salvas. No entanto, Peter acabou estudando com Donald McGavran, missionário que se tornou estudioso e serviu na Índia por 60 anos. Donald McGavran falava sobre discipular nações inteiras, não apenas indivíduos em nações. Como resultado da mudança de paradigma pessoal de Peter Wagner na década de 1990, a teologia de transformar a sociedade também se cristalizou na minha própria vida.

O texto em grego koiné da Grande Comissão é esclarecedor. As palavras-chave no versículo 19 são "*panta ta ethne*". Elas são traduzidas na minha Bíblia como "todas as nações". A última palavra, *ethne*, tem um significado muito mais rico do que apenas nações geopolíticas.[56] *Ethne*, ou *ethnos* no singular, é de onde vem o termo "grupo étnico". Essa palavra pode ser melhor definida como "grupos de pessoas". De acordo com Peter Wagner, *ethne* se refere a "grupos de pessoas que vivem juntas devido a um conjunto de semelhanças comuns que as une", o que incluiria tribos, raças, artesãos, guildas e pessoas da mesma profissão. Concluí que isso logicamente inclui agrupamentos dentro das sete montanhas da sociedade: igreja, família, negócios, educação, governo, mídia e artes e entretenimento. (A propósito, recomendo meu livro *The Reformer's Pledge*, no qual meu bom amigo Lance Wallnau dá a melhor síntese sobre as sete montanhas em seu capítulo "The Seven Mountain Mandate".)

Para ser claro, a Grande Comissão envolve ganhar almas e discipulá-las, mas também inclui discipular nações e grupos de pessoas inteiros com valores bíblicos. Essa é uma grande diferença quando se consideram as ramificações do que Jesus

56 Lexicon: Strong's G1484 – ethnos. *Blue Letter Bible*. Disponível em: https://www.blueletterbible.org/lexicon/g1484/kjv/tr/0-1/. Acesso em: 1º ago. 2024.

nos chama para fazer. Jesus está falando sobre transformar a cultura. Ele está falando sobre transformar nações.

Em Mateus 24, Jesus fala sobre a separação das nações de ovelhas das nações de bodes em Sua segunda vinda. À luz disso, devemos entender que todos nós temos um papel a desempenhar para ver a cultura do Reino de Deus transformar a sociedade em que vivemos. Isso não é apenas uma ideia bonitinha. É um chamado para sermos reformadores na nossa cultura. É um mandato para transformar nações inteiras e grupos de pessoas. Trata-se de inculcar nas nações a cultura do céu.

LEI DA PRIMEIRA MENÇÃO NA BÍBLIA

Vemos o propósito final de Deus para Sua criação e a realização suprema quando Ele criou o homem à Sua imagem e deu ao homem "a Grande Comissão" mencionada em Gênesis 1:28. Lembre-se de que isso acontece antes da queda de Adão e Eva, que ocorre no capítulo 3 de Gênesis.

Então Deus os abençoou, e Deus lhes disse: "Sede férteis e multiplicai-vos; enchei a terra e sujeitai-a; dominai sobre os peixes do mar, sobre as aves do céu e sobre todo ser vivente que se move sobre a terra".

(Gn 1:28 NVI)

Primeiro, Deus abençoa Adão e Eva. Mais tarde, vemos Deus abençoando Abraão em Gênesis 12, mas esta é a primeira vez que Deus abençoa alguém. Este é um bom exemplo da Lei da Primeira Menção. A palavra "abençoar" em hebraico é *barak*. Essa é uma palavra rica e multifacetada, e pode significar coisas diferentes, como "dar, conceder, trazer, invocar, compartilhar, adorar, louvar, saudar ou felicitar", dependendo do contexto.[57] Mas, para o nosso contexto, a palavra "abençoar" significa "conceder favor e bondade a partir de um coração de amor".

A partir dessa palavra, vemos por que Deus criou a humanidade. Ele criou Adão e Eva porque Deus é amor (1 Jo 4:8, 16), e Ele queria expressar Seu amor à humanidade e ser amado por eles em retorno. Vale ressaltar que Deus é perfeito e completo em Si mesmo. Ele não precisa de amor como nós, mas Ele é o amor, é como diz o poema: "O amor no seu coração não foi colocado para ficar — o amor não é amor até que você o dê!".

Assim, Deus criou Adão e Eva, mas não parou neles. Ele queria uma família, e por isso Seu primeiro mandamento para Adão e Eva foi que eles "sejam férteis e multipliquem-se" e "encham a terra" (Gn 1:28a). Essa é a Grandc Comissão no Antigo Testamento. Seu propósito era criar uma grande família feita à imagem e semelhança de Deus. Hoje, Ele ainda quer uma grande família. Embora o homem tenha pecado e a morte tenha entrado no mundo (Rm 5:12), Jesus Cristo, Filho de Deus, veio à terra para ser o substituto dos nossos pecados, para que aqueles que acreditam nEle (entregando suas vidas a Ele) sejam perdoados de seus pecados, recebam Seu Espírito Santo dentro de si e sejam adotados como Sua família eterna. Jesus nos dá a Grande Comissão em Mateus 28:18-20 por esse mesmo motivo: Ele quer que as nações façam parte da Sua família.

57 *International Standard Bible Encyclopedia*, Vol. I. Edited by Geoffrey W. Bromiley. Eerdmans Publishing Company, 1979, p. 523.

Esse é o começo da Grande Comissão em Gênesis. Mas observe que Deus não parou com Adão e Eva sendo férteis e multiplicando-se. A próxima frase da Grande Comissão é "encher a terra" (Gn 1:28b). Por quê? Adão e Eva estavam no paraíso, que representa o céu na terra. Vemos que Deus os colocou em um local específico, conforme descrito em Gênesis 2:8-15. Deus nunca teve a intenção de que o céu na terra fosse confinado a um pequeno local. Seu desejo com o mandamento de "encher a terra" era que todo o mundo se tornasse céu na terra. Por isso, Jesus nos deu a oração mais significativa para orarmos na Bíblia: "Venha o Teu reino. Seja feita a Tua vontade, assim na *terra* como no *céu*!".

Gênesis 1:28 confirma o coração de Deus não apenas para ver almas salvas, mas para ver as nações sendo transformadas, para que a cultura do céu permeie a sociedade. Não será nunca perfeito antes da Segunda Vinda de Jesus, mas acredito que Ele quer que haja o máximo de Sua justiça e retidão na terra como há no céu.

A próxima palavra em Gênesis 1:28c que é crítica para cumprir a Grande Comissão é a palavra "sujeitai". A palavra hebraica aqui é *kabash*, que significa "subjugar o inimigo". Agora, quem é o inimigo no jardim? Quando prego, frequentemente faço a piada retórica perguntando: "Quantos de vocês sabem que seu cônjuge não é o inimigo?". Isso deveria ser óbvio, mas se lembre de que Deus disse esse mandamento para apenas duas pessoas, Adão e Eva.

A verdade é que satanás é o inimigo, e vemos que ele já havia sido expulso do céu e estava no jardim em Gênesis 3. Por que Deus — que é onipotente e não criado, que poderia ter destruído satanás com um olhar — permitiu que satanás e seus companheiros fossem lançados na terra? Eu acredito que foi para que Seus filhos pudessem terminar o trabalho que Deus começou, derrotando satanás e seus demônios. A próxima palavra em Gênesis 1:28d revela muito do coração de Deus para Seus filhos e de Seu propósito para nós hoje. A palavra é *radah*, que significa "governar". Deus Pai queria que Sua família governasse e reinasse com Ele como corregentes com a Trindade! Mas você sabe o resto da história em Gênesis. Em vez de derrotarmos o inimigo, satanás nos subjugou, e ele se tornou o governante deste mundo (Jo 14:30). *Mas Deus*!

TODA AUTORIDADE PERTENCE A JESUS

"... Toda autoridade Me foi dada no céu e na terra".
(Mt 28:18 NVI)

Por que Jesus começou a Grande Comissão fazendo uma afirmação que parecia óbvia? Jesus tinha toda a autoridade na terra antes da ressurreição? E, se não, o que aconteceu na cruz e em Sua ressurreição que levou Jesus a começar Suas instruções finais para a igreja antes de Sua ascensão dizendo: "Toda autoridade Me foi dada... na terra"?

Eu acredito que Jesus tinha toda a autoridade no céu, e Deus nunca perdeu essa autoridade no céu. No entanto, Deus delegou Sua autoridade ao homem em Gênesis 1:28, e quando o homem caiu, ele perdeu sua autoridade para satanás. Sabemos que satanás tinha autoridade sobre a terra pela conversa que ele teve com Jesus no deserto. A terceira tentação de Jesus foi a seguinte:

Novamente, o diabo o levou a um monte muito alto e lhe mostrou todos os reinos do mundo e sua glória. E lhe disse: "Tudo isso te darei, se, prostrado, me adorares".

(Mt 4:8-9 NVI)

Eu quero pausar aqui, porque, se satanás estivesse mentindo — se ele não tivesse autoridade para dar a Jesus sobre "todos os reinos do mundo e sua glória" —, então isso não seria mesmo uma tentação. Mas a verdade é que satanás se tornou "o governante deste mundo" (Jo 14:30), "o deus deste século" (2 Cor 4:4), e "o príncipe da potestade do ar" (Ef 2:2b).

Então Jesus lhe disse: "Retira-te, Satanás! Pois está escrito: 'Ao Senhor, teu Deus, adorarás, e só a Ele servirás".

(Mt 4:10 NVI)

Então, o que aconteceu na cruz que fez Jesus dizer, antes de Sua ascensão, "Toda autoridade Me foi dada no céu e na terra"? Não sabemos exaustivamente tudo o que aconteceu na cruz, mas vários textos-chave da Bíblia nos dão uma ideia de como Jesus retomou a autoridade que foi abdicada e perdida por Adão e o que essa autoridade recuperada significa para a Ekklesia, a igreja.

A Bíblia diz que, antes de Jesus ascender aos céus, Ele desceu primeiro às regiões mais baixas do inferno. "Agora, esse 'Ele subiu' — o que significa, senão que Ele também desceu às partes mais baixas da terra? Aquele que desceu é também o mesmo que subiu acima de todos os céus, para encher todas as coisas" (Ef 4:9-10 NVI). O que Jesus fez no inferno? Ele definitivamente não foi lá porque havia pecado. Jesus nunca pecou. Mas acredito que Jesus desceu lá para retomar a autoridade que havia sido perdida no jardim. Colossenses 2:15 (NVI) diz: "Despojando os principados e potestades, publicamente os expôs ao desprezo, triunfando sobre eles na cruz".

Finalmente, Apocalipse 1:18 (NVI) afirma que Ele agora tem toda a autoridade sobre a morte e o inferno. "Eu sou aquele que vive, e estive morto, mas eis que estou vivo para todo o sempre! Amém. E tenho as chaves da morte e do inferno".

Sabemos que, nas Escrituras, as chaves representam autoridade (Mt 16:18-19). Quando a Harvest Rock Church comprou o centro de artes cênicas Ambassador Auditorium, em 2004, o dinheiro foi transferido da conta de depósito. Após assinar os documentos necessários, o proprietário anterior me deu todas as chaves do auditório. Agora eu tinha autoridade para usar o prédio para a vontade e os propósitos de Deus.

Foi isso que Jesus fez. Novamente, não entendemos completamente tudo o que aconteceu na cruz, mas a conclusão é que Jesus tem "toda a autoridade no céu e na terra", e Ele agora a deu de volta aos Seus filhos, a igreja (Rm 8:14-17, Gl 4:6-7). Como filhos e filhas de Deus, recebemos o reino como nossa herança e as "chaves do reino" para exercer autoridade sobre satanás e seus aliados. Isso não significa que satanás está completamente vencido; ao contrário, ele ainda tem poder, e sua ira é grande, especialmente nestes últimos dias, porque ele sabe que seu tempo é curto (Ap 12:12).

DO DIA D AO DIA V

Uma das melhores analogias para como devemos usar a autoridade e avançar o reino que já ouvi ao longo dos anos é a diferença entre o Dia D e o Dia V. Essas são duas das datas mais importantes na linha do tempo da Segunda Guerra Mundial. O Dia D foi quando as Forças Aliadas, incluindo as tropas dos EUA sob o comandante supremo general Dwight Eisenhower, invadiram a Normandia, em 6 de junho de 1944. Historiadores e estrategistas militares concordam unanimemente que o desembarque bem-sucedido das Forças Aliadas nas praias da Normandia, na França, venceu efetivamente a Segunda Guerra Mundial para os Aliados. No entanto, algumas das batalhas mais intensas ocorreram nos 11 meses entre o Dia D e o Dia V (Dia da Vitória) — 8 de maio de 1945 —, quando a Alemanha se rendeu incondicionalmente às Forças Aliadas.

Da mesma forma, Jesus já venceu a batalha na cruz. Para nós, como crentes, esse foi o nosso Dia D. É essencialmente um acordo fechado. Apocalipse 11:15 nos diz: "Então o sétimo anjo tocou a trombeta; e houve grandes vozes no céu, dizendo: 'O reino do mundo se tornou o reino do nosso Senhor e do Seu Cristo; e Ele reinará para todo o sempre'".

Sabemos que o nosso Dia V definitivo — quando Deus destruirá satanás e julgará a terra — será na segunda vinda de Jesus (ver Ap 21 e 22). Até lá, Jesus nos ordenou a discipular as nações. Assim como as Forças Aliadas usaram todas as armas de guerra para alcançar a vitória sobre as Forças do Eixo (Alemanha, Japão e Itália), também devemos usar todos os meios para avançar o reino de Deus.

A principal arma que temos é a autoridade dada por Deus para nos envolver na guerra espiritual, que é a próxima coisa que precisamos mudar para ver o avivamento e a reforma.

Vamos selar isso juntos em oração:

> Pai, eu acredito que Tu deste toda autoridade no céu e na terra a Jesus. Obrigado por me dar Tua autoridade e Teu Espírito Santo para me capacitar a fazer a Tua vontade na terra hoje. Oro para que a minha nação seja batizada no Teu amor, caráter e poder, para que se pareça mais com o reino dos céus. Em nome de Jesus, amém!

9

CAPÍTULO

Da petição à guerra espiritual

PORQUE A NOSSA LUTA NÃO É CONTRA CARNE E SANGUE, MAS CONTRA OS GOVERNANTES, CONTRA AS POTESTADES, CONTRA OS PRÍNCIPES DESTE MUNDO DE TREVAS, CONTRA AS HOSTES ESPIRITUAIS DA MALDADE NAS REGIÕES CELESTES.

(EF 6:12)

ORANDO EM TODO TEMPO COM TODA ORAÇÃO E SÚPLICA NO ESPÍRITO, E VIGIANDO COM TODA PERSEVERANÇA E SÚPLICA POR TODOS OS SANTOS...

(EF 6:18 NVI)

Nunca vou esquecer o dia em que conheci Lou Engle. Foi no final da década de 1970, quando eu fazia parte de uma equipe pastoral que supervisionava uma igreja com cerca de 2 mil pessoas em Maryland. Já tinha conhecido a esposa de Lou, Therese, que fazia parte do nosso grupo de estudo bíblico ACTS (Cristãos Ativos Que Servem), que eu lancei na Universidade de Maryland, e ela era membro da nossa igreja. Mas levou algum tempo até que eu me tornasse formalmente amigo de Lou.

Como uma das primeiras falas para quebrar o gelo, perguntei a Lou o que ele fazia da vida. Ele disse: "Corto grama para o Leisure World".

"Que foi que disse?" "Corto grama", Lou reiterou. Na minha mente, eu podia visualizar o Leisure World, que era um grande centro de aposentadoria na nossa área. Eles tinham acres e acres de terra. "Então, você usa um cortador de grama com trator para cortar a grama?", perguntei. "Não, eles querem que as linhas fiquem perfeitas", Lou me disse. "Então, levo oito horas por dia, todos os dias, para usar um cortador de grama manual e fazer linhas que fiquem perfeitamente alinhadas".

"Você faz isso por oito horas por dia, cinco dias por semana?", perguntei, incrédulo. "Sim, faço". "Amigo, isso deve ser o trabalho mais chato de todos", eu disse.

"Não, é o melhor trabalho", Lou rebateu, "porque eu só oro em línguas todos os dias. Eu oro e tenho comunhão com Deus".

Nesse ponto da nossa conversa, algo clicou no meu espírito. Na temporada anterior a isso, eu sabia que Deus me chamava para plantar uma igreja, e eu poderia escolher 12 pessoas para fazer parte da minha equipe. Imediatamente pensei: "Eu quero Lou na minha equipe". Eu já tinha ouvido o suficiente na nossa breve conversa para saber que ele era o homem da hora. Agora, eu não sabia muito como um jovem pastor, mas sabia que a oração era a chave para ter algum sucesso no ministério.

Mais de 45 anos depois, posso dizer que Lou foi a melhor contratação que já fiz como pastor. Olhando para trás, sei que Deus trouxe Lou e Therese para a minha vida de forma divina, e sou eternamente grato pela nossa amizade de aliança. Lou teve uma tremenda influência na minha vida, mas talvez a coisa mais importante foi que ele me ensinou a orar.

Quando Deus chamou a mim e à Sue para nos mudarmos para a Califórnia, fiz o convite para que Lou e Therese fizessem a jornada conosco. Eles aceitaram de bom grado. Quando chegamos ao sul da Califórnia, em 1984, o avivamento não estava acontecendo como esperávamos, e tivemos que perseverar quando aparentemente não havia nada acontecendo. No entanto, acredito que nossas orações naquela temporada nos posicionaram para o que aconteceu 10 anos depois.

Nossa igreja realizava uma reunião de oração todas as manhãs, em dias úteis. Vimos algum crescimento na nossa igreja, e a presença de Deus se manifestou. Enquanto isso, eu estava preso na rotina da oração pessoal e precisava ser empurrado para fora da minha zona de conforto. Bem, Deus sabia que Lou era o homem para fazer isso acontecer.

Um dia, eu disse a Lou: "Estou pagando você para estar na equipe, e quero que você lidere a reunião de oração. Eu sou o pastor sênior, então não preciso estar lá".

Lou respondeu: "Com todo o respeito, você é a pessoa principal que tem que estar lá. Porque você, como pastor sênior, tem que liderar pelo exemplo para o resto das pessoas na igreja, como está escrito: 'Minha casa será chamada casa de oração para todos os povos'".

Naquele momento, a convicção do Senhor veio sobre mim, e percebi que ele estava falando a verdade. *Não posso simplesmente delegar a oração para os outros. Preciso ser uma pessoa envolvida na oração corporativa.* Assim, meu irmão de aliança Lou Engle definiu o tom para eu me aprofundar em uma oração fervorosa que foi além da minha compreensão anterior de oração e petição.

CHAMADOS A SER UMA CASA DE ORAÇÃO

Então Ele lhes ensinou, dizendo: "Não está escrito: a minha casa será chamada casa de oração para todas as nações?"

(Mc 11:17 NVT)

No momento em que nasce de novo, você é chamado para orar. Agora, você é um sacerdote na casa de Deus (veja Ap 1:6). Você notará que Deus não disse: "A minha casa será casa de pregação ou de comunhão", ambas as quais são boas e bíblicas. Mas Jesus quer deixar claro que o propósito principal da casa de Deus é orar. "Não sabeis que sois o templo [ou a casa] de Deus e que o Espírito de Deus habita em vós?" (1 Cor 3:16).

Desde o início, Deus criou o homem para ter comunhão com Ele. Ele andava com o homem no frescor do dia (Gn 3:8).

Através da oração, Deus se comunica conosco, e nós com Deus. Assim como meu relacionamento com Sue, não é uma comunicação unidirecional. A comunicação mais profunda, afinal, é compartilhar nosso coração uns com os outros. Abraão é chamado o pai da nossa fé porque tinha um relacionamento íntimo com Deus, em que Deus o chamava de Seu amigo (Tg 2:23).

A oração é ouvir a voz de Deus e falar o que Ele quer que oremos. Jesus disse em João 15:7 (NVI), "Se vocês permanecerem em mim, e as minhas palavras permanecerem em vocês, pedirão o que quiserem, e lhes será concedido".

DA OBRIGAÇÃO AO DELEITE

A transferência que recebi de Lou Engle transformou minha vida de oração. Primeiro, passei da oração como uma obrigação a uma disciplina pura, mas agora posso dizer honestamente diante do Senhor que é um deleite. O que quero dizer é que o meu tempo diário com Jesus é o ponto alto do meu dia. Eu anseio por ir para a cama cedo para poder acordar, entrar na Sua Palavra e orar. Antes de falar mais sobre oração, quero lhe dar um vislumbre da minha vida de oração.

Eu escrevo minhas orações todas as manhãs. Ao fazer isso, consigo várias coisas durante o meu tempo de oração. Primeiro, sou consistente. Porque estou registrando ou escrevendo minhas orações, isso me mantém responsável, pois não quero deixar de registrar nenhum dia. Como resultado, não me lembro da última vez que deixei em escrever, e assim, falhei no meu tempo de intercessão. Em segundo lugar, uso esse tempo para manter um diário breve sobre o que aconteceu no dia anterior. Na verdade, essa é minha maneira de entrar nas Suas portas com ação de graças e nos Seus átrios com louvor (Sl 100:4). Começo adorando e agradecendo por coisas específicas que ocorreram no dia anterior.

Por exemplo, eu estava no Havaí, trabalhando nos capítulos finais deste livro. Tínhamos acabado de fazer nossa viagem em família, e eu usei os poucos dias extras no Havaí para terminar o manuscrito. Deixe-me dar um exemplo de uma entrada real de ontem. (A propósito, antes de continuar, não estou dizendo que você deve manter um diário, mas é o que faço, e se isso ajudar a manter sua consistência, ótimo!)

> Sexta-feira, 16 de agosto de 2024, Honolulu
>
> Pai, eu Te amo e Te adoro! Obrigado pela Tua graça ontem. Fui capaz de encontrar um novo e ótimo restaurante, o Rob's Good Time, com um dos melhores hambúrgueres, e pude devolver o carro, fazer o check-out do hotel e pegar o voo seguinte, mesmo tendo meu voo sido cancelado. Embora não houvesse lounge no aeroporto de Lihue, pude trabalhar por três horas na Starbucks do aeroporto no meu livro. Deus, Tu és tão bom para comigo! Eu Te amo e Te adoro! Obrigado pelo jantar com os Yamada ontem à noite.
>
> Obrigado pela revelação de que o céu está me convidando para um relacionamento íntimo com o Ser Triúno. Pai, oro para que eu seja um como Tu és em mim e eu em Ti, para que Tu possas estar em mim, para que o mundo creia que Tu enviaste Jesus. **João 17:21 — "para que todos sejam um, assim como Tu, Pai, estás em mim, e eu em Ti, para que também eles estejam em Nós, para que o mundo *creia* que Tu me enviaste. 22 A glória que me deste eu dei a eles, para que sejam um, assim como nós somos um, 23 eu neles e Tu**

> **em mim, para que sejam perfeitos em unidade, para que o mundo saiba que Tu me enviaste e os amaste, assim como me amaste"**. Pai, ajuda-me a andar em união Contigo, Jesus, e o Espírito Santo. Tu em mim, eu em Ti — Jesus e o Espírito Santo e o Pai em mim. Obrigado por me amares como amaste a Jesus. Eu Te adoro e engrandeço o Teu nome.

No dia seguinte, tive um dia difícil depois de não ter dormido o suficiente porque o quarto de hotel que me deram ficava do lado da rua movimentada da Kalakaua Ave. Depois, tive que falar em uma conferência em Nashville usando uma plataforma virtual com a qual eu não estava familiarizado. Aqui está meu registro:

> Sábado, 17 de agosto de 2024, Honolulu
>
> Pai, eu Te amo e Te adoro! Tu és capaz de fazer muito mais abundantemente além de tudo o que eu possa pensar ou pedir. Obrigado pelo quarto atualizado. Obrigado pelos 5 mil pontos adicionados à minha conta Bonvoy devido ao fato de que me colocaram no lado da rua do hotel e os ciclistas me mantiveram acordado à noite. Obrigado porque o Zoom correu bem, mesmo sem saber se estava ou não on-line. Realmente falei pela fé. Obrigado por me permitir ter uma refeição maravilhosa na Beach House, aqui no Westin. Obrigado porque consegui escrever bastante e também treinar. Dou-Te toda a gratidão e louvor. Tua bondade e favor são mais do que tudo o que posso pedir ou pensar.

(Por sinal, você vai perceber como eu anoto os restaurantes onde como. Sou um verdadeiro fã de comida; poderia ser jornalista do Food Channel!)

Finalmente, adoro fazer anotações porque, quando o faço, fico responsável por orar pelas pessoas pelo nome. Não vou revelar minha lista de oração, pois isso é entre mim e o Senhor, mas quando digo às pessoas que oro por elas diariamente, não é exagero. Eu escrevo seus nomes e oro por elas enquanto faço minhas anotações. E como minha lista é longa, acabo orando por mais de uma hora todo dia, sem contar o tempo de oração com a Sue ou o tempo dedicado à Palavra, que é o que mais me dou margem para fazer.

Então, quando dei o título a este capítulo de "De petição a guerra espiritual", fiz isso com o reconhecimento de que sou, sem dúvida, peticionário e intercessor. Não sou um intercessor de classe mundial como alguns dos meus amigos, mas adoro orar. Contudo, sei que, para ver avivamento e reforma, precisamos aprender a fazer guerra espiritual eficaz — especificamente guerra espiritual em nível estratégico — e devemos valorizar os encontros de oração corporativa.

A DEFINIÇÃO DE GUERRA ESPIRITUAL ESTRATÉGICA

Quero focar a guerra espiritual porque a verdadeira batalha pela "alma de qualquer nação" é, antes de tudo, uma batalha espiritual. Acredito que precisamos amarrar as forças das trevas e liberar o reino de Deus para mudar a cultura de uma nação. Esta é a batalha que está impedindo as pessoas de ser salvas, pois "o deus deste século cegou o entendimento dos incrédulos" (2 Cor 4:4 NVI). Portanto, precisamos vencer a batalha nos céus para ver as mudanças na salvação, bem como no governo. A segunda forma de mudar nossa cultura é através da verdade e dos valores bíblicos. Na minha opinião, não é uma coisa nem outra. Precisamos nos engajar em ambas as áreas.

O apóstolo Paulo escreve, em Efésios 6:12 (NVI),

"Pois a nossa luta não é contra carne e sangue, mas contra os principados, contra as potestades, contra os governantes deste mundo tenebroso, contra as forças espirituais do mal nas regiões celestes".

Em Efésios 6, o contexto da guerra espiritual é a igreja corporativa. Paulo não estava apresentando uma perspectiva individualista sobre a oração. Ele estava incentivando os crentes de Éfeso a se manter firmes na fé, juntos, como o Corpo de Cristo unido (Ef 6:10-18; Ef 2:14-16). Peter Wagner, em seu livro *This Changes Everything* ["Isso muda tudo"], comenta sobre Efésios 6:12:

> Nossa missão é atacar agressivamente. Agora não é o momento para a passividade! Ficar esperando e torcendo que Deus salvará o mundo sem nós é um pensamento equivocado... Deus está nos enviando para o mundo invisível para combate corpo a corpo. Paulo usou a palavra "lutar" para descrever esse combate. A luta era o esporte de contato mais próximo e intenso no Império Romano... Não devemos recuar da nossa missão.[58]

Perceba que Peter Wagner está defendendo a oração agressiva e ofensiva. Jesus declarou guerra contra satanás. Ele disse: "Eu edificarei a minha igreja, e as portas do inferno não prevalecerão contra ela" (Mt 16:19). Portas não atacam você; você ataca as portas do inferno. Por muito tempo, a igreja tem estado na defensiva, apenas segurando a vida até que Jesus volte e nos arrebate. Minha Bíblia ensina que Jesus veio para destruir as obras do diabo (1 Jo. 3:8), e eu estou aqui para reforçar a vitória que Jesus conquistou na cruz com a declaração: "Está consumado!".

58 C. Peter Wagner, *This Changes Everything*. Baker Publishing Group, Kindle Edition, p. 98-99.

Jesus refletiu esse chamado para a guerra espiritual corporativa em Mateus 18:18-20, onde Ele fala sobre usar nossa autoridade para ligar e desligar em oração corporativa. (Nota: cada ocorrência da palavra "vocês" nesses versículos é no plural no grego.)

Em verdade vos digo que tudo o que ligardes na terra será ligado no céu; e tudo o que desligares na terra será desligado no céu. E novamente vos digo que, se dois de vós concordarem na terra, acerca de qualquer coisa que pedirem, será feito por meu Pai, que está nos céus. Pois onde dois ou três estiverem reunidos em meu nome, ali estou eu no meio deles.

Treinamento para reinar

À luz do que as Escrituras claramente articulam, a guerra já foi vencida. Já lemos o final da história — todo joelho se dobrará diante do Rei Jesus (Fl 2:9-11). Ao mesmo tempo, ainda há batalhas a ser lutadas para chegarmos àquela vitória final. Jesus nos deu a autoridade — Sua autoridade — para destruir as obras do inimigo e avançar com Seu reino na terra (1 Jo 3:8; 4:17). Ele nos deu a Grande Comissão para discipular as nações e incutir nelas a cultura do reino dos céus (Mt 28:18-20).

A realidade contínua da guerra espiritual tem o objetivo de nos treinar para governar e reinar com Deus. Desde o princípio, Deus nos fez a Sua imagem e semelhança, e nos deu um mandamento para subjugar o inimigo e cogovernar com Ele sobre a terra (Gn 1:27-28). Esse mandato de domínio nunca mudou!

O falecido autor Paul Billheimer, em seu livro *Destinado ao trono*, afirma que atualmente estamos treinando para reinar. Billheimer apresenta um caso convincente de que se engajar na guerra espiritual e ser proativo na oração nos prepara para nosso destino eterno. À medida que colocamos nossa fé em ação no aqui e agora, tudo isso constitui um treinamento prático para nossas atribuições divinas no novo céu e na nova terra que virão.

OS TRÊS NÍVEIS DA GUERRA ESPIRITUAL

O primeiro nível da guerra espiritual é o *nível terreno*. Aqui é onde devemos expulsar demônios de indivíduos e trazer liberdade da opressão demoníaca de pessoa para pessoa.

O segundo é o *nível oculto*. Isso inclui tudo, feitiçaria, magia negra, sessões espíritas, práticas de Nova Era, cartas, horóscopos e coisas do tipo. Precisamos estar cientes — e não temerosos — desse nível de guerra, e devemos estar equipados para vencê-lo estrategicamente.

O terceiro é o *nível estratégico*. Aqui é onde devemos confrontar as potestades e principados que influenciam as nações. Um dos mais significativos pontos fortes, como mencionado em *The Last of the Giants* de George Otis Jr., é o Islã. Otis o identificou como um poderoso ponto forte espiritual, e acredito que existem ainda mais forças em ação do que ele discutiu.

O Islã, como Otis observa, é um grande ponto forte, com mais de 1,25 bilhão de muçulmanos vivendo sob engano espiritual. A ideologia que Maomé recebeu, alegando que Alá é o Deus de Abraão, Isaac e Jacó, é diferente do Deus da Bíblia. As práticas opressivas dentro do Islã — como o mandamento de matar apóstatas, o conceito de Jihad e o uso de escudos humanos — são manifestações de um principado espiritual subjacente. Por exemplo, o livro de Daniel menciona o Príncipe da Pérsia, um principado que estava envolvido em guerra espiritual contestando as orações de Daniel. Os eventos de 7 de outubro de 2023 destacam a escuridão por trás dessa ideologia, pois atos de violência foram justificados em nome da religião. Além disso, a imposição da lei Sharia, que oprime as mulheres e promove a injustiça, é um exemplo claro de injustiça. Como a Bíblia diz em Efésios 6:12, não lutamos contra carne e sangue, mas contra forças espirituais do mal.

Outro principado significativo que vejo é o comunismo. As políticas econômicas defendidas por líderes como Kamala Harris são puro socialismo, o que acredito que devastaria nossa nação, assim como aconteceu na Venezuela. Essa mudança para o comunismo, o socialismo e o marxismo é outra manifestação de um ponto forte espiritual, visando minar nossos valores e liberdades.

Portanto, precisamos nos engajar de forma eficaz. Isso envolve não apenas oração, mas também ser guiados pelo Espírito Santo para realizar atos proféticos que tragam o reino dos céus à terra.

INTERCESSÃO PROFÉTICA NA DEVIL'S GATE (PORTÃO DO DIABO)

Para ilustrar o que quero dizer com atos proféticos, quero compartilhar uma história do livro de Lou Engle, *Cavando os poços do avivamento*. A história começa quando Deus lhe deu um sonho e o levou a realizar um ato de intercessão profética sobre nossa região no sul da Califórnia:

Devil's Gate, ou Portão do Diabo, era o nome de uma represa que protegia a nascente original de Pasadena e Los Angeles. Várias pessoas morreram durante a construção da rodovia perto da represa, e inúmeros assassinatos e suicídios ocorreram ao longo do rio Arroyo Seco, que flui da represa. Intercessores em Los Angeles perceberam que o nome literalmente trouxe uma maldição sobre a cidade. Ao recordar as palavras do meu sonho, entendi que o Senhor queria que eu jogasse sal no riacho como um sinal de purificação, pedindo perdão em nome dos nossos antepassados por amaldiçoar a água, e implorando a Deus para derramar os rios do avivamento sobre Pasadena e Los Angeles. Deus estava me pedindo para fazer o mesmo por Los Angeles [como Eliseu fez em 2 Rs 2:19-22] para trazer cura e frutificação para as águas que estavam produzindo morte espiritual.

Pouco depois do meu sonho, uma equipe de intercessão se juntou a mim lá, onde jogamos sal no riacho e clamamos por uma renovação das misericórdias da aliança de Deus... Profetizamos a mudança do nome demoníaco e a remoção da maldição lançada pela atribuição do nome. Também pedimos a Deus que perdoasse o povo de Los Angeles por quebrar a aliança com Ele.

Na época da nossa visita à Devil's Gate, o sul da Califórnia estava no meio de uma seca de cinco anos. Milhares de cristãos estavam orando pela chuva. Oito dias após nosso ato intercessório em nome da cidade, as chuvas começaram a cair, de tal forma que os jornais chamaram aquele mês de "Março Milagroso".

... Por dois anos, não vimos evidências visíveis de que nossos atos de intercessão profética realizaram alguma coisa. Um dia, Angela Blair, uma intercessora da equipe que havia ido até a represa, perguntou ao Senhor por que o nome do Portão do Diabo ainda não havia sido mudado. O Senhor respondeu a ela que o nome estava, de fato, mudando, e que nos dias seguintes a represa e a área ao redor seriam chamadas pelo nome indígena. Imagine nossa alegria quando, um mês depois, lemos este anúncio no *Pasadena Focus*, o boletim oficial da cidade: "Hahamongna. Esse é o nome que os gabrielinos (os primeiros indígenas de Pasadena) deram ao que agora é conhecido como 'Portão do Diabo...' A tradução para o português é 'Águas Fluentes: Vale Frutífero'. Quase todos concordam que Hahamongna seria um nome mais apropriado para esse recurso comunitário há muito negligenciado depois de ser restaurado ao seu estado natural".

As palavras que profetizamos agora foram proclamadas publicamente! Havíamos orado especificamente para que a maldição da esterilidade fosse quebrada, como aconteceu quando Eliseu purificou as águas de Jericó. Agora, o boletim oficial de Pasadena relatava a restauração do nome indígena original, Águas Fluentes e Vale Frutífero. Isso foi um sinal para nós de que o avivamento viria para Pasadena e se espalharia para Los Angeles.[59]

59 Lou Engle, *Digging the Wells of Revival*. Destiny Image, Kindle Edition, p. 181-185.

AMARRANDO O PRÍNCIPE DA PÉRSIA

Um exemplo mais recente de guerra de nível estratégico aconteceu em 8 de maio de 2024. Tive a oportunidade de facilitar a Marcha Unidos por Israel na University of Southern California, onde vivenciamos um momento poderoso de oração, arrependimento por identificação e reconciliação.

Durante esse encontro, ouvimos de um jovem que era originalmente muçulmano do Irã. Dez anos antes, ele estava com pensamentos suicidas, mas teve um encontro radical com Jesus e agora O segue apaixonadamente. Esse jovem se arrependeu publicamente em nome do Irã pelo genocídio cometido em 7 de outubro de 2023. Também tivemos uma mãe judia, fluente em hebraico, que ficou profundamente comovida com as atrocidades de 7 de outubro. No dia seguinte, 8 de outubro, ela se sentiu compelida a participar de um culto, no qual entregou sua vida a Yeshua. Ela perdoou publicamente o Irã e o Hamas, e selamos esse momento com um serviço de comunhão.

Em seguida, oramos por avivamento e despertar espiritual entre muçulmanos e judeus em todo o mundo, com a esperança de vê-los se rendendo a Jesus. Também amarramos coletivamente o espírito por trás do Príncipe da Pérsia e do antissemitismo, que aumentou nos últimos meses, especialmente na América. Foi realmente um encontro poderoso e transformador.

Menos de duas semanas depois, em 19 de maio de 2024, a notícia de última hora chegou de que o presidente iraniano Ebrahim Raisi morreu em um acidente de helicóptero. Também testemunhamos resultados semelhantes com líderes do Hamas e do Hezbollah, que foram eliminados por ataques direcionados ou por aparentes acidentes. Esses eventos ocorreram após nossas orações, à medida que os principados demoníacos que protegiam esses líderes foram confrontados e enfraquecidos. Não estou afirmando que fomos os únicos a fazer guerra espiritual estratégica durante esse período, mas quero reconhecer o que Deus fez como resultado da nossa obediência em orar da maneira que Ele nos guiou.

REGRAS DE ENGAJAMENTO

Ao fazer guerra espiritual, especialmente nos níveis mais altos de batalha, é essencial que sigamos certas regras de engajamento. Vou resumi-las abaixo.

Primeiro, certifique-se de que não há buracos na sua armadura. Como vemos em Efésios 6, devemos andar proativamente em obediência a Deus para garantir que estamos com a armadura de Deus equipada nas seguintes áreas:

- Cinto da Verdade: viva na verdade e na integridade (Ef 6:14a);
- Couraça da Justiça: devemos andar em santidade e justiça (v. 14b);
- Evangelho da Paz: prepare-se para espalhar a mensagem do reino, que traz paz, alegria e justiça no Espírito Santo (v. 15);
- Escudo da Fé: fortaleça sua fé para resistir aos principados e potestades (v. 16);
- Capacete da Salvação: esteja seguro em sua identidade em Cristo (v. 17a);
- Espada do Espírito: use a Palavra de Deus em suas declarações e guerra espiritual (v. 17b).

Segundo, devemos nos engajar em oração corporativa. É crucial unir-se em oração com os outros quando se trata de batalhas espirituais de nível mais alto.

Terceiro, tenha um escudo de oração ao seu redor. Recrute outros intercessores para cobri-lo ativamente em oração, proporcionando assim um escudo espiritual. Acredito que todos os líderes dos cinco ministérios devem ter um escudo de oração cobrindo-os, seja um grupo de voluntários ou intercessores pagos.

DECRETOS APOSTÓLICOS E PROFÉTICOS

Apóstolos e profetas trabalham juntos na guerra espiritual, fazendo decretos apostólicos e proféticos. Isso é fundamentado em Mateus 16:18-19 e Mateus 18:19-20, em que Jesus dá à igreja a autoridade para ligar e desligar na terra como é no céu. Essa autoridade permite à igreja atacar espiritualmente as portas do inferno, seguindo a direção de Deus através da visão profética.

Embora todos os crentes tenham autoridade sobre o inimigo, os apóstolos são confiados com autoridade extraordinária para travar guerra espiritual (ver 1 Cor 12:28). Essa colaboração entre apóstolos e profetas na oração de nível estratégico pode trazer grandes avanços na sociedade, como ilustrado pela história a seguir.

O *recall* da Califórnia

No final de 2002, durante uma temporada de oração intensa, Lou Engle recebeu um sonho sobre Gray Davis, o governador da Califórnia na época. No sonho, Lou viu Davis participando do TheCall em São Francisco, que aconteceria no ano seguinte. Embora soubesse que Davis não iria a esse evento, Lou se sentiu levado a intensificar nossas orações pelo governador. A liderança de Davis havia levado a Califórnia a uma crise econômica significativa, com bilhões de dólares em déficit, e suas políticas eram tão problemáticas quanto às de Newsom hoje. Embora os movimentos radicais transgêneros e LGBTQ+ ainda não estivessem totalmente desenvolvidos naquela época, as políticas de Davis já estavam indo nessa direção. Nós amarramos corporativamente as forças espirituais por trás de sua governança e oramos por sua salvação.

Não muito tempo depois, em 5 de fevereiro de 2003, o processo de *recall* contra Davis começou oficialmente, marcando a primeira vez na história que um governador da Califórnia foi destituído. Mais tarde, nesse ano, uma eleição especial foi realizada em 7 de outubro, e em 17 de novembro Arnold Schwarzenegger foi empossado como o novo governador. Acreditamos que essa mudança dramática na liderança foi um resultado direto das nossas orações. Embora alguns possam descartar isso como uma coincidência, eu firmemente acredito, como diz 2 Crônicas 20:20, que, quando acredita nos profetas, você tem sucesso. Esse princípio se provou verdadeiro várias vezes.

TheCall Coreia

Ainda naquele ano, realizamos o TheCall no Estádio Olímpico em Seul, Coreia do Sul. Tivemos uma grande participação, 60 mil pessoas. O único problema foi que estava chovendo torrencialmente havia dias, incluindo o dia do evento. Devido à chuva constante, havia apenas algumas centenas de pessoas reunidas perto do palco, enquanto milhares de outras estavam andando pelas áreas cobertas do estádio, sem se engajar realmente em oração.

Enquanto estava no palco ao lado de Lou, ele se virou para mim e disse: "Ché, eu acabei de receber uma palavra de Deus. Você deve orar para que a chuva pare".

Um pouco hesitante, respondi: "Lou, você é quem recebeu a palavra. Ore você".

"Não, você é o apóstolo", ele contra-argumentou. "Você precisa fazer o decreto."

Sabendo que Lou estava certo, eu cedi e fui até o microfone. Pedi a atenção de todos e então anunciei que íamos orar juntos para que o dilúvio cessasse. Minha oração foi simples: "Senhor, oro para que a chuva pare e o céu se limpe sobre este estádio, em nome de Jesus".

Poucos minutos depois, as gotas de chuva pararam de cair, e a luz do sol se abriu sobre o estádio. Estupefato, olhei *ao redor* e vi que ainda chovia ao redor do estádio, mas não acima de nós. Era literalmente um céu aberto sobre nós!

Sentimos um vento fresco em nossas velas enquanto milhares de pessoas começaram a descer e se engajar em oração como um corpo corporativo unido. Se você nunca esteve em uma reunião de oração com milhares de coreanos, está perdendo uma grande experiência! No final, reconhecemos que esse milagre foi resultado do papel importante que apóstolos e profetas desempenham em parceria um com o outro. Lou ouviu a palavra profética, eu fiz o decreto apostólico — e Deus fez o resto.

Libertando os cativos

Este próximo testemunho, assim como o seguinte, ocorreu pouco antes do lançamento deste livro. Britt Hancock, fundador e diretor da Mountain Gateway, é um evangelista que trabalhou com o ministério de David Hogan por anos antes de iniciar o seu próprio. Em novembro de 2023, Britt me enviou fotos do trabalho incrível que eles estavam realizando na Nicarágua, onde fizeram uma parceria com Nathan Morris, do Shake the Nations Ministries. Juntos, lideraram reuniões de avivamento na Nicarágua que alcançaram mais de um milhão de pessoas. Um de seus eventos viu 270 mil pessoas se reunirem na Praça da Revolução, em Manágua, com centenas de milhares comprometendo sua vida com Cristo em várias cruzadas. Dezenas de milhares de pessoas foram curadas milagrosamente, e o movimento ganhou atenção significativa.

No entanto, esse sucesso também atraiu o olhar do governo nicaraguense. Em dezembro de 2023, 13 pastores e advogados afiliados à Mountain Gateway foram presos sob acusações falsas pelo regime repressivo do presidente comunista da Nicarágua, Daniel Ortega. Os membros da equipe de Britt foram condenados injustamente a penas de prisão de 12 a 15 anos. No total, 130 missionários e cristãos foram presos durante essa repressão do governo.

Quando me encontrei recentemente com Nathan Morris na conferência Empowered21, em Jacarta, ele compartilhou pessoalmente uma atualização sobre os esforços para garantir a libertação da equipe da Mountain Gateway e revelou que nada havia funcionado. Apesar de receber reconhecimento de muitos, incluindo o Departamento de Estado dos EUA e líderes cristãos proeminentes, a situação parecia desesperadora. Senti-me guiado pelo Senhor a convidar Nathan para Los Angeles, a fim de ajudar a alcançar nossa comunidade hispânica, especialmente os jovens, com o evangelho. Nathan, imediatamente, me disse que estava disposto. Eu também sabia que precisava conversar com Britt Hancock, já que sua equipe foi crucial na organização das cruzadas na Nicarágua.

Então, no início de setembro de 2024, liguei para Britt durante uma escala em Washington, D.C., e o convidei a se juntar a nós nesses novos projetos em Los Angeles. "Eu estarei lá", ele disse. "Estou 100% comprometido." Mas acrescentou: "No entanto, minha equipe ainda está na prisão, e são eles que realmente sabem como organizar esta cruzada na cidade".

Nesse momento, senti que o Senhor me deu uma palavra para ele de Lucas 4:18. Eu disse: "Britt, à medida que você faz este compromisso com Los Angeles, o Senhor está dizendo: 'O Espírito do Senhor está sobre Mim, porque Ele me ungiu para pregar o evangelho aos pobres; Ele me enviou para curar os quebrantados de coração, para proclamar liberdade aos cativos e recuperação da vista aos cegos, para pôr em liberdade os oprimidos'. Acredito que os 13 cativos serão libertados à medida que você fizer esse compromisso".

Eu liberei essa palavra sobre ele e fiz um decreto apostólico pelo telefone. A data era 4 de setembro. O que eu não sabia na época era que Britt e sua esposa, que estavam ouvindo pelo viva-voz, haviam acabado de receber a notícia naquele dia de que os pastores seriam vindicados e libertados da prisão. No entanto, eles não podiam divulgar a notícia legalmente até que fosse oficial. Durante a ligação, a esposa de Britt, surpresa com o momento do meu decreto, escreveu o versículo de Lucas 4:18 em um pedaço de papel.

Na manhã seguinte, em 5 de setembro, Britt me enviou uma mensagem com a incrível notícia: os 13 cativos haviam sido libertados! Certamente, milhares de pessoas estavam orando por essa libertação, mas senti que foi uma confirmação profética de que sua libertação estava ligada à obediência de Britt e seu compromisso de vir para Los Angeles. Essa libertação também foi uma confirmação para nós, da Harvest Rock Church, de seguir em frente com o plano de alcance de três anos a partir de 2025. A cada ano, vamos realizar cruzadas em toda a cidade dentro de um raio de 30 minutos da Universidade da Califórnia do Sul (USC), culminando em um evento no estádio LA Memorial Coliseum em 2028. A súbita libertação dos cativos serviu profeticamente como um sinal verde para seguirmos em busca da colheita em Los Angeles.

O decreto Trump-Jeú

A história final que quero compartilhar neste capítulo aconteceu enquanto este livro estava em suas etapas finais de edição, antes da publicação. No dia 12 de outubro de 2024 — Yom Kipur, o Dia da Expiação —, nós nos reunimos no National Mall, em Washington, D.C., para um evento chamado A Million Women ["Um milhão de mulheres"], liderado por Lou Engle e Jenny Donnelly. De acordo com uma estimativa conservadora da polícia do parque, vimos mais de 370 mil mulheres e homens presentes nesta assembleia de oração. Além disso, outros 10 milhões de participantes se uniram à oração por meio de videoconferência de todo o mundo. A presença foi impressionante, à medida que tivemos uma visão mais ampla do poder liberado quando os crentes se unem em unidade corporativa para buscar o rosto de Deus e interceder pela nossa nação.

Nesse dia, enquanto estava no palco próximo ao icônico trecho de grama de frente para o Monumento de Washington, fiz um decreto apostólico enquanto o sol se punha sobre a capital do nosso país. Antes de entrar nos detalhes, quero compartilhar a profunda jornada que me levou a fazer esse decreto significativo.

A jornada começou no dia 2 de setembro, quando estava conversando com Lou Engle em uma chamada de Zoom. Depois de me convidar para apoiá-lo na liderança no dia 12 de outubro, Lou me perguntou como eu queria participar no dia do evento. A impressão que tive na época foi de fazer algum tipo de decreto apostólico lidando com o espírito de Jezabel. Como Lou pode testemunhar, temos enfrentado a fortaleza espiritual de Jezabel na Califórnia nos últimos mais de 40 anos, pois o principal ponto de apoio dessa potestade reside em São Francisco. Isso é significativo porque São Francisco foi o berço da revolução sexual e do movimento dos direitos gays nas décadas de 1960 e 1970, e também nos deu líderes como Gavin Newsom, Nancy Pelosi, Dianne Feinstein e Kamala Harris. (Para ser claro, nenhum desses líderes políticos é a personificação de Jezabel, mas eles são um *tipo* de como o espírito de Jezabel pode se manifestar por meio da liderança política alinhada com o sistema de valores de Jezabel.)

Como mencionei anteriormente, frequentemente faço decretos com base em palavras *rhema* que os profetas da minha vida me deram. No entanto, como ainda não havia recebido uma palavra profética ou confirmação, eu disse a Lou que queria dedicar mais tempo a orar sobre o decreto e realmente ouvir de Deus.

Nos três dias de setembro seguintes, testemunhei a incrível reviravolta dos acontecimentos relacionados à libertação dos 13 pastores do Mountain Gateway. Esse poderoso testemunho fortaleceu significativamente minha fé para fazer meu decreto em 12 de outubro. Vi claramente como Deus estava agindo quando fiz o decreto na chamada telefônica com Britt Hancock, e sabia que Deus se moveria poderosamente novamente. Ainda assim, não estava certo quanto à redação exata do decreto.

Então, numa noite, estava ouvindo um ensinamento de Jonathan Cahn, em que ele compartilhava percepções sobre a eleição presidencial de 2016. Ele descreveu Hillary Clinton como um tipo de Jezabel e Donald Trump como um tipo de Jeú. Segundo as Escrituras, Jeú foi um líder militar em Israel, que, embora fosse falho, foi ungido por Deus para cumprir Seus propósitos naquela geração (1 Rs 19:15-18). O feito mais icônico de Jeú foi expulsar Jezabel e acabar com o reinado de maldade deste (2 Rs 9:30-37). Portanto, a vitória do presidente Trump sobre Hillary Clinton em 2016 serviu como uma imagem profética de um líder tipo Jeú derrotando uma líder tipo Jezabel.

Quando ouvi isso, uma ideia me ocorreu na mente: eu deveria decretar que Trump, novamente como Jeú, derrotaria Kamala Harris, outro tipo de Jezabel, por meio dos resultados da eleição de 2024. Lou também me contou que Jonathan Cahn sentiu-se profeticamente levado a quebrar um altar de Ishtar, ou Asherá, no dia 12 de outubro. Isso se conectava com o confronto no Monte Carmelo entre Elias e os profetas de Baal e Asherá, os deuses que o rei Acabe e Jezabel adoravam (veja 1 Rs 18). Agora, eu sabia que faria meu decreto depois que aquele altar fosse quebrado, como um símbolo de quebrar o poder de Jezabel.

Assim, no dia 12 de outubro, após 10 horas de oração e jejum corporativos, juntei-me a muitos outros apóstolos e profetas no palco para destruir o altar de Ishtar. (Eu não tinha percebido inicialmente que Jonathan Cahn planejava trazer um altar de pedra em si para a capital!) Depois que a maior parte do altar desmoronou, peguei um dos pedaços de pedra e o joguei em uma lata de lixo fora do palco como um simples ato profético. Em seguida, fiz o seguinte decreto apostólico:

> Acredito no que Jonathan Cahn diz, que Trump é um tipo de Jeú e Kamala Harris é um tipo de Jezabel. E como vocês sabem, Jeú expulsou Jezabel... Eu decreto, em nome de Jesus, e decreto pela fé que Trump vencerá no dia 5 de novembro. Ele será o nosso 47º presidente, e Kamala Harris será expulsa, e ela perderá, em nome de Jesus.[60]

Agora, à medida que escrevo, em outubro de 2024, a eleição ainda não ocorreu, mas estou totalmente confiante nesta jornada profética que me levou a decretar que Trump vencerá. Estou dando um passo de fé para incluir esta seção no livro, reconhecendo que, quando este livro for publicado em dezembro, a eleição já terá ocorrido. Sempre acreditei que a fé envolve risco, e sinto que preciso ficar firme no que Deus me falou. É assim que entendo os decretos: eles acontecem quando primeiro ouvimos do céu, então fazemos o decreto, e permanecemos em fé que está feito, baseado no que ouvimos de Deus.

Dez dias após fazer esse decreto em Washington, D.C., fui convidado para uma reunião de oração em Atlanta, onde

---

60 A Million Women Live Stream. *A Million Women*. 12 de outubro de 2024. Disponível em: https://youtu.be/JHAMWJeVOQo?t=36501. Acesso em: 7 mar. 2025.

o presidente Trump se encontraria com 300 pastores após um de seus comícios. Concordei com os planos de última hora e reservei um voo para chegar a tempo. Com 15 mil pessoas convergindo para a cidade para o comício, os hotéis estavam completamente lotados.

Após chegar a Atlanta, nosso pastor da igreja HIM local me pegou e estava planejando me acompanhar para a reunião. No entanto, algumas horas antes, recebi uma mensagem da minha liaison perguntando se eu ainda iria. "Sim", respondi. "A reunião ainda vai acontecer?". Ela respondeu: "As coisas mudaram porque o local onde teremos a reunião de oração é muito pequeno. Então, vamos ter apenas 80 pastores, em vez de 300".

Meu pensamento imediato foi perguntar se eu estava entre os 80, mas escolhi entregar isso a Deus, orando: "Senhor, se você quer que eu esteja lá, acredito que você falou comigo para aceitar este convite. Estou aqui para apoiar Trump, e será um grande comício, independentemente disso".

Apenas duas horas antes da reunião, soube que fui incluído no grupo dos 80, o que foi uma maravilhosa surpresa. Então, fui até a área designada uma hora antes da chegada de Trump. Descobri que o pastor responsável, do ministério de Charlie Kirk, TPUSA, havia organizado para que vários líderes orassem por Trump. Pediram a Ben Carson, Jentezen Franklin e Jenny Donnelly para orarem sobre ele. Fiquei surpreso mais uma vez quando o pastor me perguntou se eu também oraria. Foi providencial, já que meu ministério não tem base em Atlanta e não é tão conhecido quanto alguns dos outros.

Finalmente, chegou o momento de os quatro de nós encontrarmos o presidente Trump, apertarmos sua mão, triarmos uma foto com ele e, em seguida, impormos as mãos sobre ele, orando um após o outro. Quando foi minha vez de orar, declarei Isaías 11:2-3 sobre Trump: "O Espírito do Senhor repousará sobre Ele, o espírito de sabedoria e entendimento, o espírito de conselho e de fortaleza, o espírito de conhecimento e de temor do Senhor...". Declarei a ele: "Você se alegrará no temor do Senhor" (v. 3). Esse versículo, claro, fala sobre Jesus, mas acredito que também pode se aplicar a todos os crentes.

Meu encontro em Atlanta foi surreal, e não pude deixar de me maravilhar com a forma como Deus orquestrou tudo isso. Nesta temporada notável, acredito que a eleição de 2024 será um grande sinal do que continuará a se desenrolar, tanto no espiritual quanto no natural. Estamos nos estágios iniciais de um Terceiro Grande Despertamento, e vamos ver o maior avivamento e a maior reforma da história. É hora de a igreja se levantar em nossa autoridade legítima e conquistar território para o reino de Deus!

(Esses testemunhos forneceram alguns exemplos de decretos apostólicos e proféticos da minha caminhada com Jesus. Para quem tiver interesse em aprender mais sobre o apostólico, leia meu livro *Modern Day Apostles* ["Apóstolos dos dias de hoje"].)

Junte-se a mim em oração ao encerrarmos:

> Pai Celestial, eu creio que Tu me chamaste para ser uma casa de oração. Obrigado por me dar Tua autoridade e poder para vencer todas as obras do inimigo. Dá-me sabedoria e visão celestial para que eu possa guerrear eficazmente no Espírito. Capacita-me pelo Teu Espírito para orar profeticamente e apostolicamente para avançar o Teu reino na terra hoje — em nome poderoso de Jesus, amém!

10

CAPÍTULO

De ir à igreja a ser a igreja

E ELE MESMO CONCEDEU UNS PARA APÓSTOLOS, OUTROS PARA PROFETAS, OUTROS PARA EVANGELISTAS E OUTROS PARA PASTORES E MESTRES, COM VISTAS AO APERFEIÇOAMENTO DOS SANTOS PARA O DESEMPENHO DO SEU SERVIÇO, PARA A EDIFICAÇÃO DO CORPO DE CRISTO, ATÉ QUE TODOS CHEGUEMOS À UNIDADE DA FÉ E DO PLENO CONHECIMENTO DO FILHO DE DEUS, À PERFEITA VARONILIDADE, À MEDIDA DA ESTATURA DA PLENITUDE DE CRISTO.

(EF 4:11-13 NAA)

Em algum momento no início de 2022, antes da minha primeira viagem de retorno à Coreia do Sul após os *lockdowns*, tive um sonho profético. No sonho, eu estava sentado a uma mesa com uma folha de papel em branco à minha frente. Meu pai estava ao meu lado direito, e meu tio estava ao meu lado esquerdo. Ambos queriam que eu escrevesse meu nome em coreano. O problema era que eu não sabia como! Não sei falar nem escrever em coreano, embora me lembre de ter sido ensinado a escrever meu nome quando era criança. Com o passar dos anos, esqueci completamente o alfabeto coreano. Mas, no sonho, parecia essencial que eu me lembrasse de como escrever meu nome — porque nosso nome está ligado à nossa identidade, e a identidade está entrelaçada com o nosso destino.

Ainda no sonho, peguei a caneta e escrevi meu nome em letras coreanas. Quando acordei, soube por revelação como escrever meu nome de novo. O Senhor trouxe isso de volta para mim, mesmo que eu o tivesse esquecido desde a infância. Até hoje, ainda consigo escrever meu nome em coreano. Claro, é um nome simples, nada difícil, mas o significado por trás disso, naquele sonho, foi profundo.

Entendi facilmente por que meu pai e meu tio estavam ali comigo. Meu pai foi o primeiro pastor batista do sul coreano na América do Norte e muito mais — um apóstolo, um avivalista e um reformador. Ele fugiu da Coreia do Norte durante a Guerra da Coreia, escapando da prisão pela graça de Deus, e acabou indo para a Coreia do Sul, onde conheceu minha mãe. Maio é um mês especial para mim porque o aniversário da minha mãe era dia 13 de maio, o aniversário de casamento dos meus pais era dia 22 de maio, e, numa escala maior, Israel também se tornou uma nação em 14 de maio de 1948.

Meu pai veio de um contexto muito humilde como refugiado da Coreia do Norte, mas a família da minha mãe estava entre as mais ricas da Coreia do Sul. Meu avô materno tinha direitos exclusivos para vender arroz ao exército coreano durante a guerra, o que lhe rendeu uma fortuna. Ele até fundou um banco privado e possuía terras significativas em Seul, algumas das quais foram posteriormente confiscadas pelo governo para a construção de uma rodovia.

Meu tio, por outro lado, foi uma figura importante no governo coreano. Ele serviu como ministro de gabinete para dois presidentes diferentes e foi presidente da Universidade Hanyang. Ele representava um apóstolo do mercado na minha família, enquanto meu pai era um apóstolo da igreja. Naquele sonho, senti que estava recebendo uma comunicação de ambos — fui chamado para ser tanto um apóstolo do mercado quanto um apóstolo da igreja.

Essa revelação mudou tudo para mim. Antes disso, eu me via apenas como um apóstolo da igreja. Mas o sonho confirmou algo mais profundo. Em 2010, muito antes da pandemia e desse sonho, minha esposa e eu começamos um negócio chamado Joseph's Storehouse. Nosso gerente financeiro recomendou a criação de uma sociedade por corporações. Desde aquele sonho, nosso negócio floresceu além de tudo o que poderíamos ter imaginado.

Uma de nossas apóstolas, Leanne Goff, escreveu um excelente livro chamado *Missionary and Millionaire*. Leanne foi comissionada como apóstola tanto na montanha da igreja quanto no mercado; ela plantou mais de 380 igrejas em Cuba e é uma empresária muito bem-sucedida. No ano passado, conseguimos até doar, pela graça de Deus, quase 2 milhões de dólares em uma única oferta do Joseph's Storehouse para nossa igreja (veja At 4:32-35). Isso também nos permite, a minha esposa e eu, devolver nosso salário à nossa igreja todos os anos, algo que fazemos há anos.

Mais uma vez, quero enfatizar que tudo isso é pela Sua graça, e Yeshua recebe toda a glória! Como apóstolo do mercado, acredito que um dos nossos papéis é colocar recursos aos pés da igreja. E, nessa posição única, como apóstolo tanto do mercado quanto da igreja, pude fazer exatamente isso. Para uma compreensão mais detalhada do ministério apostólico, recomendo a leitura do meu livro *Modern-Day Apostles*.

DE IR À IGREJA PARA SER A IGREJA

Quando passamos por um prédio em que nossa igreja se reúne, quantos de nós já apontamos para esse prédio e dissemos a um amigo: "Eu vou àquela igreja"? Agora, todos nós sabemos que a igreja não é um prédio. No entanto, um prédio ou ir a um culto se tornou sinônimo de ser a igreja. A igreja, *ekklesia* em grego, significa literalmente "chamados para fora". Na Grécia Antiga, a *ekklesia* era uma assembleia convocada de cidadãos da cidade-Estado de Atenas já em 621 a.C. Por volta de 507 a.C., um grupo de cidadãos atenienses do sexo masculino, com 18 anos ou mais, chamado *ekklesia*, era responsável por tomar decisões importantes sobre a cidade, como aprovar leis, selecionar funcionários e ditar a política externa. A *ekklesia* foi uma parte fundamental da primeira democracia conhecida no mundo.

Ed Silvoso, em seu livro monumental *Ekklesia*, explica o uso original da palavra: "Na verdade, quando Ele [Jesus] a pronunciou pela primeira vez no evangelho de Mateus, ela já era usada havia séculos, tanto no império grego quanto no romano, para se referir a uma instituição secular operando no mercado com capacidade governamental".[61] Ele continua dizendo: "Seu objetivo era a transformação de pessoas e da sociedade, em vez de atuar como uma estação de transferência de almas salvas a caminho do céu".[62]

E eu lhe digo que você é Pedro, e sobre esta pedra edificarei a minha igreja, e as portas do Hades não poderão vencê-la. Eu darei a você as chaves do Reino dos céus; o que você ligar na terra terá sido ligado nos céus, e o que você desligar na terra terá sido desligado nos céus.

(Mt 16:18-19 NVI)

Há várias verdades que quero destacar a partir de Mateus 16:18. Primeiro, a igreja é o povo de Deus. 1 Pedro 2:9-10 (ACF) diz: "Mas vós sois a geração eleita, o sacerdócio real, a nação santa, o povo adquirido, para que anuncieis as virtudes daquele que vos chamou das trevas para a sua maravilhosa luz; vós, que em outro tempo não éreis povo, mas agora sois povo de Deus; que não tínheis alcançado misericórdia, mas agora alcançastes misericórdia". Observe que Jesus não disse: "Edificarei a minha sinagoga" ou "Edificarei o meu templo". Ele escolheu a palavra *ekklesia*

61 Ed Silvoso, *Ekklesia: Rediscovering God's Instrument for Global Transformation*. Chosen Books, 2017, p. 19.

62 *Ibidem*, p. 20.

porque os chamados para fora não devem apenas se reunir aos domingos, mas são chamados para legislar na sociedade por meio da oração (Mt 16:19) e da ação, 24 horas por dia, sete dias por semana.

Segundo, Jesus é o fundamento da vida cristã e, portanto, é o *fundamento da igreja*. Paulo diz: "Porque ninguém pode pôr outro fundamento além do que já está posto, o qual é Jesus Cristo" (1 Cor 3:11 ACF). Billy Graham afirmou: "O próprio Jesus Cristo fundou a igreja. Ele é a grande pedra angular sobre a qual a igreja é edificada. Ele é o fundamento de toda a experiência cristã, e a igreja está fundada sobre Ele".[63]

Terceiro, a igreja deve estar na ofensiva. Devemos atacar as portas do inferno. Eu amo o título de um capítulo de um dos livros de Peter Wagner: "De tolerar Satanás a declarar guerra".[64] Deus nos chamou para combater o mal e todas as obras de Satanás. Isso começa com a guerra espiritual ("Livra-nos do mal", Mt 6:13), conforme discutido no capítulo anterior, mas ao longo deste livro tenho tentado apresentar um argumento para o ativismo cristão. "O povo que conhece ao seu Deus se tornará forte e fará proezas" (Dn 11:32b).

Acredito que a verdadeira mudança na igreja começa com apóstolos liderando o caminho, e precisamos reconhecer o ministério apostólico no mercado. Da grande maioria dos cristãos, somente 1% está envolvido no ministério em tempo integral dentro da igreja. Portanto, desenvolvemos um pensamento platônico que separa igreja e Estado, secular e sagrado, pessoas que vão à igreja aos domingos versus aquelas que são a igreja durante toda a semana. Precisamos

63 Billy Graham, *Peace with God: The Secret Happiness*. Thomas Nelson, Kindle Edition, p. 221.
64 C. Peter Wagner, *This Changes Everything*. p. 89.

compreender que todos nós somos reis e sacerdotes, e nós somos Sua igreja.

A verdadeira transformação na sociedade acontecerá no mercado — em que 99% dos cristãos estão. É absurdo pensar que apenas 1% da igreja recebeu os dons de ascensão para ser apóstolo, profeta, evangelista, pastor e mestre (Ef 4:11). Deus deu esses dons a todo o Corpo de Cristo. No entanto, como a maioria das pessoas não está envolvida ministerialmente, seu ministério precisa acontecer onde quer que estejam — em qualquer casa, local de trabalho ou ponto de encontro.

O PAPEL DOS APÓSTOLOS NO MERCADO

Do ponto de vista estratégico, a forma de transformar a sociedade é reconhecendo e levantando apóstolos no mercado. Quero compartilhar alguns exemplos de pessoas que acredito terem sido chamadas por Deus como apóstolos do mercado, mesmo que não se autodenominem assim.

R.G. LeTourneau (1888-1969) foi um exemplo brilhante de apóstolo do mercado. Ele foi um inventor e empresário pioneiro, conhecido por suas contribuições significativas no desenvolvimento de maquinário pesado. LeTourneau teve tanto sucesso que escolheu doar 90% de sua renda para o ministério, vivendo com apenas 10% (o que ainda era substancial). Ele financiou generosamente trabalhos missionários, campanhas evangelísticas e traduções da Bíblia por meio da Christian Missionary Alliance. Ele também adquiriu terras e plantou mais igrejas do que possivelmente qualquer outro apóstolo da igreja de sua geração. Em 1946, fundou a LeTourneau University, uma instituição voltada para educação técnica e discipulado.

Outro apóstolo do mercado dos nossos dias que quero honrar é Phil Liberatore. Phil é um amigo querido, contador e especialista em resolução de impostos no sul da Califórnia. Através de sua generosidade e doação, ele fez mais para avançar o reino de Deus do que qualquer pessoa que eu conheço pessoalmente. Ele tem apoiado ministérios internacionais, nacionais, regionais e iniciativas locais.

Jenny Donnelly é outra apóstola do mercado em missão para transformar o mundo. Ela foi ordenada tanto como apóstola do mercado quanto da igreja. Antes de se tornar pastora, Jenny teve uma empresa extremamente bem-sucedida, faturando 100 mil dólares por mês. Agora, ela está aplicando sua unção empresarial em um ministério chamado Her Voice Movement.

Há muitas organizações promovendo reforma nos dias de hoje, e eu encorajo você a anotar cada uma delas e orar sobre como se envolver:

- Revive California: uma organização filantrópica sem fins lucrativos fundada em fevereiro de 2021 com a visão de ver um avivamento e uma reforma histórica na Califórnia. Reunimos mais de uma dúzia de líderes apostólicos, muitos dos quais são apóstolos do mercado, como Dr. Marc Little (advogado), a senadora Shannon Grove (Senado Estadual), Dr. John Jackson (presidente da Jessup University), Dave Dias (empresário e ex-dono de empresa ponto-com no Vale do Silício) e Phil Liberatore, fundador e proprietário de uma das maiores empresas de contabilidade em Los Angeles. Acesse revivecal.org para obter a lista completa do conselho consultivo, incluindo líderes das áreas de governo, educação, negócios e igreja na cultura.[65]

- America Upheld: um comitê político aprovado pela Comissão Eleitoral Federal dos Estados Unidos, comprometido em apoiar candidatos conservadores com uma cosmovisão bíblica.[66] (Veja o capítulo "Da pobreza à prosperidade" para ler mais sobre a história da America Upheld.)
- O Salt & Light Council, com Dran Reese, tem a missão de "ver os fundamentos bíblicos e morais da América restaurados através do treinamento e capacitação das igrejas" para "defender e promover a vida, o casamento natural, nossas liberdades constitucionais e religiosas".
- Turning Point USA, fundado por Charlie Kirk, foi criado para "capacitar o engajamento cívico e cultural informado, baseado no excepcionalismo americano e em um espírito positivo de ação".
- Family Research Council, com Tony Perkins, tem a missão de "servir no reino de Deus defendendo a fé, a família e a liberdade nas políticas públicas e na cultura a partir de uma cosmovisão bíblica".[67]
- Give Him 15, com Dutch Sheets, é uma série devocional diária que conduz os cristãos em intercessão profética e decretos para impactar nossa nação e o mundo. (Veja o Apêndice C para um ensaio importante de Dutch Sheets sobre o tema da reforma.)

65 https://revivecal.org
66 https://www.americaupheld.org
67 https://frc.org

- FlashPoint, apresentado pelo meu bom amigo Gene Bailey, é um programa de televisão semanal que traz a verdade na área da mídia por meio de notícias e comentários com muitos *insights*.[68]

O ARGUMENTO A FAVOR DE MENTORAR A PRÓXIMA GERAÇÃO DE REFORMADORES QUE PERSEVERARÃO PELA REFORMA

Reforma leva tempo. O Primeiro Grande Avivamento começou em 1738, na Inglaterra. Na época, a Inglaterra tinha um monopólio no comércio de escravos. John Wesley, um dos principais avivalistas apostólicos desse Avivamento, queria abolir a escravidão e o comércio de escravos em sua vida. Ele escreveu um tratado sobre a escravidão chamado "Pensamentos sobre a escravidão" em 1774, dois anos antes da declaração de nossa Independência. Ele destaca a total injustiça da escravidão:

> Onde está a justiça de infligir os piores males sobre aqueles que não nos fizeram nenhum mal? De privar aqueles que nunca nos prejudicaram em palavra ou em ato, de todo o conforto da vida? De arrancá-los de seu país natal e privá-los da liberdade, à qual um angolano tem o mesmo direito natural que um inglês, e à qual ele atribui o mesmo valor? Sim, onde está a justiça de tirar a vida de homens inocentes e inofensivos; assassinar milhares deles em sua própria terra, pelas mãos de seus próprios compatriotas; muitos milhares, ano após ano, a

68 https://flashpoint.govictory.com

> bordo de navios, e depois lançá-los como esterco no mar; e dezenas de milhares nessa cruel escravidão à qual são tão injustamente reduzidos? [...] Eu nego absolutamente que qualquer tipo de escravidão é consistente com qualquer grau de justiça natural.[69]

John Wesley teve uma enorme influência com o que se tornaria o movimento metodista, um movimento de abolicionistas — pessoas que eram contra a escravidão.

A escravidão foi a principal questão de injustiça da Inglaterra, das nações da Comunidade Britânica e dos Estados Unidos. Mas na Inglaterra, Deus levantou William Wilberforce e o Grupo Clapham, que foram tremendamente influenciados por John Wesley e pelo movimento metodista.

Eric Metaxas conta a história de Wilberforce, que, aos 10 anos de idade, foi viver com seus tios e tias, que eram ardentes metodistas e abolicionistas. "Quando a mãe e o avô de Wilberforce o enviaram para viver com seus tios e tias, eles não tinham a menor ideia de que estavam enviando o menino para um caldeirão fervente de metodismo. E a ideia de que ele estaria discutindo com um antigo capitão de navio sobre os horrores da escravidão [John Newton]!"[70]

Wilberforce conseguiu acabar com o comércio de escravos com a aprovação, no Parlamento, do Ato do Comércio de Escravos de 1807 e a emancipação de todos os escravos no Império Britânico em 1833. O ponto é que, desde o momento em que o avivamento começou, em 1738, até a emancipação de todos os escravos, foram quase 100 anos para reformar a Inglaterra sobre uma única questão de injustiça.

---

69 John Wesley, "Thoughts Upon Slavery." *The Works of John Wesley*. Disponível em:https://msa.maryland.gov/megafile/msa/speccol/sc5300/sc5339/000091/000000/000001/. Acesso em: 7 mar. 2025. restricted/2002_09_10/wesley/thoughtsuponslavery.html

70 Eric Metaxas, *Amazing Grace*. HarperOne, Kindle Edition, p. 10-11.

Outro ponto que quero destacar é que o que Wilberforce fez, tentando passar essa lei por mais de 27 anos, teve um impacto profundo nos Estados Unidos. Um ano depois, os Estados Unidos baniram oficialmente a importação de escravos em 1º de janeiro de 1808, quando entrou em vigor o Ato Proibindo a Importação de Escravos. Essa lei foi assinada pelo presidente Thomas Jefferson em 2 de março de 1807, após passar pelo Senado em 17 de dezembro de 1805 e pela Câmara dos Deputados em 13 de fevereiro de 1807. A lei tornou ilegal para os americanos importar escravos da África, mas, infelizmente, o comércio doméstico de escravos entre os portos dos Estados Unidos continuou. Continuou até que a 13ª Emenda fosse aprovada em 31 de janeiro de 1865 e ratificada em dezembro de 1865, quase um ano depois.

A Bíblia diz que o amor é paciente (1 Cor 13:4). Mas a palavra grega makrothumaei significa "sofrer por muito tempo". Quando você ama a Deus e ama os outros, incluindo a América, você está disposto a sofrer por um longo tempo até que a mudança aconteça.

Foram 49 anos para reverter Roe *vs.* Wade com o caso Dobbs *vs.* Jackson, mas ainda assim o aborto não foi abolido. Agora, graças a Deus, milhares de bebês estão vivos hoje por causa dessa decisão da Suprema Corte. James e Rosemary Garlow, fundadores do ministério de reforma Well Versed, escreveram em um blog recente: "Desde o caso Dobbs (uma grande vitória), há dois anos, a vida de oito mil bebês por ano foi salva em apenas um estado (Missouri), mas isso vai mudar em novembro, se não derrotarmos a emenda do aborto nesse estado e em outros 10" (28 de agosto de 2024). Cada estado decidirá a legalização do aborto. Garlow continua escrevendo:

> Cada estado que votou a favor do aborto desde a reversão de Roe consagrou o assassinato de bebês em sua constituição estadual. Todos eles! Existem 10 ou 11 estados que votarão sobre emendas pró-aborto em novembro, dentro de algumas semanas, provavelmente em um dos quais muitos de vocês que leem isso vivem: Flórida, Maryland, Nova York, Arkansas, Missouri, Nebraska, Dakota do Sul, Montana, Nevada, Idaho, Colorado. Uma vez que isso esteja na constituição, é extremamente difícil remover. Só são necessários votos de 50% mais um para aprovar essas emendas assassinas em cada estado, exceto na Flórida, onde é necessário votos de 60%. Devemos votar "não" em cada emenda em cada estado, mas a linguagem dos títulos das emendas é muito enganosa (assim como foi no caso do Kansas, onde algumas pessoas pró-vida ficaram confusas sobre como deveriam votar).

Eu concordo que devemos lutar contra cada projeto de lei até que uma emenda seja aprovada reconhecendo que um bebê é um ser humano, com todos os direitos civis que são verdadeiros na América, tornando ilegal matar um bebê. Nós, como reformadores, nunca devemos dar descanso a essa questão. Também devemos passar o manto de ser um reformador pela justiça como o tio William e a tia Hannah de William Wilberforce em Wimbledon inculcaram seus valores de abolicionistas no pequeno William.

Eis que vos envio o profeta Elias antes da vinda do grande e terrível dia do Senhor. Ele converterá o coração dos pais aos filhos, e o coração dos filhos aos pais, para que eu não venha e golpeie a terra com maldição.

(Ml 4:5-6 NVI)

Quero compartilhar uma história verdadeira encorajadora contada pelos meus bons amigos Gene e Teri Bailey, que me deram permissão para compartilhar essa história neste livro. Ela traz o coração de Malaquias 4:5-6 e mostra o papel crucial que os pais espirituais devem desempenhar na criação da próxima geração de reformadores.

"O DEVER É NOSSO; OS RESULTADOS SÃO DE DEUS"

Embora os pais fundadores tivessem a intenção de que os Estados Unidos da América fossem uma nação sem escravidão, isso não aconteceu imediatamente. Nos primeiros anos da história da nossa nação, a maioria do Congresso era contra a emancipação dos escravos. Apesar disso, um homem lutou incansavelmente pela liberdade dos escravos da América. Esse homem foi John Quincy Adams. Durante 28 anos consecutivos, ele lutou consistentemente por essa causa, mesmo quando parecia que ele não estava fazendo nenhum progresso. Um dia, enquanto saía do prédio do Capitólio, um repórter o parou e perguntou por que ele continuava lutando pela emancipação dos escravos, quando parecia ser algo sem esperança. Adams se virou, olhou para o repórter e disse, simplesmente: "O dever é nosso; os resultados são de Deus". E então saiu andando.

Em 1847, um homem que admirava Adams chegou para servir no Congresso como legislador novato. Logo, Adams tomou esse homem sob sua asa e se tornou seu mentor — eles se aproximaram tanto que esse homem foi um dos que carregaram o caixão de Adams no funeral. Após um mandato no legislativo, esse homem voltou para casa, e Adams faleceu após servir 28 anos no legislativo — não vendo nenhum fruto do seu trabalho. Agora, algum tempo depois que o protegido de Adams

> retornou para casa, ele concorreu novamente ao cargo, e novamente, e novamente. De fato, ele perdeu várias eleições, mas uma das eleições que ele venceu foi a mais importante — a corrida pela cadeira de presidente dos Estados Unidos. O nome desse homem era Abraham Lincoln. Ele se tornou um dos presidentes mais importantes da história da nossa nação.[71]

UMA NOVA CONSAGRAÇÃO E ALIANÇA

Quando Lou Engle e eu lideramos o movimento de oração TheCall, o propósito era mais do que orar e jejuar por avivamento e reforma na América. (Lou foi o fundador visionário do TheCall, e eu fui o cofundador e presidente de 2000 a 2003.) Sim, o foco era a oração e especificamente que o caso Roe vs. Wade fosse revertido pela Suprema Corte, assim como a decisão de Dred Scott, de 1857 — que determinou que os escravos negros nunca poderiam ser cidadãos dos EUA e, portanto, nunca ter o privilégio de votar —, foi revertida pela 14ª e pela 15ª emendas.

Eu peguei minha única cópia de *TheCall Revolution*, que foi publicada em 2001 e foi descontinuada após o fim do TheCall, em 2003. (O TheCall seria ressuscitado em 2007 com o TheCall Nashville e oficialmente terminado com o TheCall Azusa em 2016, mas não se sabe o que pode resultar do momentum após o encontro Million Women em outubro de 2024, também fundado por Lou Engle e Jenny Donnelly.)

Aqui estão algumas citações das declarações de aliança que fizemos com mais de 400 mil jovens no TheCall on the

71 Gene Bailey; Teri Bailey, *Killing America*. Harrison House Publishers, Kindle Edition, p. 109.

Mall, em Washington, D.C., em 2000. Esta é uma versão editada do último capítulo, intitulado "Aliança TheCall":

> NÓS NOS ALIANÇAMOS para amar a Ti, Deus pai, com todo o nosso coração, alma, mente e força. Com humildade e guiados pelo Espírito Santo, manteremos comunhão contigo e amaremos os outros.
>
> NÓS NOS ALIANÇAMOS para lutar pela vida de cada criança não nascida.
>
> NÓS NOS ALIANÇAMOS para demonstrar amor prático pela viúva, pelo órfão, pelos pobres e pelos rejeitados, enquanto buscamos livramento do orgulho religioso e da hipocrisia.
>
> NÓS NOS ALIANÇAMOS para invadir cada arena da nossa cultura com o amor e a autoridade do reino, em vez de abdicar da nossa responsabilidade sobre ela.
>
> NÓS NOS ALIANÇAMOS para reivindicar o chamado histórico sobre a América de enviar seus filhos e filhas para os grupos étnicos da terra, cumprindo a Grande Comissão.
>
> NÓS NOS ALIANÇAMOS, por Sua graça, para jejuar e orar por um grande avivamento espiritual na América e nas outras nações da terra. (Adicionei esta última especificamente para este livro como um chamado para reformadores e avivalistas.)
>
> NÓS NOS ALIANÇAMOS, por Sua graça, para ser avivalistas e reformadores até que os reinos deste mundo se tornem os reinos do nosso Senhor e de Seu Cristo, no nome poderoso de Jesus, amém.

Ao ler isso, pensei que seria uma excelente maneira de finalizar este capítulo, chamando a igreja a fazer uma nova consagração com essas sete alianças. Vá em frente e diga essas alianças em voz alta. E se você realmente quiser cumprir, assine seu nome abaixo:

Eu, __________________________, faço esta aliança diante de Deus hoje, em nome de Jesus e pela graça do Espírito Santo.

11

CAPÍTULO

Da proclamação ao evangelismo de poder

E ELE LHES DISSE: “VÃO POR TODO O MUNDO E PREGUEM O EVANGELHO A TODA CRIATURA. QUEM CRER E FOR BATIZADO SERÁ SALVO; MAS QUEM NÃO CRER SERÁ CONDENADO. E ESSES SINAIS ACOMPANHARÃO OS QUE CREREM: EM MEU NOME, EXPULSARÃO DEMÔNIOS; FALARÃO NOVAS LÍNGUAS; PEGARÃO EM SERPENTES; E, SE BEBEREM ALGUM VENENO MORTAL, NÃO LHES FARÁ MAL ALGUM; IMPORÃO AS MÃOS SOBRE OS DOENTES, E ESTES FICARÃO CURADOS".

(MC 16:15-18 NVI)

MAS RECEBEREIS PODER, QUANDO O ESPÍRITO SANTO DESCER SOBRE VÓS;
E SEREIS MINHAS TESTEMUNHAS, TANTO EM JERUSALÉM COMO EM TODA A JUDEIA E SAMARIA, E ATÉ OS CONFINS DA TERRA.

(AT 1:8 NVI)

O convite para me juntar ao grupo de jovens do meu amigo Billy em uma viagem para Buffalo, Nova York, veio em uma boa hora. Billy era o único amigo cristão que eu tinha na Magruder High School após minha conversão dramática, em 1973. Agora, estava se aproximando a Páscoa de 1974, e eu estava solitário e ansioso por comunhão.

A viagem foi patrocinada por uma igreja presbiteriana evangélica conservadora chamada Igreja da Expiação, perto de Silver Spring, Maryland. Os estudantes do ensino médio e da faculdade sairiam na sexta-feira, antes do Domingo de Ramos, fariam um pouco de turismo e depois visitariam duas igrejas presbiterianas na área de Buffalo no domingo, antes de retornar para casa na segunda-feira. Eu não conhecia nenhum dos estudantes do grupo de jovens, exceto Billy. Isso parecia uma ótima oportunidade para conhecer outros cristãos e descobrir se eu queria me envolver com sua igreja. Claro, uma viagem para ver as Cataratas do Niágara também era atraente, então aceitei. Eu tinha uma intenção simples e lógica.

Mas Deus tinha outros planos.

A viagem de ida correu bem, e vivenciar as Cataratas do Niágara foi realmente impressionante. No entanto, eu me vi faminto por Deus e ansioso pelos cultos do Domingo de Ramos. O primeiro foi realizado em uma grande igreja dinâmica. O pastor sênior pregou o evangelho e convidou as pessoas a vir à frente e entregar sua vida a Jesus. Eu adorei o culto, porque o ministro falava e pregava como Billy Graham, que era meu modelo máximo como jovem crente.

A reunião da noite, em contraste, foi em uma pequena igreja presbiteriana, e o grupo de jovens foi convidado para fazer o culto todo. Fomos convidados a liderar a adoração, e o pastor de jovens pregou naquela noite. Tínhamos cerca de 30 pessoas no nosso grupo, e todos fomos convidados a participar do coro, cantando ou não. Estávamos cantando uma música popular chamada "Day by Day", do recente sucesso da Broadway *Godspell*. As palavras são poderosas: "Para Te ver mais claramente... amar-Te mais sinceramente... seguir-Te mais de perto... dia após dia...".

Enquanto eu cantava essas palavras, comecei a adorar a Jesus e fazer dessas palavras a minha oração. Eu cantava e orava no meu coração: "Jesus, eu realmente quero Te ver, Te amar e Te seguir com todo o meu coração!".

De repente, meus pés começaram a vibrar com uma intensidade crescente. Parecia que meus pés tinham adormecido, mas eu ainda estava em pé. Então, o formigamento subiu pelas minhas pernas, foi até a minha cabeça e desceu pelos meus braços. Eu estava vibrando por todo o corpo. Minhas mãos estavam tão sobrepujadas que eu não conseguia fechar os dedos num punho. Ao mesmo tempo, estava sendo batizado com a presença e o amor de Deus de tal forma que comecei a chorar profusamente. Estava fazendo uma cena.

O pastor de jovens se aproximou, colocou o braço ao redor de mim e sussurrou no meu ouvido: "O que quer que esteja acontecendo com você, você precisa levar para o banheiro". Saí rapidamente do santuário e fui sozinho para o banheiro. A intensidade permaneceu, e eu não sabia o que estava acontecendo. Eu era crente havia menos de um ano e nunca tinha vivenciado aquilo antes.

Sem conhecer muito da Bíblia ou qualquer teologia específica, eu sabia que Deus estava me chamando para o serviço. Foi duas semanas depois que conversei com um casal mais velho, os Blakeslees, que me explicaram que eu tinha sido batizado no Espírito Santo. Nessa noite, eles oraram para que eu orasse em línguas, e as línguas fluíram imediatamente após a oração.

PASSANDO PARA UM MINISTÉRIO DE CURA

Logo depois, Rob e eu começamos um estudo bíblico com os adolescentes e as crianças dos amigos adultos dos Blakeslees. O estudo estava com dificuldade de ganhar força, então um dos adultos sugeriu que convidássemos um professor do ensino médio chamado Jim Woodward, que tinha um ministério de cura. Talvez ele pudesse ministrar e fazer as coisas avançarem para o nosso pequeno estudo. Então, Jim veio numa noite de sexta-feira, na noite do nosso encontro. Ele ensinou a partir da Palavra como Jesus cura hoje. Em seguida, começou a demonstrar o poder de cura de Deus.

Jim explicou que, para a maioria das pessoas, uma perna é mais longa que a outra, e, como resultado, as pessoas têm dores nas costas e outros problemas com as pernas ou as costas. Ele pediu um voluntário, e, para a minha surpresa, a primeira pessoa tinha uma perna mais longa que a outra. Segurando os pés levemente em suas mãos, Jim ordenou que a perna crescesse e se igualasse, e eu vi, de olhos arregalados, quando a perna mais curta cresceu. Em segundos, as pernas estavam iguais.

Jim fez isso mais algumas vezes e depois perguntou se eu queria tentar. No começo, fiquei surpreso, pois nunca havia orado por ninguém para ser curado àquela altura da minha vida. Fiz o que Jim me disse para fazer, e enquanto orava em nome de Jesus, as pernas da pessoa por quem eu orava se igualaram. Eu soube, sem sombra de dúvida, que Deus havia curado a perna!

Essa experiência de aprendizado mudou a minha vida. O encontro me deu fé para orar por pessoas que estavam doentes. Comecei a orar por outras pessoas como recepcionista num grande estudo bíblico chamado Take and Give ["Receba e compartilhe"], ou seja, *pegar* o que Deus fez por você e *dar* aos outros. À medida que as pessoas entravam, eu as cumprimentava e perguntava como estavam. Inevitavelmente, sempre aparecia à porta alguém que estava doente ou tinha algo errado fisicamente (tornozelo torcido, dor nas costas, resfriado etc.). Eu orava por elas em nome de Jesus, e, até onde minha memória vai, a maioria delas foi curada.

A palavra se espalhou para os líderes desse estudo bíblico de duas mil pessoas, e um dos líderes veio até mim e disse: "Recebemos muitos relatos de pessoas sendo curadas depois que você orou por elas, e acreditamos que você tem o dom de cura. Você gostaria de orar por pessoas que precisam de cura todas as terças-feiras à noite? Vamos fazer um convite para a salvação, o batismo no Espírito Santo e a cura. Queremos que você ore pelos doentes, e vamos avaliar à medida que avançamos".

Então, acabei orando por doentes pelos próximos três anos, e foi assim que me envolvi no ministério de cura. Agora, acredito que esses sinais seguirão todos os que são crentes, como Jesus diz em Marcos 16:17-18 (NKJV): “E estes sinais acompanharão os que crerem: em Meu nome, expulsarão demônios; falarão novas línguas; pegarão em serpentes; e, se beberem alguma coisa mortífera, não lhes fará dano algum; imporão as mãos sobre os enfermos, e eles serão curados”. No entanto, acredito, como Peter Wagner ensinou em seu livro *Seus dons espirituais podem ajudar sua igreja a crescer*, que Deus dá especificamente a alguns “os dons de cura” (1 Cor 12:9).

Foi durante esse tempo que comecei a orar para que os não cristãos fossem curados, e eles não apenas foram curados, mas sua cura os levou à salvação. Isso é o que é conhecido como evangelismo com poder.

O falecido John Wimber, fundador da Associação das Igrejas Vineyard, escreveu o livro seminal sobre esse tópico *Power Evangelism*. John foi um pioneiro em ajudar minha geração a entender como os dons que temos no Espírito Santo são as ferramentas mais poderosas que podemos usar para compartilhar o evangelho. Em seu livro, ele fornece a base bíblica para o evangelismo com poder e usa testemunhos pessoais para sustentar sua teologia. Aqui, farei um resumo dos principais versículos e depois fecharei com a história que me lançou a ser um “evangelista de poder”.

JESUS PRECISAVA DE PODER

Nos três anos de ministério, Jesus fez tudo com total dependência do Espírito Santo. Ele curou os doentes, expulsou demônios, ressuscitou os mortos, multiplicou alimentos e andou sobre as águas em resposta ao que viu e ouviu o Pai fazendo (Jo 5:19). Ele fez tudo isso em Sua humanidade, como um homem cheio do poder do Espírito Santo.

Sabemos que isso é verdade porque Jesus recebeu o Espírito Santo, que desceu sobre Ele como uma pomba, em Seu batismo no rio Jordão (Lc 3:21-22). O Espírito levou Jesus ao deserto para ser tentado, e Ele superou toda a tentação (Mc 1:12-13). Jesus, então, voltou do deserto no grande poder do Espírito (Lc 4:14) e começou Seu ministério operando no milagroso.

Quando todos foram batizados, aconteceu que Jesus também foi batizado; e enquanto orava, o céu se abriu. E o Espírito Santo desceu sobre Ele, em forma corpórea, como uma pomba, e uma voz veio do céu, dizendo: 'Tu és o Meu Filho amado; em Ti me comprazo".

(Lc 3:21-22)

A unção e o poder do Espírito Santo foram uma necessidade para que a missão de Cristo fosse cumprida. Em Lucas 4:18-19, Jesus cumpriu a profecia de Isaías, dizendo: "O Espírito do Senhor está sobre Mim, porque Ele Me ungiu para levar as boas-novas aos pobres. Ele Me enviou para proclamar libertação aos cativos, e restauração da vista aos cegos, para libertar os oprimidos, para proclamar o ano aceitável do Senhor".

A IGREJA PRIMITIVA PRECISAVA DE PODER

Embora os discípulos de Jesus estivessem com Ele durante todo o Seu ministério terrestre, eles também precisavam de algo a mais. Em João 14, Jesus disse ao Seu círculo íntimo de amigos que eles estavam sendo capacitados para fazer as mesmas obras sobrenaturais que Jesus fez — e até mais do que isso. A chave era a promessa do Espírito Santo:

> **Em verdade, em verdade vos digo que aquele que crê em mim fará também as obras que eu faço; e *as fará maiores do que estas*, porque eu vou para o Pai. E tudo o que pedirdes em meu nome, isso farei, para que o Pai seja glorificado no Filho. Se pedirdes alguma coisa em meu nome, eu a farei. Se me amardes, guardareis os meus mandamentos. E eu rogarei ao Pai, e *Ele vos dará outro Consolador*, para que fique convosco para sempre, *o Espírito da verdade*, que o mundo não pode receber, porque não o vê nem o conhece; mas vós o conheceis, porque Ele habita convosco e estará em vós. Não vos deixarei órfãos; voltarei para vós.**
>
> (Jo 14:12-18 NVI)

A essa altura, na jornada de discipulado, os 12 apóstolos já haviam realizado as obras de Jesus até certo ponto. Eles haviam visto pessoas doentes serem curadas e demônios serem expulsos como resultado direto do seu ministério, baseado na autoridade que Jesus lhes dera (ver Lc 9:1-6; 10:9-17). Eles haviam experimentado o poder externo do Espírito Santo, mas ainda não tinham o Espírito vivendo dentro deles. As "maiores obras" que Jesus mencionou viriam de um relacionamento mais radical com Deus. O Pai estava planejando dar a Seus filhos e filhas *a presença do Espírito Santo que habita dentro de nós* e que permaneceria com eles para sempre.

Antes de ascender ao céu, Jesus ordenou que recebessem o poder do Espírito Santo, aguardando no cenáculo (At 1:4, 8). O Espírito Santo foi, então, derramado no dia de Pentecostes (At 2:1-4), não apenas para uma exibição única do poder de Deus, mas para uma vida inteira andando no poder sobrenatural do reino de Cristo.

Com esse presente, "os apóstolos realizavam muitos sinais e maravilhas entre o povo... [E] mais homens e mulheres creram no Senhor e foram acrescentados ao número deles" (At 5:12, 14 NVI). Grandes milagres foram realizados através do apóstolo Pedro, cuja sombra curava pessoas nas ruas de Jerusalém (At 5:15-16), e de Filipe, que pregou a Cristo na Samaria.

E as multidões com um só ânimo atendiam às coisas faladas por Filipe, ouvindo e vendo os milagres que ele fazia. Pois espíritos imundos, clamando em alta voz, saíam de muitos que estavam possuídos; e muitos paralíticos e coxos foram curados. E havia grande alegria naquela cidade.

(At 8:6-8 NVI)

PAULO PRECISAVA DE PODER

Da mesma forma, o apóstolo Paulo reconheceu Sua dependência do poder do Espírito Santo. Em sua primeira carta à igreja de Corinto, ele escreveu: "A minha mensagem e a minha pregação não foram com palavras de sabedoria persuasiva, mas com demonstração do poder do Espírito" (1 Cor 2:4 NVI). O evangelho nunca foi para ser dependente das palavras do homem, não importa quão eloquentes ou bem-intencionadas sejam. O Espírito Santo sempre foi o meio planejado por Deus para trazer uma demonstração visível do Seu reino sobre esta terra.

O apóstolo Lucas relata, no livro dos Atos, que "Deus fez milagres extraordinários por meio de Paulo, de forma que até lenços e aventais que haviam tocado nele eram levados aos doentes, e suas enfermidades eram curadas, e os espíritos malignos saíam deles" (At 19:11-12 NVI). Imagine isso: o ministério de Paulo era marcado por tal poder sobrenatural que Deus trouxe cura e libertação para pessoas que estavam a quilômetros de distância de onde Paulo trabalhava em seu trabalho diário como fabricante de tendas.

Tudo isso mostra que precisamos do poder de Deus para cumprir a Grande Comissão, discipular as nações e transformar a sociedade.

O ENCONTRO DE PODER DE AKIKO

Nosso estudo bíblico, TAG, foi de 150 pessoas, quando me juntei a ele em 1974, para 2 mil nos dois anos seguintes, envolvendo muitos novos convertidos durante o movimento de Jesus na Costa Leste dos Estados Unidos. Sem exagero, entre 100 e 150 pessoas vinham à frente toda semana quando o pregador fazia o apelo para a salvação. A colheita veio como eu nunca tinha visto antes — nem depois.

Não vimos uma grande colheita durante a Bênção de Toronto como no movimento de Jesus, mas vimos sim conversões significativas por meio do evangelismo de poder. Lembro-me de quando alguém trouxe uma estudante japonesa chamada Akiko, que estava estudando inglês no Pasadena City College, para um dos nossos cultos dominicais da Harvest Rock Church, por volta de junho de 1994. Eu sabia que ela era visitante, então fui até ela durante nosso tempo de ministério e compartilhei o evangelho com ela. Depois que compartilhei, perguntei se ela queria entregar sua vida a Jesus. Ela respondeu educadamente, dizendo: “Não posso. Meu pai é xintoísta, e minha mãe é budista”. Mais tarde, descobri que seu pai era um sacerdote xintoísta e tinha até um santuário no nome dele.

Então, perguntei a Akiko se eu poderia orar por ela. Sendo uma garota japonesa educada, ela disse que sim. Coloquei simplesmente minha mão sobre sua cabeça, a um centímetro de sua testa, e orei: “Jesus, revela-Te a Akiko”. No momento em que orei, ela desabou no chão como uma marionete solta. Foi a primeira vez que vi um ímpio cair sob o poder do Espírito Santo. Eu disse para mim mesmo: “Isso é interessante. Não foi uma queda de cortesia!”. Continuei ministrando a outras pessoas durante esse tempo de ministério.

Vinte minutos depois, fui verificar como estava Akiko, e ela não tinha se movido nem um centímetro. Eu me ajoelhei e sussurrei em seu ouvido: “Akiko, você está bem?”. Ela fez que sim. Então perguntei: “Jesus se revelou a você?”. Ela fez que sim. Então, fiz a pergunta maior: “Você gostaria de orar e entregar seu coração a Jesus?”. Ela acenou positivamente, levantou-se, renunciou ao xintoísmo e entregou seu coração a Jesus!

Na semana seguinte, Akiko trouxe três de seus amigos para Jesus, e, depois do culto, aproximou-se de mim e disse: “Pastor, ore pelos meus amigos como o senhor orou por mim”. Então, eu orei, e os três caíram sob o poder e se levantaram, entregando o coração a Jesus. Nas semanas seguintes, tantos amigos japoneses dela vieram até mim pedindo oração que eu finalmente disse: “Akiko, você pode fazer o mesmo que eu. Basta colocar sua mão sobre a cabeça deles e convidar o Espírito Santo a vir”. Quando ela fez isso, eles caíram sob o poder e entregaram a vida a Jesus.

Isso não é um exagero: mais de 30 estudantes japoneses vieram a conhecer o Senhor dessa maneira, e Akiko acabou liderando um grande grupo de células para nós. Ela foi para o seminário Fuller, e tive a alegria de enviá-la de volta ao Japão quando seu visto expirou. O que é realmente notável sobre esse testemunho é que os japoneses são, tradicionalmente, um dos povos mais difíceis de alcançar. Menos de 2% do Japão é cristão, mas através do poder do Espírito Santo, vimos uma colheita significativa entre os japoneses. Acredito que a Geração Z é muito parecida com os japoneses, pois apenas uma pequena porcentagem deles veio a conhecer o Senhor, e apenas 4% têm uma cosmovisão bíblica[72], mas acredito que, através do evangelismo de poder, veremos uma grande colheita de almas.

COMO RECEBER O PODER

Se vamos ver uma colheita através do evangelismo de poder, é necessário começar recebendo o poder primeiro. Então, como fazemos isso? Vamos explorar dois componentes principais de viver uma vida cheia do poder do Espírito Santo.

1. Faça do Grande Mandamento e da Grande Comissão prioridades na sua vida

Se você quer andar no poder do Espírito, tenha certeza de colocar as coisas mais importantes em primeiro lugar. O

72 Tracy Munsil, CRC Study Shows Younger Generations Reject Biblical Worldview... *Cultural Research Center*, Arizona Christian University. 28 de maio de 2024. Disponível em: https://www.arizonachristian.edu/2024/05/28/crc-study-shows-younger-generations-reject-biblical-worldview-ushering-in-new-morality/. Acesso em: 7 mar. 2025.

Grande Mandamento (amar a Deus) e a Grande Comissão (amar os outros por meio do evangelismo e do discipulado) são as chaves para viver isso.

No livro mais longo da Bíblia, um de cada três Salmos mostra o coração de Deus pelas nações. Uma das verdades mais básicas, mas essenciais, em toda a Escritura é que Deus ama o mundo. É por isso que Ele enviou Jesus para nos salvar — Seu grande amor por todas as pessoas (Jo 3:16). O amor de Deus é a força motriz por trás de tudo o que fazemos, incluindo o evangelismo de poder. Paulo colocou da seguinte maneira: "O amor de Cristo nos constrange" (2 Cor 5:14 NVI).

À medida que priorizamos a Grande Comissão, devemos lembrar que não existe país fechado, apenas mentes fechadas. Neste momento, o evangelho está penetrando até mesmo nas nações mais obscuras da terra, como a Coreia do Norte e o Irã. Quando mantivermos nossos olhos em Jesus, seremos lembrados de Sua grandeza ao levar as boas-novas aos perdidos e partidos. Seu poder sobrenatural pode redimir qualquer vida, curar qualquer doença e libertar qualquer alma da escravidão do vício ou possessão demoníaca. Afinal, nossa visão do Senhor determina nossa visão para os perdidos.

Deus fornece poder sobrenatural e graça sobrenatural para cumprir o chamado divino na nossa vida. Antes de 1847, quase metade dos pregadores metodistas não se casava porque sabia que metade não viveria além dos 30 anos[73]. Eles estavam totalmente comprometidos em

73 "The Hard Road of a Methodist Circuit Rider." *The United Methodist Church*. 12 de março de 2018. https://www.umc.org/en/content/the-hard-road-of-a-methodist-circuit-rider

perseguir a Grande Comissão, e Deus lhes dera a graça para viver a vida sacrificial dos Seus amantes que se entregam.

Hoje, nem todo crente se tornará missionário em tempo integral, mas todos precisam estar envolvidos da maneira que puderem. Para você, isso pode significar começar a contribuir para missões ou planejar uma viagem missionária de curto prazo. O que quer que você escolha fazer, mantenha o amor de Deus central enquanto alimenta as chamas do avivamento pessoal na sua vida. As missões sempre foram impulsionadas por avivamento, e acredito que estamos à beira da maior impulsão missionária de todos os tempos, à medida que o Espírito de Deus continua a se mover de maneiras sem precedentes.

2. Seja continuamente cheio do Espírito Santo

O batismo e o contínuo enchimento do Espírito Santo são essenciais para qualquer crente que deseja "dizer adeus ao cristianismo sem poder". Quando deixamos de viver a vida com a nossa própria força, começamos a caminhar com maior influência e responsabilidade ao confiar no poder sobrenatural de Deus.

Na verdade, o apóstolo Paulo nos incentiva a ser continuamente cheios do Espírito Santo: "Não se embriaguem com vinho, que leva à libertinagem. Ao contrário, deixem-se encher pelo Espírito" (Ef 5:18 NVI). A palavra "encher", no grego, está no tempo presente contínuo, então o versículo realmente se lê: "Não se embriaguem com vinho. Ao contrário, *sejam continuamente cheios* do Espírito", ou, como uma tradução diz, "continuem a ser cheios".

As Escrituras frequentemente se referem a nós como vasos do Senhor (veja Jr 18). A única coisa sobre ser vasos vivos é que nós "vazamos", como Charles Spurgeon gostava de dizer. Precisamos de reabastecimento com água e comida, alegria e amor, afirmação e comunicação. O mesmo vale para a presença do Senhor na nossa vida através do Espírito Santo.

Mas vocês receberão poder quando o Espírito Santo descer sobre vocês; e serão minhas testemunhas em Jerusalém, em toda a Judeia e Samaria, e até os confins da terra.

(At 1:8 NVI)

A verdade é que nenhum de nós pode obedecer ao mandamento de amar a Deus e ao próximo (Mt 22:37-39) sem Seu amor, graça e o Espírito Santo habitando plenamente em nós. Deus planejou que fosse assim. A Bíblia diz em Zacarias 4:6b (NVI): "'Não por força nem por poder, mas pelo meu Espírito', diz o Senhor dos Exércitos". É por isso que não podemos amar a Deus — nem ver um grande avivamento e reforma — com nossa força, nosso poder ou nossos esforços. Só pode ser pelo Seu amor, o amor de Deus que foi derramado na nossa vida pelo Espírito Santo.

O batismo no Espírito Santo é a chave para desbloquear esse estilo de vida de amor sobrenatural. Muitas pessoas buscam o poder do Espírito Santo para ser influentes no ministério. Ser apaixonado pelo ministério é algo bom, mas devemos perceber que o ministério é simplesmente um subproduto do nosso relacionamento com Deus. Por mais maravilhoso que seja nosso desejo de alcançar as nações com o poder do Espírito Santo, precisamos entender que o Espírito Santo nos dá Seu amor sobrenatural para cumprirmos a Grande Comissão. Minha exortação para você é desejar e buscar o Espírito Santo, para que você possa ser alguém que ama a Deus e aos outros (Mt 5:6).

Experimentar o batismo do Espírito Santo pode ser descrito como receber o batismo do amor. Romanos 5:5 nos diz que "o amor de Deus foi derramado em nosso coração pelo *Espírito Santo*, que nos foi dado". O amor de Deus é a maior virtude em Seu reino, e é o primeiro "fruto do Espírito" mencionado em Gálatas 5:22. O fruto do Espírito dentro de você é amor, alegria, paz, paciência, amabilidade, bondade, fidelidade, humildade e domínio próprio. O penúltimo fruto, praotes em grego, pode ser traduzido como mansidão, gentileza ou humildade. Eu escolho traduzir essa palavra como humildade, porque o orgulho é o pecado de Satanás e o oposto de Deus, que é amor (1 Jo 4:8, 16).

O Espírito Santo nos dá poder para servir uns aos outros através do Seu amor (Gl 5:13). Se "andarmos pelo Espírito", seremos capazes de cumprir a vontade de Deus, que inclui amar os outros, e nos afastar dos desejos da nossa carne (Gl 5:16). Cultivaremos o amor de Deus na nossa vida enquanto cooperamos com o Espírito Santo na nossa caminhada diária.

COMO SER PREENCHIDO

Assim como ao receber o poder do Espírito para o evangelismo de poder, devemos ser constantemente preenchidos. Aqui estão algumas maneiras práticas de manter o fogo aceso.

1. **Tenha fome e sede do Espírito Santo**. Em Mateus 5:6, Jesus promete que, se você tiver fome e sede de justiça, será preenchido.
2. **Arrependa-se.** Como vimos em um capítulo anterior, o arrependimento é um precursor necessário para o avivamento — seja um avivamento pessoal ou um avivamento corporativo (veja Jl 2:1-28; At 2:38, 3:19, 5:31).
3. **Peça.** Se você quer mais do Espírito Santo, peça com a expectativa de receber. Eu peço a Deus por um novo enchimento todas as manhãs. "Vocês não têm, porque não pedem" (Tg 4:2).

Então eu digo a vocês, *peçam*, e *lhes será dado*; busquem, e encontrarão; batam, e a porta lhes será aberta. *Pois todo aquele que pede, recebe*; quem busca, encontra; e a quem bate, a porta será aberta. Suponham que um de vocês, pais, seja pedido por seu filho um peixe; ele não lhe dará uma cobra em lugar de um peixe, dará? Ou, se lhe pedirem um ovo, ele não lhe dará um escorpião, dará? Se vocês, que são maus, sabem dar bons presentes aos seus filhos, quanto mais o Pai celestial *dará o Espírito Santo àqueles que lhe pedirem?*

(Lc 11:9-13, NASB1995)

4. **Receba pela fé**. Crer no poder da oração vai preparar você para receber o que está pedindo.

E Jesus respondeu, dizendo-lhes: "Tenham fé em Deus. Em verdade, eu lhes digo que se alguém disser a esta montanha: 'Ergue-te e lança-te no mar', e não duvidar em seu coração, mas crer que o que diz acontecerá, assim será feito. Portanto, eu lhes digo: tudo o que pedirem em oração, creiam que já o receberam, e isso lhes será concedido. Quando estiverem

orando, perdoem, se tiverem algo contra alguém, para que o Pai celestial também perdoe as suas transgressões".

(Mc 11:22-25)

COMO ATUAR NO EVANGELISMO DE PODER

Primeiro, quero incentivá-lo a ser sensível à voz profética do Espírito Santo. Se você pertence a Jesus, é uma de Suas ovelhas, e Jesus disse que as Suas ovelhas ouvem a Sua voz (Jo 10:27). Deus o criou com a capacidade inata de ouvi-Lo. Assim como Jesus obedeceu a tudo o que ouviu do Pai, Ele nos deu o exemplo a seguir. Por isso, Jesus disse que seria melhor Ele voltar para o Pai, para que o Espírito Santo pudesse vir e nos guiar em toda a verdade.

Quando vier o Espírito da verdade, Ele os guiará em toda a verdade, pois não falará de Sua própria autoridade, mas tudo o que ouvir, falará, e lhes anunciará as coisas que estão por vir. Ele Me glorificará, porque tomará do que é Meu e o anunciará a vocês.

(Jo 16:13-14)

Em segundo lugar, encorajo você a procurar aqueles que estão sofrendo fisicamente, e, se as circunstâncias permitirem, pergunte se pode orar por eles. Ouvir a voz de Deus e ser guiado profeticamente por Ele são chaves para ver a cura no evangelismo de poder. Deixe-me compartilhar uma história para que você entenda como isso funciona na prática.

Uma manhã, por volta de 2008, eu estava saindo de casa para ir ao escritório da igreja. Naquele tempo, o escritório ficava perto do Mott Auditorium, em Pasadena. Minha vizinha Ann, uma enfermeira de cuidados paliativos, me chamou do outro lado da rua. Ann e seu marido, Andy, eram o típico casal de yuppies não religiosos. Sue e eu frequentemente testemunhávamos para eles, convidando-os para um churrasco e dando-lhes presentes de Natal e Páscoa a cada ano, pois queríamos apenas amar nossos vizinhos. Ao vê-la acenando para mim, fui até a calçada do outro lado da rua para conversar com ela. “Tudo bem, Ann?”.

“Ché, tenho uma paciente que está em coma há duas semanas”, Ann me disse. “Ela tem 90 anos, e acho que vai morrer a qualquer momento. Você poderia vir dar-lhe a extrema-unção?”

Para ser sincero, eu não tinha ideia de como dar a extrema-unção. Ann vinha de uma formação católica romana, então me via como um padre. Eu disse: “Ficarei feliz em fazer isso, mas tenho uma reunião em Altadena”.

“A paciente está em Altadena”, ela respondeu.

“Ótimo, deixe-me pegar o carro e, depois de ver sua paciente, vou para o escritório da igreja”. Assim ficou combinado. Na minha mente, eu imaginava que só diria a Oração do Discípulo, citando o Salmo 23, e seria isso.

Segui Ann com meu carro até Altadena. Quando chegamos a um pequeno bangalô de dois quartos, desci do carro e fui levado até o quarto da idosa, onde uma enfermeira filipina estava cuidando dela. O nome da paciente era Lois. Ela realmente estava em coma, aparentemente murcha e conectada a um soro e a outros aparelhos básicos de suporte à vida. No momento em que entrei no quarto, ouvi Deus me dizer: “Ressuscite-a do coma e pregue o evangelho para ela”.

Agora, eu não queria alarmar Ann, porque ela tinha uma expectativa bem tradicional sobre o que eu estava ali para fazer. Olhei para ela e disse: "Você se importaria se eu orasse de uma forma diferente do que dar a extrema-unção?".

Ela disse: "O que você quer dizer?". "Você se importaria se eu orasse para que Deus a curasse?" Ann me olhou como quem pensava: "Eu sabia que você era um fanático religioso". Ela respondeu: "Você pode fazer o que quiser", e então foi para o canto do quarto, onde estava a outra enfermeira.

Com sua permissão, eu me inclinei sobre a cama e fiz uma oração simples: "Pai, em nome de Jesus, ordeno que Lois saia do coma e ouça o evangelho". Dois ou três segundos depois, Lois de repente abriu os olhos. Vendo um homem coreano desconhecido em pé ao lado da cama, ela imediatamente disse: "Quem é você?".

Fiquei tão surpreso com ela saindo do coma tão rapidamente que só disse: "Sou um pastor". "Não acredito que você é pastor", ela disse, "porque eu orei: 'Deus, mantenha-me viva até que você envie um pastor para me contar como posso ir para o céu'".

Eu lhe disse: "Lois, Deus ouviu suas orações, e eu vou lhe contar como você pode ir para o céu". Então, compartilhei o evangelho com ela, e ela entregou sua vida a Jesus Cristo. Quando voltei mais tarde para acompanhá-la e ler a Bíblia para Lois, a enfermeira filipina também acabou entregando seu coração a Jesus. Alguns meses depois, Ann veio ao nosso culto de Páscoa e foi a primeira a ir à frente quando fiz o apelo pela salvação. Assim, Deus trouxe a salvação para as três mulheres como resultado do milagre de Lois!

Deus deseja que todos sejam salvos. Ele está constantemente falando — só precisamos estar ouvindo. Quando nos sintonizamos com a voz do Espírito Santo, devemos ser obedientes e seguir Sua direção para ver resultados sobrenaturais.

MEU PROGRESSO PARA O EVANGELISMO DE PODER

Comecei a ver ímpios sendo curados e salvos enquanto era estudante na Universidade de Maryland. Isso aconteceu cerca de dois anos depois de ser salvo de forma radical e começar a pegar fogo por Jesus. Em um fim de semana, fui convidado para uma festa de aniversário na casa de um dos membros da igreja do meu pai. Esse homem era médico e se tornou multimilionário ao investir em imóveis em Washington, D.C. Ele foi um dos coreanos mais ricos da região durante os dias do Movimento Jesus People e foi uma grande bênção para a nossa igreja. Ele até emprestou dinheiro para o meu pai comprar nossa primeira casa, que meus pais pagaram integralmente.

Sua filha Helen, que não era salva, estava organizando uma grande festa de aniversário para celebrar seus 16 anos. Eu não a conhecia bem, já que ela e a família não frequentavam regularmente a igreja do meu pai. Seu irmão mais novo e o meu eram amigos, mas não muito próximos. Mesmo assim, meu irmão e eu fomos convidados, por algum motivo, para a festa na casa maravilhosa deles em Potomac. Era um rancho de 20 mil metros quadrados com um campo de tênis e uma piscina, então você pode imaginar a riqueza da família. Para ser honesto, eu fui mais para experimentar o luxo e aproveitar a comida servida na casa de um milionário.

Enquanto jogava tênis na festa, de repente senti um forte impulso do Espírito Santo. Ele disse: "Você está nessa festa há uma hora e nem uma vez compartilhou sua fé". Eu me senti tão convicto que parei de jogar e chamei meu oponente até a rede. Eu disse: "Sabe de uma coisa? Eu não posso continuar jogando porque, enquanto estava batendo na bola, senti uma convicção incrível. Recentemente, entreguei minha vida a Jesus Cristo e senti a necessidade de lhe dizer quanto Deus ama você". Nesse momento, o Espírito Santo veio sobre ele, e ele entregou sua vida a Jesus bem no meio da quadra de tênis.

De repente, percebi que tinha uma oportunidade única nessa festa, porque estava cheia de ímpios. Agora parece engraçado, mas fiz um compromisso impulsivo diante de Deus: *vou pregar até me expulsarem.* Então, comecei a compartilhar o evangelho com diferentes pessoas. Finalmente, a aniversariante, Helen, ouviu que eu estava pregando. Ela me encontrou e disse: "Ouvi dizer que você está evangelizando na minha festa".

Eu pensei, *OK, aqui vem o pé no meu traseiro me expulsar da festa...* Mas ela disse: "Escuta, por que eu não chamo todo mundo para a sala de recreação e você conta para todos os meus amigos o que aconteceu com você? Acho que eles vão se interessar". "Você está brincando comigo?", respondi, chocado. "Não, estou falando sério", ela disse, e foi chamar as pessoas.

Observei enquanto todos ali — cerca de 40 amigos dela — começavam a sair da piscina, descer dos cavalos e deixar a quadra de tênis para se reunir na sala de recreação.

Quando todos se reuniram, Helen me apresentou ao grupo como um orador. Ela disse: "Ché teve uma experiência religiosa, e achei que seria bom para todos nós ouvir o que aconteceu com ele". Todos me conheciam por causa da minha reputação de traficante de drogas e viciado durante o ensino médio. A notícia se espalhou rapidamente na comunidade coreana, então isso significava que as pessoas também sabiam que eu tinha me tornado um "fanático por Jesus" mais recentemente.

Enquanto estava ali diante daquela plateia cativa, eu sabia que isso era obra de Deus, porque a maioria das pessoas não era cristã. Então, comecei a pregar e dei meu testemunho, compartilhando que não apenas Deus me salvou, mas também me curou de alergias na primeira vez que entrei em um estudo bíblico carismático chamado TAG.

Enquanto eu falava sobre Deus me curando, um rapaz sentado na frente, um aluno da Universidade de Maryland, levantou a mão para me interromper. "Deus pode me curar da minha lesão no joelho?", ele perguntou. Eu não esperava uma pergunta como essa, mas disse: "O que aconteceu?". "Eu era jogador de futebol", ele disse, "e fiz uma cirurgia no joelho". O cara estava usando shorts e eu pude ver uma cicatriz enorme e feia que ia da coxa até a canela. (Esses eram os tempos antes das cirurgias artroscópicas no joelho, então era bem visível.)

"Eu não sou o que cura", eu respondi, "mas vamos orar por você". Então, parei no meio do meu discurso, coloquei a mão sobre seu joelho e orei para que Deus o curasse. De repente, ele olhou para cima com os olhos arregalados e disse: “Acabou”. “O quê?", eu perguntei. Ele respondeu: “A dor sumiu”. Um amigo disse, atrás dele: “Não acredito”.

O cara se virou e disse: “Não, estou dizendo. Eu sentia dor, e simplesmente desapareceu. Foi embora”. Nesse momento, sugeri: “Tem algo que você pode fazer agora que não conseguia fazer antes, sem dor?”. “Com certeza”, ele respondeu, “eu definitivamente não conseguia flexionar o joelho”. “Por que você não tenta?“, eu o incentivei. Imediatamente, ele se levantou e começou a flexionar o joelho. Ele exclamou: “Passou!”, e o Espírito de Deus se derramou sobre todo o grupo.

Outro rapaz disse: “Eu torci o tornozelo brincando no rancho. Deus pode me curar disso?”. Então, fui orar por ele, e seu tornozelo foi imediatamente curado.

Vendo o movimento do que Deus estava fazendo, comecei a fazer um convite: “Se você quer entregar sua vida a Jesus Cristo, peço que se ajoelhe”. Sem exagero, cerca de 30 das 40 pessoas ali se ajoelharam. Elas entregaram o coração a Jesus Cristo enquanto eu as conduzia em oração. Então, dei um breve ensino sobre ser cheio do Espírito Santo, e vários começaram a orar em línguas. O Espírito Santo estava se movendo tão poderosamente entre nós que acho que ninguém ali vai esquecer essa festa de aniversário!

Esse encontro foi a passagem para o que se tornaria um ministério de evangelismo de poder ao longo das décadas em que continuei seguindo Jesus. Foi parte do transbordar do avivamento que começou durante a Revolução de Jesus, nos anos 1970. Deus recebe toda a glória por esse testemunho e por cada cura que acontece. Espero que você veja agora que é desejo de Deus que preguemos o evangelho com sinais e maravilhas nos seguindo. O evangelismo de poder não é apenas para aqueles chamados ao ofício de evangelista — *é para você também!*

Se você ainda não experimentou o batismo do Espírito, ou simplesmente quer receber um novo preenchimento, ore esta oração com fé:

> Pai Celestial, Tua Palavra diz que Tu Te alegras em dar o Espírito Santo àqueles que pedem. Agora, peço que me batizes com Teu Espírito Santo. Enche-me com Teu Espírito e ativa os dons do Espírito dentro de mim. Dá-me poder para alcançar os perdidos, curar os doentes e transformar o mundo — tudo no nome poderoso de Jesus. Amém!

12

CAPÍTULO

Da pobreza à prosperidade

AMADOS, ORO PARA QUE VOCÊS PROSPEREM EM TUDO E TENHAM SAÚDE, ASSIM COMO A SUA ALMA PROSPERA.

(3 JO 2, NVI)

A primeira vez que fui à Toronto Airport Christian Fellowship, em outubro de 1994, durante a primeira Conferência Catch the Fire, saí convencido do materialismo. Era a sessão da manhã do segundo dia da conferência, e o palestrante era Mike Bickle, o fundador da International House of Prayer. (No momento em que escrevo este livro, sei que Mike não está mais exercendo seu ministério; no entanto, sei que sua mensagem naquele dia estava certa e era exatamente o que Deus queria que eu ouvisse.) Ele enfatizou que, se estivermos buscando segurança e vida em algo além de Jesus, estamos praticando idolatria. A mensagem terminou com um convite ao Espírito Santo para nos mostrar se tínhamos entregado o coração a algo além de Jesus. Após uma oração coletiva, todos nós fomos dispensados para o almoço.

Enquanto outros participantes da conferência saíam da sala, eu permaneci sentado na minha cadeira e perguntei ao Espírito Santo se havia algo em que eu estava colocando segurança além de Jesus. Ouvi rapidamente uma voz suave, baixinha: "Filho, você tem uma fortaleza de materialismo". Eu imediatamente repreendi aquela voz e discordei do que ela disse. Achei que não poderia ser o verdadeiro Espírito Santo. Afinal, tínhamos acabado de começar a Harvest Rock Church (HRC), e eu não recebi salário nos primeiros cinco meses. Sue e eu vivíamos pela fé já havia quase um ano e meio. Essas não eram atitudes de uma pessoa materialista!

Então, o Espírito Santo falou comigo novamente: "Eu quero lhe mostrar quão forte isso é na sua vida. Quero que você pegue o dinheiro da sua aposentadoria e o plante no Meu reino". Havíamos esgotado nossas economias para cobrir nossas despesas de vida, mas tínhamos pouco mais de 20 mil na nossa conta de aposentadoria. Quando Deus falou isso para mim, eu imediatamente disse: "Não, Senhor!" (Claro, isso é o cúmulo da contradição. Como você pode chamar Jesus de "Senhor" e dizer "não"?) Assim que essas palavras saíram da minha boca, percebi quão certo Ele estava e quão profunda era a fortaleza do materialismo na minha vida. Chorei por duas horas. Em parte, eu estava chorando porque não queria dar o dinheiro da minha aposentadoria, mas a maior parte das minhas lágrimas foi de um choro sincero pelos meus pecados.

Finalmente, após duas horas, eu pude ver que Deus não ia mudar, então eu disse: "Ok, Deus. Mas esse não é só o dinheiro da minha aposentadoria. Também pertence à Sue. Preciso ligar para ela e ver se ela concorda". (Até hoje, Sue e eu não fizemos nenhuma transação, compra, ou doação superior a 500 para qualquer ministério sem orar e conversar sobre isso antes.) Na verdade, fiquei aliviado. Sue não estava na conferência, e eu estava para ligar para ela feito um vendedor de telemarketing. Ela ia ficar chocada com a notícia e não ia concordar. Eu tinha me livrado!

Então, liguei para ela em Pasadena, Califórnia. Quando contei à Sue o que senti que o Senhor havia dito, ela fez uma pausa por alguns minutos para orar. Então, ela disse: "Isso é palavra do Senhor. Vamos fazer isso!". Honestamente, fiquei bravo com ela nesse momento. Eu estava em Toronto, vivendo um avivamento, e ela estava a quase cinco mil quilômetros de distância. Eu levei duas horas e uma enxurrada de lágrimas para dizer sim. Ela disse sim em menos de dois minutos de oração! Mas veja, isso não era problema dela. Era meu.

Nós não sabíamos na época, mas Deus estava testando nosso coração, pois no futuro Ele nos permitiria administrar milhões nos diversos ministérios em que servimos. Essa foi mais uma oportunidade para treinarmos para reinar no reino de Deus.

AS FORTALEZAS DE MAMOM E DO MATERIALISMO

Ninguém pode servir a dois senhores; pois, ou há de odiar um e amar o outro, ou se apegar a um e desprezar o outro. Vocês não podem servir a Deus e às riquezas [Mamom].

(Mt 6:24 NVI)

A maioria das pessoas não entende realmente a palavra "Mamom". Mesmo os diversos tradutores da Bíblia usam palavras diferentes para Mamom, como *dinheiro* (NVI) ou *riqueza* (NASB). A única tradução que encontrei que reconhece que a palavra é um substantivo próprio e a escreve com letra maiúscula como "Mamom" é a tradução literal de Young. Quando Jesus disse que não se pode servir a Deus e a Mamom, isso não é uma metáfora. Mamom é uma grande autoridade demoníaca sob Satanás. Ele nos incentiva a nos tornarmos autossuficientes, colocando nossa confiança na riqueza, em vez de em Deus.

As pessoas enganadas por Mamom são obcecadas por riqueza. Elas podem ou não ser prósperas; muitas pessoas pobres lutam com esse espírito. O inimigo usa Mamom como um peão para tomar o lugar de Deus. Mamom promete nos dar coisas que só Deus pode nos dar, como significado, segurança, identidade, poder, autoridade e liberdade. Ele promete tudo e não entrega nada.

O dinheiro não é a mesma coisa que Mamom. O dinheiro é uma ferramenta amoral, um objeto neutro que pode ser usado tanto para o bem quanto para o mal. O Espírito de Deus ou o espírito de Mamom podem repousar sobre o dinheiro. Se o dinheiro não for submetido a Deus, por padrão, ele estará dominado por Satanás e pelo espírito de Mamom. O dinheiro submetido a Deus e aos Seus propósitos é abençoado e usado para avançar Seu reino. O dinheiro que tem o espírito de Mamom é usado para manipular e controlar as pessoas.

Uma das interpretações mais comuns da Escritura é a frase "o dinheiro é a raiz de todos os males". Isso não é o que a Escritura diz, e não é assim que Deus vê o dinheiro. A Bíblia diz: "Porque o *amor* ao dinheiro é a raiz de todos os males..." (1 Tm 6:10 NVI). O amor ao dinheiro — e não o dinheiro em si — é a raiz de todo o mal. Isso é ainda mais esclarecido no restante desse versículo: "Algumas pessoas, desejando muito dinheiro, se desviaram da fé e se traspassaram com muitas dores" (NVI). Porque o dinheiro é amoral, tudo se resume a quem tem o dinheiro e como o estão usando. Com uma nota de cem dólares, eu posso comprar drogas ou doar para a minha igreja, e, claro, eu nunca compraria drogas.

O materialismo é a expressão mais comum do espírito de Mamom. O materialismo consiste na devoção à riqueza material e na acumulação de bens às custas de qualquer coisa e de qualquer pessoa. É o amor sensualmente motivado pelo conforto excessivo.

Nossa cultura é movida pelo materialismo. Somos constantemente bombardeados por uma enxurrada de anúncios em nossos smartphones, na TV, nos outdoors — a lista é interminável. Os anúncios nos dizem que estamos em falta se não estivermos vestindo as roupas mais modernas e os penteados mais novos, se não tivermos os melhores tênis endossados por atletas famosos, ou se não possuirmos os aparelhos tecnológicos mais recentes. Não há um ponto de saturação. George Otis Jr., em seu livro *Last of the Giants*, escreve que o materialismo é uma das maiores fortalezas espirituais no mundo. Suas raízes infiltram-se em todas as culturas ao redor do mundo.[74]

Lembro-me de quando almocei com o falecido David Wang, um grande líder da Igreja em Hong Kong naquela época. Ele me disse: "Ché, você acha que vive em uma república nos Estados Unidos, mas não vive. Você realmente tem uma monarquia na América. Seu rei é o materialismo, sua rainha é o entretenimento, e seu príncipe herdeiro é o esporte". Eu refleti por um momento e soube que ele estava certo.

DÊ O MÁXIMO QUE PUDER

Ao longo da história da igreja, quando Deus deseja restaurar uma verdade como libertação, prosperidade ou o apostólico, Deus permite soberanamente que crentes imperfeitos ensinem isso de maneira desequilibrada, com a visão de que, à medida que a igreja amadurece, ela encontrará o equilíbrio bíblico correto. Existe materialismo na igreja? Claro que sim. O amor pelo dinheiro está se espalhando rapidamente na igreja em grande parte do mundo, e é um dos maiores inimigos de um avivamento. Eu odeio o materialismo porque Deus o odeia.

74 George Otis Jr., *The Last of the Giants*. Chosen Books, 1991.

Porém, por outro lado, a Bíblia ensina que Deus quer que você prospere financeiramente.[75] Tenho ensinado ao longo dos anos que Deus quer que você *prospere para o propósito* de prover para sua família e avançar Seu reino. Deus deseja que o dinheiro que Ele nos dá seja usado para que Sua vontade seja feita na terra, assim como é no céu. É necessário dinheiro para cumprir a Grande Comissão.

Um dos meus heróis na história da igreja é John Wesley, grande apóstolo e fundador do movimento metodista. Em 1789, Wesley disse algo famoso em suas anotações sobre "O uso do dinheiro": "*Ganhe tudo o que puder, economize tudo o que puder e dê tudo o que puder*".[76] Eu tenho ensinado e praticado essa verdade desde 1997, quando Deus quebrou uma mentalidade de pobreza na minha vida.

Ao olharmos para cada aforismo do provérbio de Wesley, quero destacar cinco chaves para andar em prosperidade com propósito.

1. Chave 1: Pratique a doação gradual

Há anos, Sue e eu começamos a praticar a doação gradual ou viver para dar. Em fevereiro de 2005, nosso bom amigo Ed Silvoso estava compartilhando na reunião do "Eagles Vision Apostolic Team" de Peter Wagner. Ed nos contou sobre o Clube 51, que começou principalmente com empresários cristãos na Argentina, que se comprometeram

75 Ver Gn 12:1-3, 13:1; Dt 8:18, 28:11; Jr 29:11; Mt 7:7-11; Jo 10:10; 2 Cor 8:9; 3 Jo 2.
76 John Wesley on giving. *Resource UMC*. Disponível em: https://www.resourceumc.org/en/content/john-wesley-on-giving. Acesso em: 20 ago. 2024.

a semear mais da metade de sua renda — 51% ou mais — no reino de Deus. Ele contou com entusiasmo os efeitos de avivamento, reforma e progresso financeiro que vieram após essa doação gradual. Embora o movimento tenha começado na Argentina, qualquer um podia fazer parte do Clube 51.

Após a reunião, Sue e eu discutimos o que isso poderia significar para nós. "Por que somente os empresários devem se divertir?", eu disse a ela. "Por que não damos 51%?" Sue respondeu: "51%? Isso não é nada. Meu objetivo é que nós doemos 90% e vivamos com os outros 10%!". "Você tem mais fé do que eu", eu disse. "Vamos começar mirando em 51%."

Nessa época, já estávamos aos poucos chegando a doar 40% da nossa renda, sem contar impostos. Essa jornada de fé levou vários anos, e sabíamos que não poderíamos pular diretamente para 51% da noite para o dia. Independentemente do tempo, fizemos um compromisso diante do Senhor de doar 51%. Seis anos depois, na primavera de 2011, superamos esse limite pela primeira vez e entramos oficialmente para o Clube 51.

Neste estágio da nossa vida, faz alguns anos, pela graça de Deus, conseguimos superar a marca de 90%, assim como Sue havia falado por fé em 2005. Quando vendemos nossa casa em Altadena, em 2022, ela estava totalmente paga, e doamos os lucros para a nossa igreja. Agora, colocamos esse dinheiro em um fundo fiduciário para reinvesti-lo perpetuamente, mas 100% dos 1,85 milhão de dólares foi para a Harvest Rock Church. Em cada temporada da nossa jornada de fé, aprendemos em tempo real que Deus quer que demos o máximo que pudermos — tudo enquanto Ele provê abundantemente além do que podemos pedir ou imaginar (veja Ef 3:20).

Ao longo dos anos, tivemos encontros com o Senhor que nos levaram a nos apaixonar por dar e a crescer em generosidade. Recebemos uma revelação de que tudo pertence a Deus, inclusive todo o dinheiro que possuímos. Uma das maiores mentiras na igreja é que "esse é o meu dinheiro ganhado com esforço, e posso fazer com ele o que quiser!". Mas a Bíblia é clara: "A terra é do Senhor, e tudo o que nela existe; o mundo e os que nele habitam" (Sl 24:1 NVI). Nós mesmos pertencemos ao Senhor — duas vezes. Primeiro, Deus nos fez a Sua imagem e semelhança (Gn 1:26-27), e segundo, Ele nos *comprou* com o sangue de Jesus (At 20:28b).

Quando você percebe que tudo pertence a Deus e que somos apenas mordomos ou gestores, é fácil doar suas finanças quando o Senhor pede. No entanto, ainda são necessários a graça de Deus e o caráter semelhante ao de Cristo. Eu acredito pessoalmente que Deus instituiu o dízimo para que possamos andar em obediência a Ele e demonstrar caráter alinhado com Sua natureza. E quanto mais você cresce em caráter semelhante ao de Cristo, mais fácil se torna doar.

GANHE O MÁXIMO QUE PUDER

Com que frequência você vê as seguintes duas palavras juntas: "Cristão" e "bilionário"? Eu acredito que a resposta não é sempre o bastante. O número de cristãos que chegam a ponto de administrar bilhões de dólares — pense em David Green, da Hobby Lobby, ou na família Cathy, do Chick-fil-A — é relativamente pequeno. Quero propor que *precisamos de mais bilionários no Corpo de Cristo!*

A maioria dos bilionários conhecidos hoje são não cristãos, como George Soros. Como socialista marxista, Soros doa vastas quantias para causas extremistas de esquerda que, francamente, são nada menos do que malignas. Jesus disse: "Os filhos deste mundo são mais astutos em sua geração do que os filhos da luz" (Lc 16:8 NVI). Em outras palavras, aqueles que andam nas trevas estão usando Mamom para financiar o avanço do reino de satanás, e, no entanto, é difícil, para os milionários cristãos, dar uma grande parte de seu dinheiro para avançar o reino de Deus.

Há alguns anos, almocei com um multimilionário em Scottsdale, Arizona (a Beverly Hills da área de Phoenix). Ele se vangloriava de ter sete carros na garagem, incluindo um Rolls-Royce, e havia comprado sua única casa por 2,1 milhões de dólares em dinheiro vivo. Depois de ouvi-lo, fiz uma pergunta importante: "Você gostaria de passar do simples sucesso a algo verdadeiramente significativo?". "O que você quer dizer?", ele respondeu.

"Quero dizer que tudo o que você fez foi compartilhar quantos brinquedos você tem." "Eu dou o dízimo", ele disse, em sua defesa. "Não estou falando sobre dízimo. Você já ouviu falar de George Soros?"

"Claro. Quem não ouviu falar dele?" "Por que você não se torna uma versão cristã de George Soros?", eu continuei, "Você sabe que Soros tem um Super PAC, um super comitê de ação política?[77] Por que não criar um desses e apoiar cristãos conservadores que estão concorrendo a cargos?"

77 PAC é a sigla para comitê de ação política, uma organização nos Estados Unidos que arrecada e gasta dinheiro para apoiar ou se opor a candidatos políticos, legislações ou políticas. Existem diferentes tipos de PACs, incluindo: as PACs tradicionais são financiadas por indivíduos, corporações ou sindicatos, mas com limites de doação. As Super PACs podem arrecadar e gastar quantias ilimitadas, mas não podem doar diretamente para candidatos nem coordenar com suas campanhas.

Ele fez uma pausa e, finalmente, disse: "Jesus acabou de me dizer para fazer isso".

E assim ele fez. Ele pagou milhares de dólares em taxas legais para se inscrever na Comissão Eleitoral Federal (FEC), e a FEC deu ao America Upheld Super PAC a licença para operar em 22 de agosto de 2022. Observe as datas desse dia. Não acredito que foi uma coincidência que Deus concedeu o status PAC no oitavo mês, no 22º dia, no ano de 2022. O número oito é o número de novos começos, e "2222" representa Isaías 22:22: "Eu darei a ele a chave da casa de Davi — o mais alto posto no tribunal real. Quando ele abrir portas, ninguém poderá fechá-las; quando ele fechar portas, ninguém poderá abri-las" (NVT).

Colocar o PAC em funcionamento foi um divisor de águas. Assim que o status do PAC Federal (Super PAC) foi confirmado, o tesoureiro do America Upheld, Tom Montgomery, solicitou o status de PAC da Califórnia e obteve rapidamente. Posteriormente, um PAC foi estabelecido em Nova Jersey. O objetivo do America Upheld é iniciar um PAC em cada estado nos quais possamos apoiar candidatos cristãos conservadores com uma visão bíblica ou valores judaico-cristãos.

Em meu livro *A graça de dar*, aprofundo vários tópicos relacionados a fazer o máximo que puder e administrar o dinheiro para o reino de Deus. Aqui, nesta seção, compartilharei as próximas duas chaves para andar em prosperidade com um propósito.

2. Chave 2: Tenha pelo menos cinco fontes de renda

Primeiro, *sua renda pessoal* é geralmente o que vem à mente quando você pensa em suas fontes de receita, mas não deve ser a única! Muitas pessoas ficam desmotivadas ou presas em um ciclo difícil ao tentar sobreviver com apenas uma fonte de renda, especialmente em cidades caras como Los Angeles ou Nova York. A boa notícia que quero que você compreenda é que Deus deseja abençoá-lo com múltiplas fontes de renda, incluindo, mas não se limitando a, seu emprego em tempo integral.

Segundo, para casais, *a renda do seu cônjuge* conta como outra fonte de receita. Dito isso, também acredito que, se uma esposa for chamada para cuidar do lar e educar seus filhos em casa, isso é um trabalho em tempo integral por si só, e não há vergonha alguma nisso. Minha filha Grace está fazendo isso com seus quatro filhos. No entanto, se houver algo que você pode fazer paralelamente, como marketing multinível, eu o encorajo a seguir em frente.

Terceiro, *fontes de renda passiva*, como investimentos, são essenciais para compor esse mix. Isaías 60:11 diz: "Os seus portões estarão sempre abertos; jamais serão fechados, dia e noite, para que as riquezas das nações sejam trazidas a você". Essa profecia promete que, mesmo enquanto você dorme, a riqueza será trazida a você. Eu gosto dessa ideia! Provérbios 13:11 (NVT) acrescenta: "A riqueza obtida de forma desonesta diminuirá, mas quem a ajunta aos poucos terá cada vez mais". Essas Escrituras me lembram de que investimentos sábios geram um bom retorno ao longo do tempo. A ideia é trabalhar com inteligência, e não apenas com esforço. Como mencionado anteriormente, ter um excelente gestor financeiro elevará sua jornada de investimentos a um novo nível.

Quarto, *a renda de aluguel* é uma oportunidade que você não deve deixar passar. Durante anos, Sue e eu sempre tivemos uma pessoa morando na nossa casa depois que nossos filhos começaram a sair de casa. Foi uma situação vantajosa para ambos. Conseguimos uma renda mensal de um espaço não utilizado na nossa casa, e o jovem inquilino conseguia alugar um quarto por um preço muito mais acessível do que os valores normais em Los Angeles. Uma das minhas filhas seguiu esse exemplo e começou a alugar uma pequena casa nos fundos de sua propriedade para hóspedes do Airbnb.

3. Chave 3: Comece seu próprio negócio

A terceira chave — e a quinta fonte de receita que quero destacar — é iniciar seu próprio negócio. Uma grande vantagem de ter um negócio próprio é a possibilidade de obter benefícios fiscais significativos, se feito corretamente. Outro benefício é o potencial ilimitado de crescimento. Se você já assistiu ao programa Shark Tank, sabe que não faltam novas ideias de negócios. Algumas começam com força, mas logo fracassam. Outras constroem um modelo estratégico que cresce continuamente, com uma visão voltada para o sucesso a longo prazo.

Será que Deus poderia lhe dar uma ideia de negócio brilhante que ninguém mais pensou antes? Com certeza. Acredito que veremos um aumento nas ocorrências de tecnologias disruptivas — impactando não apenas o mundo dos negócios, mas também a medicina e a ciência — que serão descobertas por cristãos que convidam o Espírito Santo para ser o parceiro número um em seus negócios.

Como mencionei em um capítulo anterior, minha esposa e eu fundamos uma sociedade por ações em 2010 chamada Joseph's Storehouse LLC. Meus honorários por palestras e os royalties das vendas dos meus livros são gerenciados sob essa empresa. Sempre que há receita, investimos por meio do nosso gestor financeiro, Tony Amaradio, especialmente no setor imobiliário.

Na época em que criamos o Joseph's Storehouse, tive um sonho profético. No sonho, eu estava diante de uma montanha de ouro tão alta quanto o edifício Empire State. Um jovem casal de missionários se aproximou de mim e pediu apoio financeiro para seu trabalho missionário. Peguei uma grande faca de colheita e cortei um pedaço de ouro. Perguntei a eles: "Isso é suficiente? Se precisarem de mais, avisem". De muitas maneiras, a essência desse sonho tem se tornado realidade nos últimos 14 anos, pois temos sido capazes de doar generosamente para muitos ministérios que estão expandindo ativamente o reino de Deus ao redor do mundo.

ECONOMIZE O MÁXIMO QUE PUDER

Além de doar e ganhar o máximo que puder, acredito que o hábito de economizar o máximo possível não é apenas benéfico, mas também bíblico.

A Bíblia nos dá instruções sobre como prover para a nossa família. Por exemplo, 1 Timóteo 5:8 diz: "Mas se alguém não cuida dos seus, especialmente dos da sua própria casa, tem negado a fé e é pior que um descrente". Essa é uma afirmação forte do apóstolo Paulo. Os descrentes não sabem disso porque o deus desta era cegou seus olhos (2 Cor 4:4), mas os cristãos devem entender que a prioridade de Deus para sua vida é primeiro Jesus e, em seguida, sua família, começando pelo cônjuge. Note que o versículo especifica “os da sua própria casa”, o que também inclui seus netos. Se você puder ir além da família nuclear e ajudar seus parentes mais distantes, isso é maravilhoso, mas Deus espera que você proveja, antes de tudo, para sua família mais próxima.

Um dos meus versículos favoritos é Provérbios 13:22: “O homem bom deixa uma herança para os filhos de seus filhos, mas a riqueza do pecador é armazenada para o justo”. Atualmente, tenho nove netos, e minha filha mais nova, Mary, que atuou como vice-presidente do Harvest International Ministry (HIM), está esperando seu quarto filho — um bebê no ventre —, portanto consideramos esse o nosso décimo neto. E estamos orando para que venham mais.

De acordo com a Palavra de Deus, se somos um casal justo, Sue e eu devemos deixar uma herança para todos os nossos netos. Então, é para isso que vão nossas economias. Já demos a nossos filhos parte de sua herança, e cada um está usando os recursos para comprar uma casa em Los Angeles. Outra parte, reservada para nossos netos, faz parte do nosso plano de poupança. O restante das nossas economias é um fundo de emergência de seis meses. Todos esses recursos estão investidos com nosso consultor financeiro, Tony Amaradio. Isso nos leva à próxima chave para ser um bom administrador cristão.

4. Chave 4: Cerque-se de especialistas

Com base na nossa experiência, recomendo fortemente que você tenha os seguintes especialistas na sua vida para que possa prosperar ainda mais e avançar o reino de Deus.

Primeiro, você precisa de um ótimo *gestor financeiro*. Tony Amaradio não é apenas nosso gestor pessoal, mas também administra as finanças do HRC e do HIM.[78] Ele nos apresentou maneiras brilhantes de administrar nossas finanças para a glória de Deus, o que nos ajudou a economizar mais dinheiro e utilizá-lo de maneira mais estratégica.

Segundo, você precisa de um contador excelente. Robert Kiyosaki, em seu clássico livro Pai rico, pai pobre, escreve: “Contabilidade é possivelmente o assunto mais confuso e entediante do mundo, mas se você quiser ser rico a longo prazo, pode ser o assunto mais importante”.[79] Tenho o melhor contador, Philip L. Liberatore, amigo de aliança e presidente da America Upheld.[80]

Terceiro, você precisa de um ótimo *advogado*. Minha advogada pessoal é Victoria Ko, uma de nossas pastoras no HRC Orange County e minha filha espiritual. Ela também é a assessora jurídica interna de todos os ministérios nos quais estou envolvido.[81]

Quarto, você precisa de um ótimo *médico pessoal*. O ideal é que seja um profissional de saúde que adore você e possa cuidar de você além do que seu plano de saúde cobre. Tenho dois médicos: meu irmão mais novo, Dr. Chae Ahn, membro do HRC, e o Dr. Todd Lyon, um dos anciãos da nossa igreja.

5. Chave 5: Saia das dívidas e permaneça livre delas

A última chave para economizar o máximo que puder é lidar de forma agressiva com as dívidas. A triste realidade

78 https://www.tonyamaradio.com
79 Robert T. Kiyosaki. *Rich Dad Poor Dad*. Plata Publishing, LLC, Kindle Edition, p. 66.
80 https://www.liberatorecpa.com
81 https://www.victoriakolaw.com

é que os Estados Unidos são uma sociedade afundada em dívidas. Em agosto de 2024, nossa dívida nacional atingiu um recorde de 35,2 trilhões de dólares,[82] enquanto a dívida pessoal dos consumidores chegou a incríveis 17,8 trilhões de dólares (incluindo cartões de crédito, hipotecas, financiamento de automóveis e outras dívidas).[83] Se você está endividado agora, sua prioridade deve ser fazer tudo o que for necessário para sair dessa situação o mais rápido possível. Se você já está livre de dívidas, seu foco deve ser permanecer assim, administrando bem sua saúde financeira.

Romanos 13:8 (NVI) diz: "Não devam nada a ninguém, a não ser o amor de uns pelos outros". A Palavra de Deus também nos ensina em Provérbios 22:7 (NKJV): "O rico domina sobre o pobre, e o que toma emprestado é servo do que empresta". Eu não sei quanto a você, mas acredito que Deus nos chamou para sermos cabeça, e não cauda — para sermos emprestadores, e não tomadores de empréstimo (Dt 28:12-13). Não há condenação se você está enfrentando dificuldades financeiras, mas se deseja prosperar, precisa cortar a dívida pela raiz.

Vencer as dívidas exige mudanças práticas nos hábitos financeiros. Um exemplo é ter um orçamento — e não apenas tê-lo, mas seguir à risca! Viver dentro de seus meios é essencial para ficar livre das dívidas. Escolha não comprar nada que você não pode pagar, e evite usar cartões de crédito se você tende a gastar mais do que ganha. Para ser claro, classifico as dívidas de cartão de crédito como "dívidas

82 Public debt of the United States from August 2013 to August 2024, *Statista*. Disponível em: https://www.statista.com/statistics/273294/public-debt-of-the-united-states-by-month/. Acesso em: 24 set. 2024.

83 David Straughan, Americans Are Carrying Record Household Debt in 2024, *MarketWatch*. 25 de setembro de 2024. Disponível em: https://www.marketwatch.com/guides/banking/american-debt-2024/. Acesso em: 7 mar. 2025.

ruins". Já "dívidas boas" seriam, por exemplo, o financiamento de uma casa (para construir patrimônio) ou os custos de uma faculdade (para investir na sua educação ou na dos seus filhos).

Quanto mais se afastar das dívidas, mais você poderá economizar. E quanto mais economizar, mais poderá abençoar sua família, investir na próxima geração e semear no reino de Deus.

A grande transferência de riqueza nos últimos dias

A segunda metade de Provérbios 13:22 enfatiza que a riqueza do pecador é armazenada para o justo. O último livro que Peter Wagner escreveu antes de partir para o Senhor, em 2016, foi *A grande transferência de riqueza*. Ele profetizou que a Igreja entraria em um período de Ageu 2:7-9:

> **"Farei tremer todas as nações, e elas virão com a riqueza de todas as nações, e encherei esta casa de glória", diz o Senhor dos Exércitos. "A prata é minha, e o ouro é meu", declara o Senhor dos Exércitos. "A glória desta última casa será maior do que a primeira", afirma o Senhor dos Exércitos, "e neste lugar darei paz".**

Concordo com Peter que, em tempos de abalos econômicos globais, Deus suprirá sobrenaturalmente, transferindo riquezas dos ímpios para os justos. Isso começará com aqueles chamados por Deus, Sua ekklesia, comprometidos com Sua casa e Seus propósitos para avivamento e reforma. A julgar por todas as evidências, estamos em um período de abalo global desde 2020, quando a covid-19 sacudiu mais de 200 nações. Mas isso vai além do vírus; têm sido os *lockdowns* desnecessários, pelos quais mais de 16 mil empresas foram à falência na Califórnia,[84] e um em cada quatro restaurantes fechou nos EUA.[85] Em seguida, entramos em uma tempestade total de políticas econômicas ruins: fechamento da produção de petróleo em nome da mudança climática, fronteiras abertas, inflação no nível mais alto em 40 anos e uma dívida nacional que aumentou em 1 trilhão de dólares a cada 100 dias sob o governo Biden-Harris.[86] Essas políticas têm sido criminosas porque as pessoas mais afetadas são os pobres. Os cidadãos americanos estão pagando preços significativamente mais altos, por itens domésticos essenciais, do que pagavam sob o governo do presidente Trump.

Ainda assim, em meio a esse abalo econômico global, Deus está se preparando para trazer o maior avivamento e reforma da história da Igreja. Deus "grita para nós em nossa dor", como escreveu C.S. Lewis em seu livro *O problema do sofrimento*[87] — primeiro, para que os crentes se arrependam e voltem para Deus, e, segundo, para que os incrédulos entreguem seu coração a Jesus. Quando as coisas estão indo bem, as pessoas dizem: "Quem precisa de Deus?". Mas quando você passa por uma provação após outra, começa a

---

84 Kelly McCarthy, Nearly 16,000 restaurants have closed permanently due to the pandemic, Yelp data shows, *ABC News*, 24 de julho de 2020. Disponível em: https://abcnews.go.com/Business/16000-restaurants-closed-permanently-due-pandemic-yelp-data/story?id=71943970. Acesso em: 7 mar. 2025.

85 Jefferson Graham, One in 4 restaurants won't re-open after pandemic, says exec, *USA Today*. 14 de maio de 2020. Disponível em: https://www.usatoday.com/story/tech/2020/05/14/your-favorite-restaurant-may-not-reopen-post-covid-opentable-study/5193994002/. Acesso em: 7 mar. 2025.

86 Michelle Fox, The U.S. national debt is rising by $1 trillion about every 100 days, *CNBC*. 1º de março de 2024. Disponível em: https://www.cnbc.com/2024/03/01/the-usnational-debt-is-rising-by-1-trillion-about-every-100-days.html. Acesso em: 7 mar. 2025.

87 C.S. Lewis, *The Problem of Pain*. HarperSanFrancisco, 2001, p. 91.

clamar a Deus, e "todo aquele que invocar o nome do Senhor será salvo" (Rm 10:13).

Com o avivamento, Ageu diz: "Eles virão com a riqueza de todas as nações" (Ag 2:7b). Deus abençoará e prosperará Seu povo, que usará essa riqueza para Seus propósitos nesses últimos dias. Para nos prepararmos para essa extraordinária transferência de riqueza, devemos nos libertar do domínio de Mamom e do espírito de pobreza. Em um nível pessoal, devemos primeiro lidar com essas fortalezas espirituais em nossa própria vida para que possamos entrar na plenitude de nosso chamado dado por Deus para transformar a sociedade.

ESMAGANDO O ESPÍRITO DE POBREZA

Em outubro de 1997, nossa igreja estava sediando nossa conferência profética anual em Pasadena. Cindy Jacobs — uma grande profeta no Corpo de Cristo, uma das minhas amigas mais queridas e membro do conselho do HIM — era nossa palestrante principal. Entre o intervalo do almoço e o início da sessão da tarde, um de nossos membros da igreja chamada Patrícia veio até mim com um envelope na mão. Ela começou a me contar que havia passado pela pior semana de sua vida. Ela havia perdido o emprego no começo da semana e, alguns dias depois, seu marido também perdeu o emprego. Eles haviam esvaziado sua conta poupança, e ela estava trazendo dois mil dólares como oferta para semear na igreja.

Sua doação generosa e sacrificial me tocou, mas fiquei preocupado com sua situação financeira. "Patricia", eu disse, "você e sua família vão precisar desse dinheiro até encontrarem um emprego." Achei que a minha resposta naquele momento era sábia e pastoral. Devolvi o envelope para ela e saí sentindo-me "espiritual" por ter recusado a oferta.

Eu não percebi, mas Patrícia saiu frustrada. Ela foi até nosso centro de recursos, onde Cindy Jacobs estava fazendo algumas compras de última hora antes de sua sessão da tarde começar. Patrícia contou toda a história para Cindy — que ela e o marido haviam perdido o emprego e que ela tinha trazido a oferta para mim, que eu recusei.

Cindy saiu correndo da livraria — de salto alto, vale lembrar — com Patrícia logo atrás. Eu nunca tinha visto Cindy tão brava na minha vida. Ela veio marchando até mim, ficou cara a cara comigo e perguntou: "Você recusou a oferta dessa mulher?". "Bem, sim, mas ela perdeu o emprego, e o marido dela também perdeu o emprego, e eles vão precisar desse dinheiro para se manter por um tempo", respondi, sentindo-me confuso e um pouco envergonhado.

Cindy perguntou: "Ché, você acredita na Bíblia?". Eu não sabia aonde ela queria chegar com essa pergunta, mas simplesmente respondi: "Sim".

"Eu não acredito que você realmente acredita", ela retrucou. "A Bíblia diz que é mais bem-aventurado dar do que receber (At 20:35). Se realmente acreditasse, você teria recebido a oferta dessa mulher e não a privado da bênção dela. Veja, ela estava dando pela necessidade dela. Agora, receba essa oferta!"

Com obediência, recebi a oferta. Então Cindy continuou: "Acho que você tem um espírito de pobreza, e eu amarro e esmago o espírito de pobreza e ordeno que esse espírito de pobreza saia de você agora, em nome de Jesus!".

Não apenas as pessoas estavam assistindo a tudo aquilo acontecer, mas, assim que o culto da tarde começou, Cindy compartilhou todo o incidente com todos na conferência. Eu queria encontrar um buraco para me esconder! Então, ela chamou Patrícia para subir ao palco e levantou uma oferta espontânea para ela. Mais de 18 mil dólares foram arrecadados naquela tarde, e todo o valor foi entregue a Patrícia. Mais tarde, naquela semana, Patrícia conseguiu um emprego melhor, e seu marido também encontrou um trabalho com um salário maior.

Minha vida foi transformada para sempre naquela semana — foi um passo decisivo para quebrar o espírito de pobreza da minha vida. Eu nem sabia que o espírito de pobreza estava operando nos bastidores, mas, olhando para trás, percebo que eu costumava pedir desculpas por levantar ofertas. Eu precisava aprender uma verdade importante sobre como Deus usa o dinheiro para os propósitos do Seu reino. Não muito tempo depois, eu teria que levantar 10 milhões de dólares para o TheCall (2000-2003) e, em seguida, 4,5 milhões em quatro meses como entrada para comprar o Ambassador Auditorium (14 de maio de 2004). Nos últimos anos, tenho levantado dinheiro pessoalmente para apoiar candidatos políticos conservadores que defendem valores bíblicos.

É preciso dinheiro para transformar a sociedade, e é por isso que Deus quer nos libertar da mentalidade de pobreza e do espírito de Mamom.

Ore comigo à medida que nos aproximamos do final da nossa jornada juntos:

> Pai Celestial, eu Te entrego todo o meu coração, tudo o que sou e tudo o que tenho. Em nome de Jesus, eu me arrependo e renuncio ao espírito de pobreza e à fortaleza de Mamom. Eu quebro a mentalidade de pobreza da minha vida e da minha linhagem. Obrigado por me prosperar com o propósito de avançar o Teu Reino. Ajuda-me a ser um administrador sábio dos recursos que Tu me deste, tudo para a Tua glória. Em nome de Jesus, amém.

ENSAIO

Como a reforma protestante esmaga o espírito da pobreza

Além de almas sendo salvas, estamos vendo nações sendo transformadas economicamente, um sinal de reforma. No best-seller do *New York Times Culture Matters* — editado por dois professores de Harvard, Lawrence Harrison e Samuel Huntington —, o argumento do livro é que no ponto em que os valores judaico-cristãos penetraram uma nação, essa nação prosperará economicamente. Citando outro professor de Harvard, David Landes, o texto explica:

> Comerciantes e industriais protestantes desempenharam um papel de liderança no comércio, nas finanças e na indústria [...] A essência da questão estava, de fato, na formação de um novo tipo de homem — racional, ordenado, diligente, produtivo. Essas são virtudes que, embora não fossem novas, raramente eram comuns [...] Duas características especiais do protestantismo refletem e confirmam essa conexão. A primeira é a ênfase na instrução e alfabetização. Isso foi um subproduto da leitura da Bíblia. (Por outro lado, os católicos eram catequizados, mas não precisavam ler, e eram explicitamente desencorajados de ler a Bíblia.) [...] A segunda era a importância atribuída ao tempo.[88]

Essa passagem refere-se à forma como os cristãos administram o tempo e não apenas o dinheiro. Efésios 5:15-17 (NKJV) é uma passagem fundamental a considerar: "Portanto, vede prudentemente como andais, não como néscios, mas como sábios, remindo o tempo, porquanto os dias são maus. Pelo que não sejais insensatos, mas entendei qual seja a

---

88 L.E. Harrison; S. P. Huntington, *Culture Matters: How Values Shape Human Progress*. Basic Books, 2000, p. 12.

vontade do Senhor". Descobri que, quando me vi na vida não como dono, mas como um administrador, prosperei e ajudei meus filhos e minha igreja a prosperar.

A história confirma a afirmação de que onde os valores judaico-cristãos são incutidos em uma sociedade, esta recebe bênçãos econômicas. Huntington e Harrison usam a Coreia como exemplo. Em 1960, a Coreia do Sul foi declarada pela ONU como uma das nações mais pobres do mundo. Hoje, é uma das mais ricas. Eles não dirão que isso aconteceu devido a um avivamento espiritual, mas atribuem isso aos valores protestantes de "trabalho árduo, honestidade, seriedade, uso econômico do dinheiro e do tempo".[89] Os valores moldam a cultura, e uma cultura cristã (bíblica) transforma uma nação.

Infelizmente, a Reforma Protestante e seus valores bíblicos nunca penetraram nos países da América Latina, nas Filipinas, em outras nações predominantemente católicas e na África até os últimos 50 anos, quando o avivamento começou a se espalhar por algumas dessas regiões. Economistas e cientistas sociais como Huntington e Harrison acreditam que, onde os valores protestantes foram incorporados a uma nação, essa nação mudou de um regime marxista ou totalitário para um governo mais democrático, o que, novamente, é um subproduto da Reforma Protestante.

Mas a pergunta que fazem é por que demorou tanto: "Por que, após mais de 150 anos de independência, a América Latina, uma extensão do Ocidente, falhou em consolidar

89 *Ibidem*, p. 11.

instituições democráticas?".[90] Essa é uma boa pergunta. Por outro lado, eles reconhecem quanto os Estados Unidos prosperam com seus valores de livre mercado, sua ética de trabalho protestante, honestidade e um nível relativamente menor de corrupção no governo em comparação com a maioria das nações pobres. (No entanto, permanecendo sob administrações do partido democrata por 12 dos últimos 20 anos, vimos mais maldade sendo imposta por um governo corrupto do que nunca. A cultura bíblica faz diferença!)

Os autores não afirmam isso, mas acredito que satanás manteve essas nações pobres sob um principado do espírito de pobreza. Peter Wagner frequentemente ensinava: "Se Deus quer que prosperemos, então faz sentido que satanás queira nos manter pobres". De fato, satanás é o ladrão que vem para roubar (dinheiro e riqueza), matar (vidas e destinos) e destruir (qualquer coisa que possa manter as pessoas abençoadas e prósperas, incluindo uma economia de livre mercado). Mas Jesus veio para nos dar vida e vida em abundância (Jo 10:10)!

Tive o privilégio de aprender com o Dr. Donald McGavran, fundador da Escola de Missões Mundiais do Seminário Fuller e mentor de Peter Wagner. Ele ensinava o conceito de *redenção e elevação*, observando que, onde quer que o cristianismo florescia, ele tirava as pessoas da pobreza. Acredito que nossa maior arma para derrotar o reino de satanás e seus demônios é avançar o reino de Deus por meio do evangelho, desmantelando ideologias demoníacas e principados com oração e declarando a verdade de Deus,

90 *Ibidem*, p. xix.

que liberta os cativos, incluindo a tomada de autoridade sobre o espírito de pobreza. Jesus disse: "Conhecereis a verdade, e a verdade vos libertará" (Jo 8:32).

Uma das maiores injustiças na sociedade é a pobreza sistêmica (ver Apêndice A). Ed Silvoso afirma: "O principal indicador social de que a transformação ocorreu é a eliminação da pobreza sistêmica".[91] De acordo com o que a Bíblia ensina: "Porque o Filho do Homem veio buscar e salvar o que se havia perdido" (Lc 19:10). Observe que a *New American Standard Bible* não diz que Jesus veio "para salvar os perdidos", mas sim "para salvar o que se havia perdido". Jesus veio restaurar a bênção do paraíso, o jardim do Éden. Por meio do evangelho do reino, acredito que Deus restaurará especificamente as bênçãos econômicas do paraíso. Isso é o que o avivamento e a reforma representam.

INFILTRANDO A CHINA COMUNISTA

Odeio o comunismo porque é um sistema econômico socialista e demoníaco que mantém uma nação pobre. Basta olhar para a Coreia do Norte, para Cuba, Venezuela e outras nações marxistas. Na minha visão, o diabo quer manter as nações na pobreza porque faz tudo o que pode para ferir Deus e frustrar Seus propósitos na terra. A China é a exceção devido ao crescimento explosivo da igreja, trazendo valores judaico-cristãos e uma mudança de política em direção ao livre mercado, apesar do comunismo.

91 Ed Silvoso, *Transformation*. Regal Books, 2007, p. 29.

Alguns anos atrás, tive o privilégio de me reunir com os apóstolos das cinco maiores igrejas underground da China, graças a Peter Wagner. Também por meio do Dr. Wagner, conheci um dos principais economistas da China, que lecionava economia na Universidade de Pequim e era consultor econômico do Comitê Central. Preciso omitir seu nome porque ele deixou o partido comunista e se tornou crente em Jesus.

Antes de tornar sua conversão pública, ele escreveu um artigo para o Comitê Central, na época sob o presidente Hu. Esse homem era um reformador na China. Seu artigo se intitulava "Por que o cristianismo é bom para a economia chinesa". Ele destacava alguns dos valores fundamentais do cristianismo protestante, como honestidade, aversão à corrupção e ética de trabalho, explicando que, quando os cristãos trabalham para uma autoridade superior ao Estado, eles fazem seu trabalho para Jesus. Esse artigo teve um impacto tão grande na igreja que o presidente Hu deu mais liberdade para que as igrejas underground se reunissem, embora essas reuniões ainda fossem ilegais.

Infelizmente, Hu deixou o cargo e Xi Jinping assumiu. Na minha opinião, o principado marxista que estava sob Mao retornou com vingança na China. A perseguição religiosa e as violações dos direitos humanos contra a igreja underground , os seguidores do Falun Gong (um ramo do budismo e do taoísmo), os uigures e outros muçulmanos turcos retornaram com um novo fervor. Até mesmo a Igreja das Três Autonomias, a igreja sancionada pelo governo, tem sido perseguidas pelo presidente Xi.

Mesmo com toda oposição, o avivamento está explodindo novamente na igreja subterrânea, e o reino de Deus está avançando. Sabemos como essa história termina: "Os reinos do mundo vieram a ser de nosso Senhor e do Seu Cristo, e Ele reinará para todo o sempre".

(Ap 11:15)

CONCLUSÃO:

A transformação pessoal leva à transformação social

QUANDO JESUS VIU AS MULTIDÕES,
SUBIU AO MONTE;
E, DEPOIS DE SE ASSENTAR, SEUS DISCÍPULOS SE
APROXIMARAM DELE.
ENTÃO, ELE ABRIU A BOCA
E COMEÇOU A ENSINÁ-LOS...

(MT 5:1-2)

EU SOU A VIDEIRA; VOCÊS SÃO OS RAMOS.
QUEM PERMANECE EM MIM E EU NELE, ESSE
DÁ MUITO FRUTO; POIS SEM MIM VOCÊS
NÃO PODEM FAZER NADA... SE VOCÊS
PERMANECEREM EM MIM E AS MINHAS
PALAVRAS PERMANECEREM EM VOCÊS, PEÇAM
O QUE QUISEREM, E LHES SERÁ CONCEDIDO.
NISTO É GLORIFICADO MEU PAI:
QUE VOCÊS DEEM MUITO FRUTO E ASSIM SE
TORNEM MEUS DISCÍPULOS.

(JO 15:5, 7-8)

No dia 2 de setembro de 1982, tive um sonho extraordinário que mudaria para sempre a trajetória da minha vida e da minha família. No sonho, um homem negro apareceu para mim. Ele parecia um jogador da NFL — tinha 1,95 m de altura e 136 kg de músculos esculpidos. "Venha para Los Angeles", disse ele, "pois haverá uma grande colheita."

Quando acordei desse sonho, ouvi o que parecia ser uma voz audível dentro de mim, ressoando na minha mente: "O tempo do avivamento está próximo!". Olhei para o relógio digital na mesa do abajur, e marcava exatamente quatro da manhã. Acordei Sue, que estava ao meu lado. Eu não podia esperar até de manhã. "Querida, tive o sonho mais incrível", disse a ela. "Foi mais como uma visão do que um sonho. Um homem negro apareceu para mim e disse para eu ir a Los Angeles para uma grande colheita."

Imediatamente, a presença de Deus que eu estava sentindo veio sobre Sue. Ela disse: "Esse sonho é de Deus. Vamos nos ajoelhar, dedicar esse sonho ao Senhor e pedir confirmação". Foi extraordinário Sue dizer: "Isso é de Deus", pois ela nunca tinha estado em Los Angeles e não conhecia ninguém lá. Eu havia estado em Westwood uma vez para palestrar na UCLA, mas também não conhecia ninguém pessoalmente em LA.

Nunca esquecerei o que oramos de joelhos: "Pai, se isso vem de Ti, por favor, que nosso pastor Larry confirme pedindo para eu liderar uma equipe de plantação de igrejas e que ele pergunte: 'Para onde você gostaria de ir?' Em nome de Jesus".

Seis meses se passaram, e um dia Larry Tomczak me levou para almoçar. Finalmente, ele disse: "Ché, tenho sentido que é hora de enviá-lo para plantar uma igreja. Se você pudesse escolher qualquer lugar, para onde gostaria de ir?".

Respondi: "Larry, esperei seis meses para você me perguntar isso". Contei a ele sobre o sonho, mas quando mencionei "Los Angeles", ele quase caiu da cadeira.

"Los Angeles? Eu estava pensando em Fairfax, Virgínia, ou Filadélfia, ou alguma grande cidade próxima, mas Los Angeles?"

"Eu sei, Larry. Isso soa loucura, pois não conhecemos ninguém lá. Todos os nossos parentes e familiares estão na região de Washington D.C., mas sabemos que Deus está nos chamando para lá."

Larry me disse para tirar um fim de semana para orar e jejuar buscando confirmação. Liguei para meu tio Mark, que tinha um apartamento em Ocean City, Maryland, e ele me deu as chaves para que Sue e eu pudéssemos passar o fim dc scmana lá, cm fevereiro de 1983.

Assim que chegamos ao apartamento, Sue e eu colocamos a mala no chão e, antes mesmo de desfazermos a bagagem, ajoelhamo-nos no corredor e dedicamos o fim de semana ao Senhor. Oramos: "Pai, fomos enviados por nossos pastores para orar e jejuar em busca de uma confirmação para uma das maiores decisões da nossa vida: mudarmo-nos da nossa igreja, da família e dos amigos. Pedimos que confirme se devemos nos mudar para Los Angeles ou não neste fim de semana. Em nome de Jesus, amém".

Assim que terminamos a oração, um pensamento veio à minha mente, que acredito ter sido uma palavra de conhecimento: *"Ligue a televisão, sintonize no The 700 Club, e Pat Robertson lhe dará uma palavra sobre se mudar para Los Angeles"*. Isso parecia loucura. Primeiro, eu nem sabia se a TV a cabo estava funcionando. Era baixa temporada em Ocean City, e muitas pessoas haviam cancelado a assinatura de TV nesses meses. Segundo, quais eram as chances de o programa The 700 Club estar passando naquele momento?

Virei-me para Sue e disse: "Querida, acho que Deus acabou de me dizer para ligar a TV. Ele disse que The 700 Club estará passando e que Pat Robertson nos dará uma palavra!". Levantei-me para ligar a TV, e ela funcionou! Eu não tinha um guia de programação, então comecei a trocar de canal com o controle remoto e, de fato, The 700 Club estava no ar. Pat Robertson e seu apresentador Ben Kinchlow estavam orando sobre uma pilha de cartas. Aumentei o volume enquanto eles davam palavras de conhecimento para pessoas serem curadas de doenças específicas. Então, Pat fez uma pausa e disse: "Há um pastor orando sobre começar uma igreja e está buscando uma confirmação. O Senhor diz: 'Esta é a confirmação, e se vocês forem em harmonia e unidade, eu lhes darei grande sucesso!'". Não dá para inventar essas coisas!

Sue e eu nos entreolhamos. Um segundo pensamento veio à minha mente: *esse programa será reprisado mais tarde, e eu preciso gravá-lo com meu gravador de microcassete*. Desci, encontrei uma banca de jornal e comprei o jornal do dia. Rapidamente procurei a programação de TV e vi que o programa passaria várias vezes naquele dia. Gravamos a palavra profética de Pat, e eu disse a Sue: "Temos a confirmação de que precisamos! Não precisamos mais jejuar. Vamos celebrar!". Fomos ao

Phillips Crab House naquela noite e aproveitamos um fim de semana de casamento longe da igreja. Deus é tão bom! Na terça-feira seguinte, passei a gravação na nossa reunião semanal de pastores. O Espírito de Deus se manifestou, e todos os pastores disseram: “Isso vem de Deus. Vocês devem ir para Los Angeles!”.

Após receber a bênção de todos os pastores e concluir minhas responsabilidades em Maryland, Sue e eu — com a nossa jovem família, Lou e Therese Engle, David e Nikki Warnick e outros — fomos enviados em abril de 1984 para plantar a Abundant Life Community Church em Pasadena. Honestamente, eu pensei que o avivamento aconteceria na primeira vez que caminhei pelo Pasadena Mall. Li sobre como Charles Finney caminhou por uma fábrica em Rochester, Nova York, e o Espírito de Deus caiu sobre os trabalhadores, e como o avivamento se espalhou. Afinal, Deus me deu um sonho sobrenatural de uma “grande colheita”. Mas nada aconteceu.

Os dez anos seguintes foram os mais difíceis da minha vida. Tudo era fácil antes de eu me mudar para a Califórnia. Mas depois de 7 anos, nossa igreja estava tendo dificuldades para quebrar a barreira dos 500 membros. Sabendo que 80% das igrejas na América têm menos de 200 pessoas, seria de se esperar que eu estaria grato, mas lembre-se, eu fui enviado de uma igreja que cresceria para além de 3 mil. E, afinal, Deus disse "uma grande colheita". Estávamos vendo apenas um punhado de pessoas vindo a Jesus, e a maior parte do crescimento era por transferência.

Ao olhar para trás, de certa forma, esses realmente foram alguns dos melhores anos da minha vida. Não só me matriculei no Seminário Fuller para dois cursos, mas foi também o tempo em que Peter Wagner se tornou meu mentor, apóstolo e querido amigo. Mais importante ainda, cresci imensamente no caráter cristão durante os dez anos de "tribulações".

CARÁTER CRISTÃO: A MAIOR PRIORIDADE DE DEUS PARA NÓS

Porque aqueles a quem antes conheceu, também os predestinou para serem conformes à imagem de Seu Filho, para que Ele seja o primogênito entre muitos irmãos.

(Rm 8:29 NVT)

Deus, em Sua sabedoria, nos permite passar por dificuldades, expectativas não atendidas e perseguições, para que Ele possa usar essas provações para nos tornar mais semelhantes a Cristo em caráter. Paulo diz em Romanos 5:3-5 (NVT): "E não só isso, mas também nos gloriamos nas tribulações, sabendo que a tribulação produz perseverança; e a perseverança, experiência; e a experiência, esperança. E a esperança não nos decepciona, porque o amor de Deus foi derramado em nosso coração pelo Espírito Santo, que nos foi dado".

Tiago nos dá uma exortação semelhante: "Meus irmãos, considerem motivo de grande alegria o fato de passarem por diversas provações, sabendo que a prova da sua fé produz perseverança. E a perseverança deve ter ação completa, para que vocês sejam maduros e íntegros, sem lhes faltar coisa alguma" (Tg 1:2-4 NVT).

Deus estava usando meus primeiros dez anos na Califórnia para quebrar meu orgulho e ambição egoísta. E estava me ensinando a ser um marido amoroso, pois nosso casamento enfrentou uma grande crise nove anos depois de chegarmos ao sul da Califórnia.

No final de 1993, eu estava desesperado por Deus. Eu precisava de um avanço. Tinha deixado o cargo de pastor sênior da ALCC em 1992, passei por uma crise no casamento em 1993, e estava à beira de desistir do ministério vocacional. Eu estava sem emprego, com problemas financeiros, e pronto para assumir um emprego no mercado de trabalho para sustentar minha família de seis pessoas em uma das cidades mais caras do mundo, Los Angeles.

O processo de avanço começou a acontecer em 20 de janeiro de 1994, em Toronto. Um avivamento aconteceu chamado Bênção de Toronto. Uma semana depois, John Wimber estava organizando sua conferência anual de cura em Anaheim, e anunciou que o avivamento tinha começado em uma de suas igrejas em Toronto quando o Espírito caiu sobre o culto de domingo à noite, apenas alguns dias antes da conferência. Ele estava basicamente profetizando que essa conferência seria um divisor de águas, e para mim foi.

Na primeira noite, durante a adoração, Lou Engle, meu amigo profeta, viu o riso santo atingir diferentes seções do auditório lotado, com 4 mil lugares. Como estávamos sentados perto da extremidade do topo do auditório, Lou tinha uma visão privilegiada de como o Espírito de Deus estava se movendo. Ele me deu uma cutucada e disse: “O riso está vindo na nossa direção”.

Minha resposta imediata foi: “Bem, eu não vou rir!”. Na verdade, eu estava triste e deprimido. 1993 foi o pior ano da minha vida. Mas, devido ao grande amor e misericórdia de Deus (Ef 2:4) — mesmo quando eu estava com uma atitude ruim e carrancuda — o riso santo atingiu nossa seção, e de repente me senti embriagado. Não conseguia parar de rir, mesmo não querendo rir! Tudo era engraçado, e todos ao meu redor pareciam engraçados. Um homem sentado na minha frente era totalmente careca, e, por algum motivo, sua cabeça careca parecia extremamente engraçada, a ponto de eu colocar minha mão em sua cabeça e começar a esfregar sua cabeça com a mão. Eu estava bêbado no Espírito! Ele não se importou, pois também estava bêbado no Espírito, e ambos caímos de nossas cadeiras, rindo. A risada durou uns 20 minutos e eu percebi que minha depressão havia desaparecido! E pela graça de Deus, nunca mais tive depressão!

JORNADA DE TRANSFORMAÇÃO PESSOAL

“... o Espírito da verdade, a quem o mundo não pode receber, porque não o vê nem o conhece; mas vós o conheceis, pois ele habita convosco e estará em vós. Não vos deixarei órfãos; voltarei para vós” (Jo 14:17-18 NVT).

Através dessas estações de andar pela fé, aprendi tantas lições na minha jornada de transformação pessoal. Deus me abençoou com a oportunidade de compartilhar esses *insights* com os outros, incluindo os que destaco neste capítulo. Quanto a cuidar do nosso avivamento pessoal, quero destacar três lições que ajudarão você a acender as chamas da transformação na sua caminhada com Jesus.

1. Lição 1: Seja continuamente cheio do Espírito Santo

Uma das maiores revelações que recebi da Bênção de Toronto é que sempre há mais do Espírito Santo. Devemos ser continuamente preenchidos pelo Espírito Santo. Em Efésios 5:18 (NVT), a Palavra diz: "Não se embriaguem com vinho, que leva à libertinagem; mas enchei-vos do Espírito".

A palavra "cheio", na gramática grega, está no tempo contínuo, o que se traduz para "seja continuamente cheio do Espírito Santo". A razão pela qual devemos ser cheios do Espírito Santo continuamente não é apenas para que os dons do Espírito se manifestem (1 Cor 12), mas para que o fruto do Espírito brote (Gl 5:22). Um dos versículos que se tornou revelador na minha vida durante essa temporada foi Gálatas 5:16 (NVT), "Digo isto: Andai pelo Espírito, e não cumprireis a vontade da carne". Não somos apenas salvos pela graça, mas somos santificados pela graça de Deus (Tt 2:11) através do poder do Espírito Santo habitando em nós.

2. Lição 2: Faça apenas o que vê o Pai fazer

"Então, Jesus respondeu e lhes disse: 'Em verdade, em verdade vos digo, o Filho nada pode fazer de si mesmo, senão o que vê o Pai fazer; porque tudo o que Ele faz, o Filho também o faz da mesma maneira'" (Jo 5:19 NVT).

Jesus fez apenas o que viu o Pai fazer, e falou apenas o que ouviu o Pai dizer. Meu problema era que Deus nunca me chamou para construir uma megaigreja. No entanto, como eu saí de uma megaigreja em Maryland, minha suposição era de que, para cumprir o sonho de "vir para Los Angeles para uma grande colheita", isso automaticamente significava pastorear uma megaigreja. Porém, elas não são a mesma coisa. Comecei a perceber como meu orgulho e ambição estavam atrapalhando a fidelidade ao sonho profético. Infelizmente, só anos depois percebi que não se tratava de mim. Era tudo sobre Jesus e Seu reino. A humildade se tornou algo muito importante na minha vida. Comecei a odiar o orgulho e valorizar a humildade. Levou anos de lapidação para começar a ver esse pecado na minha vida. Também cheguei à conclusão de que essa jornada de andar humildemente diante de Deus será uma jornada para a vida toda.

3. Lição 3: Ande no temor do Senhor

O temor do Senhor é odiar o mal, a soberba e a arrogância, o mau caminho e a boca perversa eu odeio.

(Pv 8:13 NVT)

O Senhor me deu vários sonhos começando em 2012, quando Ele começou a me ensinar o temor do Senhor. Isso foi a um novo nível em 2022, quando ouvi John Bevere ensinar sobre o temor do Senhor e li seu livro *The Awe of God*, o qual recomendo muito. Uma frase que John disse me impactou: "Se você teme o Senhor, você amará o que Ele ama, e odiará o que Ele odeia".

Quando ele disse isso, Provérbios 6:16 veio à minha mente. Esse versículo foi um que eu havia memorizado para dar base bíblica sobre o motivo pelo qual Deus odeia o aborto. Ele odeia "mãos que derramam sangue inocente".

Essas seis coisas o Senhor odeia, sim, sete são uma abominação para Ele: o olhar soberbo, a língua mentirosa, mãos que derramam sangue inocente, um coração que maquina planos perversos, pés que são rápidos para correr para o mal, a falsa testemunha que profere mentiras, e o que semeia discórdia entre os irmãos.

(Pv. 6:16-19 NVT)

Deus destacou o restante da passagem que eu não havia levado a sério, mas à medida que comecei a revisar a lista, fui convencido de que eu tinha, em algum momento, violado todas as sete abominações, inclusive "mãos que derramam sangue inocente". O Senhor me mostrou que quando eu tinha 16 anos, um ano antes da minha conversão a Cristo, eu havia engravidado minha namorada. A mãe dela queria que ela fizesse um aborto, e, com medo, eu apoiei sua decisão de fazê-lo. O Senhor me disse que eu fui cúmplice ao apoiar e concordar com o derramamento de sangue inocente enquanto ela seguia com essa decisão. Como diz o ditado: "São dois para dançar o tango", no sentido de a responsabilidade ser de ambas as partes, mas a igreja tem se fixado tanto na escolha da mulher em abortar o bebê e raramente fala sobre o papel do namorado ou marido, muitos dos quais incentivam e pagam pelo aborto.

Quando Deus me mostrou esse pecado, percebi que nunca tinha confessado que também fui cúmplice no "derramamento de sangue inocente". A partir de então, sempre que falava contra o aborto, também incluía minha parte nessa história com a esperança de que os homens também assumissem a responsabilidade por seus pecados. A ideia não é condenar as pessoas. No momento em que o Senhor me mostrou minha parte nisso, lá em 1972, eu sabia que havia sido perdoado e que o sangue de Jesus me havia purificado de todo o pecado. Isso não teria acontecido se eu não tivesse recebido uma revelação do temor do Senhor.

Acredito que o temor do Senhor me ajudou a andar em santidade e justiça. Sei teologicamente que sou posicionado como um justo no momento em que entrego meu coração a Jesus (2 Cor 5:21). Mas o temor do Senhor tem me ajudado a andar na justiça. Um versículo chave é "trabalhai a vossa salvação com temor e tremor" (Fl 2:12). John Bevere ilustrou isso dizendo que, quando você é casado, tem "posicionamento" de uma pessoa casada. Você pode provar isso para qualquer pessoa mostrando sua certidão de casamento. Mas isso não significa que seu casamento seja bom e saudável. Qualquer pessoa casada sabe que precisa trabalhar no casamento pelo resto da vida para que seja bem-sucedido e saudável.

Assim também é nossa caminhada com Deus. Por isso precisamos do Espírito Santo e do temor do Senhor para ser justos e santos como Ele é santo (1 Pd 1:16). O temor do Senhor e o Espírito Santo nos dão a graça de Deus para nos conformarmos à Sua imagem com caráter semelhante ao de Cristo.

UMA VIDA SANTA E JUSTA TRANSFORMA O MUNDO

"Dê-me cem pregadores que não temam nada além do pecado, e que desejem nada além de Deus, e não me importo se são clérigos ou leigos; esses sozinhos abalarão as portas do inferno e estabelecerão o reino dos céus na Terra", John Wesley.[92]

Deus sempre usou um remanescente de pessoas santas para trazer um movimento de Deus que transformou o mundo deles. Os 120 no Cenáculo vêm à mente. Os 300 membros do famoso Clapham Group durante o Grande Despertamento na Inglaterra, liderados por William Wilberforce, são outro grande exemplo. Lembre-se de que o Primeiro Grande Despertamento começou em 1738, quando o Holy Club, formado por Charles Wesley, John Wesley e George Whitefield, experimentou o batismo de fogo em 1º de janeiro de 1739, em uma reunião de oração durante a noite em Aldersgate.[93]

De todas as "estratégias apostólicas" que o Senhor me deu para ser um reformador, a mais importante é que eu deva pastorear e levantar um remanescente santo da nossa igreja e da rede apostólica que lidero para ser amadores radicais de Jesus e andar no temor e reverência de Deus. Quando você tem uma companhia de amantes apaixonados de Deus, eles ouvirão o que o Espírito Santo está dizendo à igreja e obedecerão a tudo o que Deus pedir para fazer para transformar o mundo deles.

---

92 Dr. Vance R., Lessons from John Wesley. 29 de março de 2021. *United Methodist Men*. Disponível em: https://www.gcumm.org/news/lessons-from-john-wesley/. Acesso em: 7 mar. 2025.

93 J. Wesley, *The Journal of the Rev. John Wesley*. S. Thorne, 1828, p. 72.

Achei impressionante que Jesus começa as bem-aventuranças em Mateus 5 com qualidades de caráter que Ele ama:

- os pobres de espírito — isto é, uma pessoa humilde que é totalmente dependente de Deus (v. 3);
- os que choram pelos seus pecados e se arrependem (v. 4);
- a pessoa mansa — isto é, alguém com força sob controle (v. 5);
- a pessoa que tem fome de Deus, o que é indispensável para ser continuamente cheio do Espírito (v. 6);
- aquele que anda em amor e compaixão (v. 7);
- a pessoa que é pura e santa (v. 8);
- o pacificador que caminha em reconciliação com os crentes (v. 9), e, no que tange a nós, ficar em paz com os descrentes (ver Rm 12:18);
- mesmo quando nos perseguem (v. 10-11), devemos abençoá-los e fazer o bem a eles (ver v. 43-48).

Em todas essas áreas, estamos permitindo que nosso caráter cristão brilhe para um mundo sombrio (Is 60:1-2). Então, Jesus muda Seu ensino para focar Seu caráter, já que Ele é tudo o que as bem-aventuranças proclamam. Por exemplo, Ele diz: "Aprendam de mim, pois sou manso e humilde de coração" (Mt 11:28). Nesse versículo, "manso" é a mesma palavra grega (praus) que "manso" em Mateus 5:4.

Seguindo as bem-aventuranças, Jesus destaca que somos chamados para transformar o mundo sendo sal e luz.

SENDO O SAL E A LUZ DO MUNDO

Vocês são o sal da terra, mas se o sal perder o sabor, como poderá ser restaurado o seu sabor? Já não serve para nada, exceto para ser jogado

fora e pisado pelos homens. Vocês são a luz do mundo. Não se pode esconder uma cidade situada sobre um monte. Nem se acende uma candeia e a põe debaixo de um alqueire, mas no velador, e assim ilumina a todos os que estão na casa. Assim brilhe a vossa luz diante dos homens, para que vejam as vossas boas obras e glorifiquem o vosso Pai que está nos céus.

(Mt 5:13-16 NVT)

Dois dos agentes mais transformadores são o sal e a luz. Cada um desses elementos muda o ambiente. Você coloca sal em um alimento sem sabor, e ele se transforma em um prato *gourmet*. Você leva um fósforo para uma caverna escura, e ele ilumina toda a caverna. Deus nos chamou para transformar o nosso mundo, chamando-nos de sal e luz.

Tanto o sal quanto a luz eram muito valiosos para Israel na época de Cristo. Além de adicionar o sabor necessário à comida, o sal era usado para conservá-la e misturado ao fertilizante para ajudar na agricultura. No seu livro *Salt: A World History* ["Sal: Uma história do mundo"], Mark Kurlansky nos lembra de que o sal é a única rocha que comemos, e sua importância moldou a civilização de diversas formas importantes. Ele diz: "Desde o início da civilização até cerca de 100 anos atrás, o sal foi uma das mercadorias mais procuradas da história humana".[94] Kurlansky segue dizendo que os soldados romanos tinham a opção de ser pagos com moedas romanas ou com sal. Daí vem o ditado: "Ele não vale o seu sal". Em outras palavras, ele não está fazendo o trabalho para o qual está sendo pago.

94 M. Kurlansky, *Salt: A World History*. Knopf Canada, 2011, Ebook.

Depois de nos chamar de "sal da terra", Jesus ensina que nós "somos a luz do mundo" (Mt 5:14a). Note a progressão: da visão macro do mundo, "a luz do mundo", a seguir Ele diz que devemos transformar nossas cidades. "Uma cidade situada sobre um monte não pode ser escondida" (Mt 5:14b). Finalmente, e na realidade, começa conosco sendo luz para nossa família e lar. "Nem se acende uma candeia e se põe debaixo de um alqueire, mas no velador, e ela ilumina a todos os que estão na casa" (Mt 5:15). É aproximadamente a ordem inversa de quando Ele dá a Grande Comissão em Atos 1:8 (NVI), "Mas receberão poder quando o Espírito Santo descer sobre vocês; e serão minhas testemunhas em Jerusalém, em toda a Judeia e Samaria, e até os confins da terra".

O objetivo final é ser sal e luz até os confins da terra, mas começa em sua casa e na sua Jerusalém. Para mim, a minha casa é Los Angeles, e especificamente Pasadena.

DEIXE A SUA LUZ BRILHAR DIANTE DOS OUTROS

A pergunta permanece: como devemos brilhar como luz? Jesus nos dá duas instruções finais. Primeiro, devemos praticar boas obras. Não se trata apenas de falar sobre o amor, mas devemos amar em ação e em verdade. "Filhinhos, não amemos de palavra nem de boca, mas em ação e em verdade" (1 Jo 3:18 NVI). Segundo, nossas boas obras devem ser feitas em nome de Jesus ou com o evangelho associado a elas, "para que vejam as suas boas obras e glorifiquem ao Pai de vocês, que está nos céus" (Mt 5:16 NVI). Existem muitos humanistas que realizam obras de caridade na sociedade, mas para que o reino de Deus venha à terra como é no céu, nossas boas obras devem estar associadas ao evangelho do reino.

Lembro-me de quando Sue e eu éramos recém-casados e alugamos uma casa que meus pais possuíam na Georgia Ave., em Silver Spring, Maryland. Quase um ano após o nosso casamento, estávamos passando por uma onda de calor na capital do país. Era junho, mas as temperaturas estavam acima dos 30 ºC, e com a umidade de Washington, era insuportável ficar fora de casa.

Naquela manhã em particular, eu estava no meu escritório, estudando a Palavra, quando ouvi os coletores de lixo subindo a nossa rua. Ouvi o Espírito Santo sussurrar ao meu coração: "Esses trabalhadores estão com muito calor. Dê a eles algo gelado para beber". Uma das formas que sei que o Espírito Santo está falando comigo é que a palavra vem de onde menos espero; em outras palavras, nunca havia pensado em dar algo gelado para os coletores de lixo antes.

Então, rapidamente desci e perguntei a Sue se tínhamos algo gelado para beber. Ela disse que não e perguntou por quê. Eu expliquei rapidamente e ela achou uma ótima ideia. Ela disse: "Por que você não para os rapazes e os traz para a nossa casa? Eu vou preparar um suco de laranja gelado e levar alguns copos lá para fora". Naquele momento, os coletores já tinham passado pela nossa casa, então corri até eles e disse: "Ei, pessoal, está quente demais hoje. Minha esposa está fazendo um suco de laranja gelado na nossa casa, a algumas casas daqui. Que tal descerem e fazerem uma pausa?".

Eles me olharam como se eu fosse de Marte. Quem dá algo para coletores de lixo? Mesmo assim, eles vieram até a nossa casa. Meu carro estava estacionado sob um grande carvalho que dava sombra, e usei o capô do carro como mesa. O *timing* foi impecável. Sue saiu com o suco de laranja e os copos, e eu servi o suco e distribuí para os quatro trabalhadores, que beberam com gratidão.

De repente, o sermão da Montanha veio à minha mente, especificamente as palavras de Jesus em Mateus 5:16. Eu não queria que pensassem que eu era apenas um cara simpático e humanista. Eu queria que Jesus recebesse toda a glória, então comecei a compartilhar meu testemunho.

"Há alguns anos, eu nunca teria tirado um tempo para fazer algo assim. Eu era viciado em drogas, totalmente egoísta, nunca pensava nos outros, só cuidava de mim mesmo", disse, apontando para o meu peito. "Mas então entreguei minha vida a Jesus, e Ele me libertou do vício em drogas em apenas um dia. E quero que saibam que Deus ama vocês e me disse para dar algo gelado para beber!".

Todos agradeceram e voltaram ao trabalho. Eu não pedi que orassem para aceitar Jesus, mas fiz uma boa ação que deu glória a Jesus, então entrei em casa sabendo que havia obedecido.

Três meses depois, no início de setembro, Sue e eu compramos nossa primeira casa em Wheaton, Maryland. Gabriel, nosso primogênito, estava prestes a nascer em duas semanas. Mudamos para o outro lado de Wheaton, e Deus abençoou meus pais; eles nos ajudaram a comprar nossa primeira casa. Depois que terminamos de desempacotar, tínhamos um grande número de caixas e lixo acumulado na rua lateral, em frente à nossa casa, que precisava ser recolhido. Eu sabia que os coletores de lixo estavam programados para pegar o lixo no dia seguinte, mas achei que eles não levariam tudo o que tínhamos acumulado. Então, decidi fazer uma coisa “coreana” e suborná-los para levarem tudo. Fui à Dunkin Donuts, comprei uma dúzia de donuts variados, preparei café e coloquei tudo na nossa varanda para esperar por eles.

Quando os coletores chegaram, fui até eles e perguntei: “Qual é a política de vocês para pegar lixo além do limite de dois cestos quando alguém acabou de se mudar?”. O responsável disse: “Nossa política é pegar tudo, não apenas o limite de dois cestos”.

Uau, pensei. Eu nem precisava ter comprado os donuts e preparado o café. Mas como já estava tudo pronto, perguntei aos rapazes: “Que tal fazerem uma pausa? Tenho donuts e café prontos na varanda”. Não precisei falar duas vezes. Eles foram logo até a mesa e se serviram.

Então, o Senhor me lembrou do que aconteceu quando distribuímos o suco de laranja alguns meses antes, então pensei que aproveitaria essa oportunidade para pregar o evangelho. Comecei a compartilhar meu testemunho. Enquanto eu falava, um dos coletores me interrompeu: “Você morava na Georgia Avenue em Silver Spring, Maryland?”.

“Sim”, disse eu. “Como sabe?” “Você era o cara que nos deu suco de laranja quando passamos pela onda de calor”. “Sim”, respondi.

“Quero lhe agradecer e apertar sua mão!”, ele disse, estendendo a mão para mim. “O que você fez me impressionou tanto que, algumas semanas depois, um amigo me convidou para uma reunião cristã. Eu fui e entreguei minha vida a Jesus lá. Queria vir até sua casa para agradecer, mas fui transferido para este novo bairro. Nem acredito que você se mudou para a minha nova rota. Quero agradecer por plantar aquela semente na minha vida."

Novamente, não dá para inventar uma história dessas! Fico me perguntando quantas pessoas já testemunhamos que acabaram se tornando seguidores de Jesus. Sei que vamos descobrir quando chegarmos ao céu, mas dessa vez, Deus me permitiu ver esse fruto neste lado da glória. Mas o que vi nesse dia ainda me impacta: e se eu tivesse dado suco de laranja sem compartilhar o evangelho através do meu testemunho?

Então, por que estou concluindo com essa história? Bem, de tudo o que foi compartilhado neste livro até agora, estou convencido de que a estratégia apostólica mais importante para transformar o mundo é que cristãos transformados transformem seu mundo, demonstrando e declarando o evangelho no nome poderoso de Jesus!

Apêndices

Apêndice A: Abordando as maiores injustiças do nosso tempo

AS MAIORES INJUSTIÇAS HOJE SÃO, NA VERDADE, AS MESMAS QUE OCORRERAM DURANTE O TEMPO DE CRISTO, EMBORA EU AS COLOCARIA EM UMA ORDEM DIFERENTE DE GRAVIDADE. O NÚMERO UM NA LISTA NOS DIAS DE CRISTO TERIA SIDO OS *POBRES*, SEM DÚVIDA. A MAIORIA DAS PESSOAS NO SÉCULO I D.C. VIVIA EM EXTREMA POBREZA. ESSE CONTEXTO NOS AJUDA A ENTENDER A PROFECIA QUE JESUS CUMPRIU QUANDO DISSE: "O ESPÍRITO DO SENHOR ESTÁ SOBRE MIM; ELE ME UNGIU PARA PREGAR BOAS-NOVAS AOS POBRES", PORQUE ESSA ERA A MAIOR NECESSIDADE DE SEU TEMPO. OS POBRES ERAM ABUNDANTES, E AS BOAS-NOVAS PARA OS POBRES É QUE VOCÊS NÃO PRECISAM MAIS SER POBRES. DEUS OS ABENÇOARÁ E SUPRIRÁ SUAS NECESSIDADES À MEDIDA QUE COLOCAM SUA CONFIANÇA NELE.

(FL 4:19)

O número dois seria a *escravidão*. Os escravos eram onipresentes em todo o Império Romano e em todo o mundo antigo. O livro de Filemon nos oferece um pequeno vislumbre do coração de Deus, quando Paulo faz o apelo contracultural para libertar um escravo chamado Onésimo e tratá-lo como um irmão em Cristo (Fm 16).

O número três seria o *infanticídio*. Isso era essencialmente uma forma de aborto, em que abandonavam uma criança recém-nascida que não queriam que vivesse. Não temos números exatos sobre cada uma dessas injustiças, mas sabemos que eram rampantes no tempo de Cristo.

Hoje, temos estatísticas para destacar as injustiças sociais mais evidentes. O amor de Cristo nos impulsiona a responder a essas questões e fazer a diferença na maior quantidade de vidas possível. Abordarei brevemente essas questões em ordem crescente de magnitude.

- 3: *Pobreza sistêmica*: nove milhões de pessoas morrem de fome e desnutrição a cada ano.[95] Essa estatística mostra quanto evoluímos,[96] pois erradicamos os níveis de fome e pobreza que marcaram os dias da Roma do século I. Mas, ao mesmo tempo, temos um trabalho árduo pela frente para atender às necessidades de milhões de pessoas pobres e suas famílias, não apenas dando esmolas, mas trazendo reforma para transformar vidas e sociedades.
- 2: *Tráfico de pessoas*: de acordo com um relatório de 2022, cerca de 50 milhões de pessoas são traficadas ou

95 D. Beasley, In world of wealth, 9 million people die every year from hunger… *World Food Programme*. 24 de setembro de 2021. Disponível em: https://www.wfp.org/news/world-wealth-9-million-people-die-every-year-hunger-wfp-chief-tellsfood-system-summit. Acesso em: 7 mar. 2025.

96 M. Roser, We Need a New Global Measure for Poverty. *New York Times*. 24 de setembro de 2024. Disponível em: https://www.nytimes.com/interactive/2024/09/24/opinion/global-poverty-rates. Acesso em: 7 mar. 2025.

estão em situação de escravidão moderna a qualquer momento do ano. Isso equivale a cerca de 1 em cada 150 pessoas no mundo.[97]

- 1: *Aborto*: a questão de injustiça número um em nosso mundo hoje é o aborto. O número incompreensível de 73 milhões de abortos ocorre globalmente a cada ano. Isso equivale a 29% de todas as gestações — quase um em cada três bebês —, e 61% das gestações não planejadas terminam em aborto.[98]

Por que a Califórnia precisa desesperadamente de reforma

De todos os problemas que os americanos enfrentam hoje, o aborto é um dos mais polarizadores. Mesmo após a decisão histórica de revogar o Roe *vs*. Wade em 24 de junho de 2022, o aborto ainda é uma questão acesa no nível estadual. Como exemplo, a Califórnia continua sendo o estado número um em abortos e está em uma necessidade desesperada de reforma.[99]

Em 1º de janeiro de 2023, a legislatura da Califórnia adicionou isso à sua lista de males: a Proposição 1 codificou o aborto tardio até o último dia do nono mês na nossa constituição estadual. Tornamo-nos um estado santuário para o aborto, o que me entristece escrever e, sem dúvida, entristece ainda mais o coração de Deus. Antes de a Proposição 1 passar, o governador Gavin Newsom pagou por outdoors em

97 Global Estimates of Modern Slavery: Estimation Method. *Counter-Trafficking Data Collaborative (CTDC)*. Disponível em: https://www.ctdatacollaborative.org/story/gems2022 Acesso em: 2 ago. 2024.

98 Abortion. *World Health Organization*, 17 de maio de 2024. Disponível em: https://www.who.int/news-room/fact-sheets/detail/abortion. Acesso em: 7 mar. 2025.

99 D. El-Bawab, Illinois, Florida, California saw largest increase in abortions... *ABC News*. 28 de fevereiro de 2024. Disponível em: https://abcnews.go.com/US/illinoisflorida-california-largest-increase-abortions-15-months/story?id=107651669; "WeCount Report: April 2022 to March 2023." Society of Family Planning. June 15, 2023. https://societyfp.org/wp-content/uploads/2023/06/WeCountReport_6.12.23.pdf#page=9. Acesso em: 7 mar. 2025.

sete estados vermelhos em 2022, propagandeando que todo mundo podia vir para a Califórnia para fazer um aborto à custa do Estado.[100] Todas essas coisas têm sérias ramificações, enquanto vemos uma caixa de Pandora de males sendo aberta no solo californiano.

No mesmo dia em que a Proposição 1 entrou em vigor, o Projeto de Lei do Senado (SB) 107 também transformou a Califórnia em um estado santuário para indivíduos transgêneros.[101] Qualquer pessoa com 17 anos ou menos agora pode vir à Califórnia e receber tratamento médico transgênero sem notificação dos pais e à custa dos impostos dos californianos.

Novamente, estamos apenas arranhando a superfície da corrupção instaurada pelos oficiais californianos. Em setembro de 2020, o SB 145, o Projeto de Lei do Senado 145, declarou que ter relações sexuais com um menor entre 14 e 17 anos não exige que o infrator seja registrado como criminoso sexual na Califórnia "se a pessoa não for mais de 10 anos mais velha que o menor".[102]

Outro projeto de lei ultrajante é o SB 357, assinado por Newsom em 2022. Uma vez que o SB 357 entrou em vigor, os policiais da Califórnia não podiam mais questionar um adolescente vagando com o objetivo de prostituição. Assim, vimos a aceleração da prostituição de adolescentes e do tráfico humano na Califórnia desde o início de 2023.[103]

---

100 Lara Korte, Gavin Newsom promotes California as abortion sanctuary on redstatebillboards. *Politico*. 15 de setembro de 2022. Disponível em: https://www.politico.com/news/2022/09/15/gavin-newsom-california-abortion-sanctuary-red-state-billboards-00057060 . Acesso em: 7 mar. 2024.

101 Senator Wiener's Historic Bill To Provide Refuge For Trans Kids And Their Families Signed Into Law. *California State Senate District 11*. Disponível em: https://sd11.senate.ca.gov/news/20220930-senator-wiener's-historic-billprovide-refuge-trans-kids-and-their-families-signed-law. Acesso em: 15 mai. 2025.

102 SB-145 Sex offenders: registration. (2019-2020). California Legislative Information. 14 de setembro de 2020. Disponível em: https://leginfo.legislature.ca.gov/faces/billTextClient.xhtml?bill_id=201920200SB145. Acesso em: 7 mar. 2025.

103 Prostitution Surges in CA After Decriminalization of Loitering. *California Family Council*. 23 de outubro de 2023. Disponível em: https://www.californiafamily.org/2023/10/prostitution-surges-in-ca-after-decriminalization-of-loitering/. Acesso em: 7 mar. 2025.

Devemos lembrar que todos esses projetos de lei foram aprovados por senadores e membros da Assembleia Estadual, e todos foram assinados em lei pelo governador Newsom. Se nossos oficiais eleitos estão tomando essas decisões em nosso nome, é hora de os californianos acordarem e votarem para que esses mesmos oficiais sejam tirados do cargo. Minha oração frequente é esta: "Deus, salve-os ou os remova!". A reforma, como vemos ao longo deste livro, pode ser iniciada de várias maneiras, incluindo oração, mas especialmente nas urnas.

Um trio de sonhos proféticos

Enquanto estava terminando de escrever este livro, tive três sonhos sucessivos em uma noite que senti ser compelido a adicionar ao manuscrito. No primeiro sonho, eu estava prestes a falar em uma reunião cheia, mas a atmosfera não estava ungida, embora soubesse que eu tinha uma palavra do Senhor. As pessoas estavam felizes por eu estar lá e ansiosas pelo que eu tinha para compartilhar, mas eu sabia que não se tratava de mim. Eu estava usando shorts de ginástica, uma camiseta e tênis. Ao entrar no saguão, vi um homem adulto segurando carinhosamente uma criança de cinco anos dormindo pacificamente em Seus braços. Soube imediatamente que esse homem era Jesus. Ficou claro que o sonho era sobre Jesus e Seu coração pelas crianças, enfatizando a necessidade de trazer justiça e retidão para as Suas crianças ao redor do mundo.

No segundo sonho, eu estava sentado à mesa com cinco líderes de mercado ou apóstolos, que estavam sem rosto e sem nome. Embora eu não os reconhecesse, senti uma forte conexão com eles. Sentei-me e disse a eles que lhes daria as chaves para se tornarem bem-sucedidos bilionários, mas para evitar parecer que estava exagerando, disse "multimilionários", em vez disso. Revelei que a chave para o nosso sucesso era o movimento "Não mexa com nossas crianças", liderado por Jenny Donnelly (ver Apêndice B).

No último sonho, eu estava novamente com os mesmos cinco homens, mas dessa vez estávamos em um restaurante chinês. Estávamos em uma conferência telefônica usando meu iPhone, mas como a empresa com a qual falávamos era uma empresa de tecnologia cristã, eles haviam ativado uma chamada no Zoom com cada pessoa em seu próprio dispositivo. A empresa estava interessada em investir no movimento Não Mexa com Nossos Filhos, mas teve preocupações após participar de uma de nossas reuniões. Eles reclamaram que nossas reuniões eram muito políticas, com pessoas acenando bandeiras, vestindo vermelho e usando bonés do Trump. Também apontaram que uma mãe estava trocando a fralda do bebê na frente da sala, em vez de no banheiro, e acharam a reunião muito barulhenta e desordenada. Como resultado, estavam hesitantes em investir. Minha resposta no sonho foi firme: "É assim que somos, e não vamos mudar". Eu lhes disse que eram eles que precisariam mudar seus valores se quisessem se associar a nós.

Quando acordei, fui imediatamente orar sobre o que havia sonhado. Acredito que Deus me deu esses sonhos para reforçar que a nossa missão está centrada em Jesus e em Seu coração pelas crianças, não importa quão não convencional ou desafiador isso possa parecer. Eles serviram como um lembrete de que devemos permanecer fiéis aos nossos valores e ao nosso chamado, mesmo que isso signifique permanecer firmes diante da oposição ou incompreensão. Devemos continuar lutando pela reforma porque a próxima geração está em jogo!

Apêndice B: Movimentos reformadores contemporâneos

NÃO MEXA COM

NOSSOS FILHOS.

"Em 2017, um milhão e meio de pessoas marchou nas ruas de 26 cidades no Peru com faixas alertando, 'Não mexa com nossos filhos' ['Con Mis Hijos No Te Metas']. As marchas, originalmente propostas por um jovem chamado Christian Rosas, eram contra as políticas públicas de desenvolvimento de gênero do governo peruano na educação e em outras áreas da administração pública. Nada desperta mais a ira justa de pais e avós do que quando seus filhos e netos são atacados", escreve James Garlow em seu livro *Reversed: From Culturally Woke to Biblically Awake.*[104]

O que começou no Peru se espalhou como fogo por toda a América Latina e chegou ao solo americano — bem a tempo. O ataque à família tem levado muitos cristãos a se ajoelhar em oração nos últimos anos, enquanto as agendas radicais progressistas têm ganhado força na mídia mainstream, na legislação do governo e nos sistemas escolares. "Nossa nação está em crise — famílias estão sendo despedaçadas pelas costuras por uma agenda determinada a sexualizar nossos filhos", afirma o site *Don't Mess With Our Kids*. "JÁ BASTA... Estamos comprometidos em ver a América voltada para Deus através de oração unida, jejum e tomando uma posição na praça pública por justiça e verdade."[105]

Movimento Her Voice e um milhão de mulheres se reunindo no Dia da Expiação: 12 de outubro de 2024

Jenny Donnelly, fundadora do *Her Voice Movement* [106] e uma apóstola comissionada sob o Harvest International Ministry, tem liderado o capítulo americano deste movimento. Em 2022, Jenny se uniu ao meu irmão de aliança,

104 J.L. Garlow, *Reversed: From Culturally Woke to Biblically Awake*. Well Versed Publishing, 2024, p. 15.

105 https://www.dontmesswithourkids.us

106 https://www.hervoicemvmt.com

Lou Engle, para ver um de seus sonhos proféticos se realizar. Cinco anos antes, Lou teve um sonho de uma multidão imensurável de mulheres se reunindo para ouvir o livro de Ester sendo lido. Deus o chamava para ser um Mordecai para ajudar a mobilizar a realização desse sonho: "Um movimento feminino justo que vai ganhar autoridade na América sobre principados e potestades, ideologias que estão buscando destruir os filhos desta nação".[107]

Por isso, planejaram estrategicamente um evento chamado "Um milhão de mulheres: Um chamado de Ester para o shopping" em Washington, D.C., no dia 12 de outubro de 2024, o Dia da Expiação no calendário judeu. Com muitos outros líderes no Corpo de Cristo, reunimo-nos nesse ponto de convergência da história, ousando acreditar que Deus mudará a trajetória da nossa sociedade e salvará nossa nação. Saiba mais em amillionwomen.org. Para se envolver com outros movimentos de ideias semelhantes, volte ao Capítulo 10 para uma lista de mais organizações que estão trazendo reforma hoje.

107 Lou Engle. "A Million Women - An Esther Call On The Mall — October 12, 2024." 27 de fevereiro de 2024. Disponível em: https://www.youtube.com/watch?v=1DAznDpAmfc. Acesso em: 7 mar. 2025.

Apêndice C: *Dê-lhe 15*, por Dutch Sheets

"MUDANDO A AMÉRICA"

23 DE AGOSTO DE 2024

Deus não perdeu tempo antes de introduzir o conceito de governo nas Escrituras, fazendo isso no primeiro capítulo: Gênesis 1:26-28. O governo é vital. Seja em um lar, cidade, nação, ou qualquer outro agrupamento de pessoas, a intenção de Deus para o governo era que servisse ao povo oferecendo proteção (cobertura), instrução, justiça, disciplina apropriada e amorosa, paz, e mais (Lc 13:34; 19:44; 1 Tm 2:1-4; Rm 13:1-4). O governo justo (governo) é o principal método de Deus para liberar essas ações e resultados necessários na terra. Provérbios 29:2 nos diz que isso traz alegria para o povo; quando não ocorre, o resultado é o lamento. Não é de admirar que Ele tenha nos dito para orar primeiro pelos governantes (1 Tm 2:1-4).

A palavra hebraica usada para "lamentar" em Provérbios 29:2, que ocorre quando os ímpios governam, é uma palavra forte. *Anach* significa não apenas "lamentar", mas "gemer" e "suspirar", até "ofegar". Gemer, suspirar, ofegar e lamentar — é isso que os governantes ímpios produzem. Provérbios 14:34 acrescenta que o pecado desses governantes causa vergonha e desonra para uma nação. O elemento controlador do governo ímpio atual da América tem trazido vergonha e lamento ao acreditar que tem o direito de:

- matar bebês e fazer com que aqueles que acreditam que isso é assassinato paguem pelos abortos;
- aprovar a venda das partes do corpo de bebês abortados (você está ofegante já?);
- permitir que bebês nascidos vivos durante abortos malsucedidos fiquem sem atendimento até morrerem;
- redefinir o que significa ser homem e mulher;
- rejeitar a primeira aliança que Deus estabeleceu na terra,

o casamento, e redefini-lo com atividades que Ele proibiu (e celebrar essa rebelião com aplausos, bandeiras, nudez e prédios governamentais iluminados);

- tomar posse das crianças de seus pais; doutriná-las com pornografia e drag queens, até a ponto de incentivar as crianças a ser esterilizadas por drogas ou castração (você está lamentando já?);
- abrir nossas fronteiras para drogas que matam dezenas de milhares todos os anos, para criminosos, estupradores e terroristas, e para milhões de ilegais anualmente que nunca aprendem nossas leis, história e valores (tudo para votos e manter-se no poder);
- promover o marxismo e o socialismo;
- reescrever a história da América, tentando roubar nossas raízes judeu-cristãs;
- redefinir nossa Constituição;
- remover nossa liberdade de expressão;
- mentir para nós à vontade;
- e muito mais.

E se eu lhe dissesse que a igreja americana poderia mudar tudo isso facilmente? Sim. Você vê, aproximadamente metade dos evangélicos não está registrada para votar, e metade daqueles que estão mesmo assim não vota. É um fato aceito que, se todos os cristãos evangélicos votassem e o fizessem de acordo com os valores bíblicos, poderíamos controlar todas as eleições nacionais e colocar líderes piedosos, que acreditam na Bíblia, no cargo. Isso significa que, em um ciclo eleitoral, poderíamos começar a reverter todos os males que acabei de listar. Cada um. Na América, "nós, o povo", temos o incrível direito de colocar no poder quem queremos que governe sobre nós; "nós, os crentes", temos os números para garantir que sejam líderes que possuam os valores bíblicos de Deus.

Deixe-me ser mais específico. Seus votos, baseados na verdade bíblica, poderiam salvar a vida de bebês, o futuro reprodutivo das crianças, o plano de Deus para o casamento e a família, e as liberdades da América — quase da noite para o dia.

Mas "nós, os crentes", não fazemos isso. Empoderamos o mal ao não votar ou ao votar de forma inadequada. Por quê? Complacência — não votar; desgosto e aversão ao processo político e ao espírito político; sucumbir ao espírito político e votar com base na filiação partidária; e comprometer a verdade bíblica ao votar com base em filiação partidária, personalidades e promessas de benefícios pessoais, em vez de votar com base na verdade e no bem de todos.

Como podemos mudar isso? Aqui está uma ferramenta útil. Myfaithvotes.org é um site informativo que fez o trabalho para você! É um maravilhoso site de um único ponto de contato em que o eleitor cristão pode ser educado, informado, preparado e pronto para ir às urnas. Lá, você pode encontrar informações sobre as próximas eleições, artigos sobre projetos de lei de que você precisa estar ciente, e muito mais. Se você seguir as orientações do site, pode até descobrir se está registrado para votar, informações sobre voto por correspondência, onde votar perto de você; e se você ainda **não** estiver registrado para votar, os links o levarão diretamente ao link correto no **seu** estado, onde você pode se registrar para votar pela internet, num clique! Além disso, eles fornecem maneiras simples de se envolver com aqueles que nos representam nos nossos Congressos Estadual e Nacional. Você pode fazer tudo isso de casa!

Aqui estão algumas das muitas ferramentas que o site Myfaithvotes.org oferece.

- Meu centro de votação: verifique seu registro, receba um lembrete de votação por mensagem de texto, peça uma cédula de voto por correspondência, veja sua cédula de antemão — quem está nela, o que eles defendem — e marque sua cédula de amostra para levar às urnas com você, e mais.
- Contate seus representantes eleitos: instruções simples para compor um e-mail sobre suas preocupações e a capacidade de enviá-lo com um clique para qualquer um de seus representantes que você gostaria de contatar.
- Pense biblicamente: um curso de estudo bíblico de seis semanas sobre tópicos na praça pública, apresentado por influenciadores cristãos, como Voddie Baucham, sobre justiça, e Abby Johnson, sobre aborto...

Vamos todos fazer nossa parte para encorajar as pessoas a votar em líderes com valores tradicionais e bíblicos.

Ore comigo:

Pai, agradecemos pelo despertamento que está acontecendo na igreja. O gigante adormecido está se movendo. Faz o despertador ficar mais e mais alto. Torna impossível para os cristãos na América silenciar o alarme ou substituí-lo por outras atividades e pensamentos. Nosso coração, embora partido por muitas questões, também está cheio de fé de que Tu estás mudando as coisas dramaticamente. A consciência de uma nação está sendo trazida de volta à vida. O coração de uma igreja complacente e passiva está sendo, e continuará sendo, despertado. Agradecemos por Tua graça e misericórdia.

E Pai, enquanto os crentes despertam da complacência e letargia, motiva-os a votar. Dá a organizações como o My Faith Votes grande participação e sucesso enquanto implementam Tuas ideias criativas. Pedimos que Tu conduzas muitas pessoas a participar de seus esforços. Obrigado por virar esta nação. Somos muito gratos por Tu não teres desistido da América. E, já que o Tu não desististe dela, nós também não desistiremos. Teu veredicto foi dado: a América será salva! Assim seja. E nós, Tua família, faremos nossa parte para ver isso acontecer. Em nome de Cristo, oramos. Amém.

Nosso decreto: declaramos que nós, a igreja, nos envolveremos em todos os níveis e em todos os aspectos do governo, liberando a autoridade e a bênção de Deus na terra por meio de nossas orações e ações.[108]

108 https://www.givehim15.com/post/august-23-2024?mc_cid=f8b8228294&mc_eid=faa09acb09

Apêndice D: Comece sua nova vida com Cristo

VOCÊ PODE TER PAZ REAL E DURADOURA HOJE POR MEIO DE UM RELACIONAMENTO COM JESUS CRISTO. COMECE SUA JORNADA DE QUATRO ETAPAS AGORA!

Passo 1 – O propósito de Deus: paz e vida

Deus te ama e quer que você experimente paz e uma vida abundante e eterna.

- A Bíblia diz: "Temos paz com Deus por meio de nosso Senhor Jesus Cristo" (Rm 5:1).
- "Porque Deus amou o mundo de tal maneira que deu Seu Filho unigênito, para que todo aquele que Nele crer não pereça, mas tenha a vida eterna" (Jo 3:16 NVT).

Por que a maioria das pessoas não tem essa paz e vida abundante que Deus planejou para nós?

Passo 2 – O problema: o pecado nos separa

Deus nos criou à Sua imagem para termos uma vida abundante. Ele não nos fez como robôs para amá-Lo e obedecê-Lo automaticamente. Deus nos deu vontade e liberdade de escolha, mas escolhemos desobedecer a Deus e seguir nosso próprio caminho. Continuamos a fazer essa escolha hoje. Isso resulta em separação de Deus.

- A Bíblia diz: "Pois todos pecaram e carecem da glória de Deus" (Rm 3:23).
- "Porque o salário do pecado é a morte, mas o dom gratuito de Deus é a vida eterna em Cristo Jesus, nosso Senhor" (Rm 6:23 NVT).

Nossa escolha resulta em nossa separação de Deus. As pessoas tentaram de várias maneiras construir uma ponte entre elas e Deus... *Mas nenhuma ponte alcança Deus... exceto uma.*

Passo 3 – A solução de Deus: a cruz

Jesus Cristo morreu na cruz e ressuscitou da sepultura. Ele pagou a pena pelo nosso pecado e construiu a ponte entre Deus e as pessoas.

- A Bíblia diz: "Porque Cristo também sofreu uma vez pelos pecados, o justo pelos injustos, para nos levar a Deus" (1 Pd 3:18 NVT).
- "Mas Deus demonstra Seu amor por nós, em que Cristo morreu por nós, sendo nós ainda pecadores" (Rm 5:8 NVT).

Deus forneceu o único caminho... Cada pessoa deve fazer uma escolha...

Passo 4 – Nossa resposta: receber Cristo

Devemos confiar em Jesus Cristo como Senhor e Salvador e recebê-lo porque ele nos faz um convite pessoal.

- A Bíblia diz: "Se você confessar com sua boca que Jesus é o Senhor e crer em seu coração que Deus o ressuscitou dos mortos, será salvo" (Rm 10:9 NVT)

Você vai receber Jesus Cristo agora? Aqui está como você pode recebê-Lo:

- Admita sua necessidade. (*Eu sou um pecador.*)
- Esteja disposto a se afastar dos seus pecados (arrependa-se) e pedir o perdão de Deus.
- Creia que Jesus Cristo morreu por você na cruz e ressuscitou da sepultura.

- Pela fé, entregue toda a sua vida, tudo o que você é e tudo o que você tem a Jesus.
- Através da oração, convide Jesus Cristo a entrar e controlar sua vida por meio do Espírito Santo. (**Receba Jesus como Senhor e Salvador**.)

Sugerimos uma oração como esta:

> Querido Deus, sei que sou um pecador. Quero me arrepender dos meus pecados e peço o Teu perdão. Eu creio que Jesus Cristo é o Teu Filho. Eu creio que Ele morreu pelos meus pecados e que Tu o ressuscitaste para a vida. Quero que Ele entre no meu coração e tome o controle da minha vida. Eu me rendo e dou minha vida a Jesus. Quero confiar em Jesus como meu Salvador e segui-lo como meu Senhor a partir de hoje. Em nome de Jesus, amém.

Baseado em "Paz com Deus", pela Associação Evangelística Billy Graham.

Sobre o Autor

O Dr. Ché Ahn e sua esposa, Sue, são os líderes seniores da Igreja Harvest Rock em Pasadena, Califórnia, desde 1994. Ché serve como presidente do Ministério Harvest International, uma rede apostólica global que equipa líderes, multiplica igrejas, evangeliza e traz avivamento e reforma para mais de 70 nações. Ele também é o Chanceler Internacional da Wagner University, instituição educacional internacional que prepara os crentes para o ministério prático.

Ché recebeu seu M.Div. e D.Min. pelo Fuller Theological Seminary e desempenhou um papel fundamental em várias ações estratégicas locais, nacionais e internacionais. Ele é autor de vários livros, incluindo *Spirit-Led Evangelism*, *Say Goodbye to Powerless Christianity*, *The Grace of Giving*, *Modern-Day Apostles* e *Turning Our Nation Back to God Through Historic Revival*. Ché ministra extensivamente ao redor do mundo, ensinando e equipando pessoas para avivamento, cura e evangelismo. Ele também usa os meios de comunicação para alcançar o mundo por meio de seu programa de TV na PTL e Faith TV. Seu maior desejo é ver a sociedade transformada por cristãos que entendem e cumprem seu destino.

Ché e Sue estão casados há mais de 45 anos. Eles têm quatro filhos maravilhosos e os dez netos mais fofos do mundo.

Para mais informações sobre Ché Ahn, seus ministérios e materiais de recursos, visite: cheahn.org, harvestim.org, wagner.university e harvestrock.church.

ANOTAÇÕES

ANOTAÇÕES

ANOTAÇÕES

ANOTAÇÕES

EDITORA
CHAVE MESTRA®

Instagram: @editorachavemestra

E-mail: editora@editorachavemestra.com.br

Site: www.editorachavemestra.com.br